国家民委民族问题研究委托项目

中央支持民族地区
经济政策体系研究

张冬梅 ◆ 著

社会科学文献出版社
SOCIAL SCIENCES ACADEMIC PRESS (CHINA)

前　言

本著作由笔者近四年主持完成三项纵向课题的研究报告组成，上篇是2013年国家民委委托的民族问题研究一般项目"中央支持民族地区政策体系研究"（项目编号：2013 - GM - 111）成果，中篇是笔者申请的2012年国家民委民族问题研究青年项目"推进民族地区矿产资源开发补偿与生态环境保护的财政政策研究"（项目编号：2012 - GM - 061）成果，下篇是笔者申请的2011年中央民族大学自主科研青年项目"基于机制设计理论的民族地区财政支出效率研究"（项目编号：1112KYQN07）成果。三份研究报告均由笔者独自撰写，可称为博士后出站报告《国家民族地区经济政策的演变与调整》的后续研究，在理论体系与结构框架上恰为一个统一的整体，上篇为政策理论探索，中篇为具体政策运用，下篇为政策评价。为体现研究内容的核心与重点，本著作命名为《中央支持民族地区经济政策体系研究》。

现阶段我国民族工作的主要任务是坚持科学发展观，大力支持民族地区加快发展，缩小与发达地区的差距，这是现阶段民族工作的主题，是解决民族问题的根本途径，是我国实现现代化战略的重要组成部分。中央支持民族地区经济政策体系的构建与完善，是立足民族地区实际，推动经济发展方式加快转变，支持民族地区走出各具特色的跨越发展之路，为确保同步实现全面建设小康社会的目标打下决定性基础，是党中央高瞻远瞩、总揽全局、面向21世纪做出的重大决策。

党的十八届三中全会提出"财政是国家治理的基础和重要支柱"，要实现"全面建成小康社会"，就要解决民族地区实现"同步小康"难度大的问题，需要中央财政支持。2013年财政部部长楼继伟提出的"促进包容性增长的财税改革"旨在为让经济发展的成果惠及所有地区与所有人群,无疑,其中的重点地区是民族地区,重点人群是少数民族,中央支持民族地区发展的财政政策只有充分关注民族地区的特殊性,才能真正体现"包容",是中央支持民族地区经济政策体系的重要核心子体系。

目　录

上篇　中央支持民族地区经济政策体系研究

| 摘　　要 | 003 |

导　　论	005
一　选题的理论意义与实际意义	005
二　本课题研究的主要观点与主要内容	006
三　主要研究方法与创新	009

第一章　中央支持民族地区经济政策体系的科学基础 …… 011
　一　基于激励机制设计的中央支持民族地区经济政策体系
　　　更科学 …………………………………………………… 011
　二　基于民族文化价值观激励的中央支持民族地区经济政策
　　　体系更有效 ……………………………………………… 014
　三　基于资源环境承载力约束的中央支持民族地区经济政策体系
　　　更绿色 …………………………………………………… 017
　四　基于整体福利增进的中央支持民族地区经济政策体系
　　　更和谐 …………………………………………………… 018

第二章　中央支持民族地区经济政策的演变与综合效果评价 …… 021
　一　中央支持民族地区经济政策的演变 ……………………… 021
　二　中央支持民族地区经济政策的综合效果评价 …………… 031

第三章 现存中央支持民族地区经济政策存在的关键问题剖析 ……… 039
  一 中央支持民族地区经济政策尚未形成完整的体系 ……… 039
  二 中央支持民族地区经济政策的激励效应体现不足 ……… 042
  三 中央支持民族地区经济政策对民族地区特殊性考虑
    不充分 ………………………………………………………… 044
  四 中央支持民族地区经济政策的持续性与稳定性有待增强 …… 046

第四章 构建与完善中央支持民族地区经济政策体系的思路 ……… 048
  一 中央支持民族地区经济政策体系的总体框架 ……………… 048
  二 激励民族地区政府提升公共服务能力的政策设计 ………… 051
  三 激励民族地区产业提升核心竞争力的政策设计 …………… 055
  四 激励民族地区民众提升就业能力的政策设计 ……………… 059

第五章 中央支持民族地区经济政策体系的实施策略 ………………… 062
  一 激励民族地区政府、产业与民众的开放政策 ……………… 062
  二 激励民族地区政府的财政政策 ……………………………… 064
  三 激励民族地区产业的产业政策 ……………………………… 071
  四 激励民族地区民众的就业政策 ……………………………… 076
  五 激励与约束民族地区政府、产业与民众的生态环境政策 … 082

总　　结 ………………………………………………………………… 086

参考文献 ………………………………………………………………… 088

中篇　推进民族地区矿产资源开发补偿与生态
环境保护的财政政策研究

摘　　要 ………………………………………………………………… 101

导　　论 ………………………………………………………………… 102
  一 选题的理论意义与实际意义 ………………………………… 102
  二 本课题研究的主要观点与主要内容 ………………………… 103

三　主要研究方法与创新 …………………………………………… 107

第一章　推进民族地区矿产资源开发补偿与生态环境保护的财政政策的
　　　　科学基础 …………………………………………………………… 108
　　一　政府应对属于全国性公共产品的民族地区生态环境提供
　　　　成本 ………………………………………………………………… 108
　　二　自然资源产权界定突显民族地区生态环境保护的权利与义务
　　　　不对等 ……………………………………………………………… 109
　　三　经济基础决定的财政能力约束民族地区政府生态环境建设
　　　　进程 ………………………………………………………………… 110

第二章　矿产资源开发补偿与生态环境保护的财政政策存在的主要
　　　　问题 ………………………………………………………………… 113
　　一　财政收入政策——矿产资源费税政策现状与存在的主要
　　　　问题 ………………………………………………………………… 113
　　二　财政支出政策——财政生态补偿政策存在的主要问题 ……… 123

第三章　国际矿产资源开发补偿与生态环境保护的财政政策借鉴 …… 127
　　一　国际矿产资源专门"费""税"政策体系 ……………………… 127
　　二　国际上惠及矿产资源开发过程中生态环境保护的政策措施 …… 132

第四章　推进矿产资源开发补偿与生态环境保护的财政政策的调整
　　　　思路 ………………………………………………………………… 136
　　一　明晰矿产资源产权优化资源配置 …………………………………… 136
　　二　明晰环境产权，界定政府财政环保责任 ……………………… 141
　　三　建立长效的民族地区矿产资源开发补偿与生态环境保护的
　　　　财政政策体系 ……………………………………………………… 145

第五章　推进民族地区矿产资源开发补偿与生态环境保护的财政政策的
　　　　具体实施策略 ……………………………………………………… 150
　　一　矿产资源费税政策体系的改革建议 ……………………………… 150

二　建立促进生态环境保护的绿色税收政策体系⋯⋯⋯⋯⋯ 154
　　三　建立财政转移支付民族地区生态补偿的长效机制⋯⋯⋯ 157
　　四　加大促进环保科技创新的财政支出政策力度⋯⋯⋯⋯⋯ 160

总　结 ⋯⋯⋯⋯⋯⋯⋯⋯⋯⋯⋯⋯⋯⋯⋯⋯⋯⋯⋯⋯⋯⋯⋯⋯⋯ 164

参考文献 ⋯⋯⋯⋯⋯⋯⋯⋯⋯⋯⋯⋯⋯⋯⋯⋯⋯⋯⋯⋯⋯⋯⋯⋯ 166

下篇　基于机制设计理论的民族地区财政支出效率研究

摘　要 ⋯⋯⋯⋯⋯⋯⋯⋯⋯⋯⋯⋯⋯⋯⋯⋯⋯⋯⋯⋯⋯⋯⋯⋯⋯ 173

导　论 ⋯⋯⋯⋯⋯⋯⋯⋯⋯⋯⋯⋯⋯⋯⋯⋯⋯⋯⋯⋯⋯⋯⋯⋯⋯ 175
　　一　研究的意义⋯⋯⋯⋯⋯⋯⋯⋯⋯⋯⋯⋯⋯⋯⋯⋯⋯⋯⋯ 175
　　二　本课题研究的主要内容⋯⋯⋯⋯⋯⋯⋯⋯⋯⋯⋯⋯⋯⋯ 176
　　三　本课题的研究方法与主要创新⋯⋯⋯⋯⋯⋯⋯⋯⋯⋯⋯ 178

第一章　机制设计理论在提高民族地区财政支出效率的应用 ⋯⋯ 180
　　一　民族地区财政支出效率的界定⋯⋯⋯⋯⋯⋯⋯⋯⋯⋯⋯ 180
　　二　机制设计理论为提高民族地区财政支出效率提供理论基础⋯⋯ 181

第二章　民族地区财政支出现状分析 ⋯⋯⋯⋯⋯⋯⋯⋯⋯⋯⋯⋯ 186
　　一　民族地区财政支出依赖程度较高⋯⋯⋯⋯⋯⋯⋯⋯⋯⋯ 186
　　二　民族地区人均财政支出并不低⋯⋯⋯⋯⋯⋯⋯⋯⋯⋯⋯ 187
　　三　民族地区财政支出结构现状分析⋯⋯⋯⋯⋯⋯⋯⋯⋯⋯ 189

第三章　数据包络分析（DEA）对民族地区财政支出效率的测度 ⋯⋯ 196
　　一　建立财政支出效率评价的 DEA 模型⋯⋯⋯⋯⋯⋯⋯⋯⋯ 196
　　二　DEA 对民族地区及其他地区财政支出效率的测度⋯⋯⋯ 197

第四章　提升民族地区财政支出效率的机制设计构架 ⋯⋯⋯⋯⋯ 201
　　一　回归模型分析财政支出效率影响因素⋯⋯⋯⋯⋯⋯⋯⋯ 201

二　建立激励相容的提升民族地区财政支出效率的创新机制 …… 204

第五章　提升民族地区财政支出效率的对策与建议 …………… 209
　　一　民族地区政府财政支出多目标设计的协调统一 ………… 209
　　二　提升民族地区财政支出效率的项目安排原则 …………… 211
　　三　财政支出项目绩效评价制度的完善 ……………………… 213

总　结 ……………………………………………………………… 215

附　录 ……………………………………………………………… 217
　　附录1 ……………………………………………………………… 217
　　附录2 ……………………………………………………………… 218
　　附录3 ……………………………………………………………… 221

参考文献 …………………………………………………………… 222

致　谢 ……………………………………………………………… 228

上篇 中央支持民族地区经济政策体系研究

摘　要

完整的、系统的中央支持民族地区经济政策体系是以围绕国家发展民族地区及区域经济协调发展为目标，以科学发展观为指导，实现民族地区跨越式发展战略的一项制度的顶层设计。本研究通过深入探讨中央支持民族地区经济政策体系的科学基础，对中央支持民族地区经济政策的演变进行梳理与综合效果评价，剖析现行政策存在关键问题的根源，提出构建与完善中央支持民族地区经济政策体系的思路及各具体政策的可操作的实施策略。

本研究主要解决三个问题：中央支持民族地区经济政策体系的理论依据是什么？现行中央支持民族地区经济政策存在的关键问题的根源是什么？如何构建系统完善的对民族地区经济社会带有全局性、战略性、倾向性的中央支持政策体系？针对第一个问题，本研究从福利经济学的角度出发，提出基于激励机制的设计更科学、基于民族文化价值观的激励更有效、基于资源环境承载力的约束更绿色、基于整体福利增进更和谐四个方面论述中央支持民族地区经济政策体系构建的科学基础。针对第二个问题，通过对中央支持民族地区经济政策的演变与综合效果评价，对现行政策存在的关键问题进行深入剖析，根源有四：中央支持民族地区经济政策尚未形成完整的体系，政策多目标的相容性、目标与手段的耦合性及多手段的协调性有待加强；政策的激励效应体现不足，对民族地区政府提供公共服务能力的激励、对民族地区产业核心竞争力的激励及对民族地区民众就业能力的激励有待加强；政策对民族地区特殊性的考虑不充分，包括由历史地理决定的自然生态"硬"环境及经济社会发展与生产生活方式演变沉淀累积的文化价值观与制度决定的"软"环境没有得到应有的重视；政策的持续性与稳定性有待加强。针对第三个问题，中央支持民族地区经济政策体系要以激励的对象——民族地区政府、产业与民众为中心进行设计，以增强民族地区自我发展能力为长期总目标，从而增进民族地区整体福利；以提高政策体系的综合效益为路径，以科技为支撑，通过开放政策、财政政策、产业政策、就业政策及生态环境政策，把政策体系创新性安排发展成引发机制、激励机制与监督机制的综合体。只有充分调动民族地区政府、产业与民众的积极性，不断提高民族地区政府的公共服务能力、产业的核心竞争力及民众的就业能力，即提高民族地区自我发展能力，中央支持民族地区经济政策体系才是落实科学发展观的欲速且可达的系统性设计。

构建与完善中央支持民族地区经济政策体系是一项庞大综合的系统工程，是政策创新甚至制度创新的动态过程，也是中央政府与民族地区政府长期动态的博弈过程，只有民族地区政府的信号对称地显示与传递，中央政府才能建立激励相容的政策体系；只有中央政府建立激励相容的政策体系，才能使地方政府的信号对称地显示与传递，从而实现良性互动并不断修正通向最优的均衡路径。

导　论

一　选题的理论意义与实际意义

现阶段我国民族工作的主要任务是坚持科学发展观，大力支持民族地区加快发展，缩小与发达地区的差距。这是现阶段民族工作的主题，是解决民族问题的根本途径，是我国实现现代化战略的重要组成部分。中央支持民族地区经济政策体系的构建与完善，是立足民族地区实际，推动经济发展方式加快转变，支持民族地区走出各具特色的跨越发展之路，为确保同步实现全面建设小康社会的目标打下决定性基础，是党中央高瞻远瞩、总揽全局、面向21世纪做出的重大决策。本研究重要的理论意义和实际意义如下。

首先，自新中国成立以来，根据中国多民族的基本国情和民族问题长期存在的客观实际，中央政府对民族地区实行特殊支持，先后出台了内容丰富、类型多样的中央支持民族地区经济政策。但是民族地区与发达地区经济社会发展的差距仍旧较大，中央支持民族地区经济政策仍旧存在一定的问题，如中央各有关部门在财税优惠、产业倾斜、扶贫开发、对外开放、对口支援等方面，制定和实施了诸多支持民族地区发展的政策措施，但是这些政策大多分散，并没有形成一套完整的、系统的支持民族地区发展的经济政策体系，由此在一定程度上影响了政策的实施效果。

其次，现有政策的支持更多地体现在带有"输血"性质的帮扶政策上，而对能形成"造血"功能的激励政策显得明显不足，民族地区政府、产业与民众的主观能动性发挥不足。这是导致民族地区自我发展能力低下的重要原因之一。很明显，民族地区要发展富裕起来，从根本上讲是靠自我发展能力，仅仅依靠帮扶是不现实的。因此，中央支持民族地区经济政策应更加强调对民族地区的"激励"，充分调动民族地区政府、产业与民众的积极性，立足于在民族地区建立自我发展机制，增强自我发展能力。

最后，民族地区发展具有自然环境与社会环境的双重约束，中央支持经济政策是推动民族地区又好又快发展的强有力的制度资源。在国家区域经济宏观发展战略的背景下，民族地区纵向上质的演进和横向上量的扩展的综合推进过程，需要经济、社会、生态环境等多方面的协调发展，因此中央支持民族地区经济政策体系是一项制度的顶层设计，是一项针对民族意识与民族行为构建并完善的激励机制设计，是增强民族地区自我发展能力的政策系统。

《中央支持民族地区经济政策体系研究》正是围绕国家发展民族地区及区域经济协调发展的目标，以科学发展观为指导实现民族地区跨越式发展战略的重要课题，是构建系统、完善的对民族地区经济社会发展带有全局性、战略性、倾向性的经济政策体系。

二 本课题研究的主要观点与主要内容

1. 主要观点

构建与完善中央支持民族地区经济政策体系是一项庞大综合的系统工程，是政策创新甚至制度创新的动态过程，也是中央政府与民族地区政府长期动态的博弈过程。把"激励"这一永恒主题贯穿政策体系始终，充分调动民族地区政府、产业与民众的积极性，不断提高民族地区政府公共服务能力、产业核心竞争力及民众就业能力，从而提高民族地区自我发展能力，致力于开放政策、财政政策、产业政策、就业政策与生态环境政策的协调配合，提高政策体系的经济效益、社会效益与生态效益，增进民族地区整体福利，促进民族地区有质有量、又好又快地发展。

2. 主要内容

本研究通过深入探讨中央支持民族地区经济政策体系的科学基础，对中央支持民族地区经济政策的演变进行梳理与综合效果评价，剖析现行政策存在关键问题的根源，提出构建与完善中央支持民族地区经济政策体系的思路及具体政策的可操作的实施策略。具体内容包括如下四部分。

中央支持民族地区经济政策体系的科学基础

其一，中央支持民族地区经济政策要由民族地区政府执行。如何将中央支持政策转化为民族地区内在的动力源，进而增强自身的造血功能，是激励机制设计者肩负着的重要使命。无论是中央政策运行的前期、中期，还是后期，中央政府与民族地区政府均是委托—代理关系，机制设计理论的启示是要考虑激励相容的目标设计，即民族地区政府在自利行为驱动下，主动采取实现中央政策目标的行动。这一机制设计最值得关注的两个要素是信息和激励。其二，以福利与政府激励理论为指导，基于民族文化价值观的激励更有效。尊重与引导民族文化价值观是内在的激励方式。多维价值观的认同能够增强自信，促进构建包容的制度环境，有利于民族地区民众积极参与政策的实施，为所有民众争取更深层次的平等与更多的机会。其三，国家发展战略要求要牢牢把握绿色发展战略，加快建设资源节约型、环境友好型社会，增强可持续发展能力，实现生态系统良性循环，关注民族地区的资源环境承载能力。资源环境承载能力是民族地区乃至全国发展的重要约束条件，区域发展总体战略与主体功能区战略要求民族地区重视资源环境保护。其四，福利经济学原理表明每个社会的目标都是追求其社会整体福利的最大化。中央支持民族地区经济政策体系主旨亦为增进民族地区经济福利，进而增进民族地区的整体福利。促进我国区域和谐，构建合意的社会秩序，提高民族地区乃至全社会的整体福利水平，才是中央政府公共政策的最优社会选择。

中央支持民族地区经济政策的演变、综合效果的评价与存在问题根源的剖析

新中国成立 60 多年以来，根据中国多民族的基本国情和民族问题长期存在的客观实际，中央政府制定了一系列支持民族地区政策，尤其自 2005 年以来，中共中央、国务院先后出台九项支持民族地区的政策和方案，加大了对民族地区经济、社会与生态发展的支持力度，取得了显著成效：民族地区经济增长速度较快，人们生活水平有一定程度的提高，但与其他地区相比，各方面差距仍旧存在，如民族地区财政能力相对较弱，民族地区特色优势产业体系尚未形成，保障和改善民生亟须加强等。

对现行中央支持民族地区经济政策存在的问题进行深入剖析，根源有四。其一，政策尚未形成完整的体系。政策多目标的相容性、政策目标与手段的耦合性、政策多手段的协调性有待加强。其二，政策的激励效应体现不足。民族地区要发展富裕起来，从根本上要靠自我发展能力，政策的准确定位应聚焦在发展主体（民族地区政府、产业与民众）内在的"激励"。政策更应该重视"给力"，而不仅仅是"给钱"。对民族地区政府提供公共服务能力的激励、对民族地区产业核心竞争力的激励及对民族地区民众就业能力的激励有待加强。其三，政策对民族地区特殊性的考虑不充分。由历史地理决定的自然生态"硬"环境，以及更重要的，由经济社会发展与生产生活方式演变沉淀累积的文化价值观与制度决定的"软"环境，没有得到应有的重视。其四，政策的持续性与稳定性有待加强。总之，中央支持民族地区经济政策有待在"质"与"量"方面实现双重激励。

构建与完善中央支持民族地区经济政策体系的思路

中央支持民族地区经济政策体系要以激励的对象——民族地区政府、产业与民众为中心进行设计，以增强民族地区自我发展能力为长期总目标，从而增进民族地区整体福利；以提高政策体系的综合效益为路径，以科技为支撑，通过开放政策、财政政策、产业政策、就业政策及生态环境政策，把政策体系创新性安排发展成引发机制、激励机制与监督机制的综合体。

激励民族地区提升公共服务能力，要考虑以中央政策的创新性安排带动民族地区政府政绩考核制度创新，政策效果评估要与民族地区政府干部评价机制有效结合；完善民族地区政府特殊事权与财力相称的财政政策；探索民族地区政府管理创新的制度性政策。激励民族地区产业提升核心竞争力，要完善全方位服务民族地区企业创新的产业政策，发展特色优势产业，扶持战略新兴产业，带动民族地区产业链的延长与产业集群的崛起；重视产业政策的生态效益和社会效益，按照科学发展观的要求，调整民族地区产业结构与布局，推动民族地区产业结构优化升级和综合效益提升。激励民族地区民众增强就业能力，要求就业政策与各具体政策协调配合，建立健全少数民族就业服务体系，完善切实保障少数民族就业平等权利的就业制度。

中央支持民族地区经济政策的具体实施策略

中央支持民族地区经济政策体系是一项庞大综合的系统工程。为提高政策实施综合效果,从激励民族地区发展主体的内生性上研究"造血"型的支持政策,即从政府、产业与民众的角度探讨支持政策的具体实施策略,而不是停留在政策的表面制定"输血"型的支持政策。开放政策、财政政策、产业政策、就业政策与生态环境政策是中央支持民族地区经济政策体系的主要构成部分。这里对经济政策的探讨如下:对政府、产业与民众具有外部"刺激"的开放政策;与政府决策者追求政绩目标相容的财政政策,与企业决策者追求利润目标相容的产业政策;就业政策是以提高民众福利为目标、以提高就业能力为核心的发展政策,具体包括科技人才政策、干部人才政策、教育政策、文化政策、医疗卫生政策、社会保障政策、扶贫政策等;生态环境政策是支持民族地区保护生态环境的激励政策,更是约束民族地区乃至全国的公共政策。

三 主要研究方法与创新

1. 主要研究方法

(1) 从民族的维度研究中央支持民族地区经济政策体系是演绎与归纳结合的方法,研究中央支持民族地区经济政策的演变,充分考虑民族地区特殊性,基于民族文化价值观的政策更有效,贯穿"激励"这一永恒主题的政策体系更科学。

(2) 运用博弈论与信息经济学方法解决中央政府与民族地区政府的动态博弈。民族地区政府会选择对自己有利的信息进行传递,如信任、努力的信息传递等,并会竭力显示诚实倾向、合作偏好及努力程度等。要使机制有效运行,最好的方式就要做到目标是相容的,信息是对称真实的,只有这样才能更好地实现政策体系的综合效益。

(3) 运用系统与逻辑方法解决政策体系中各政策的交错融合、相互影响及相互作用。中央支持民族地区经济政策体系是一项庞大复杂的系统工程,要以激励的对象——民族地区政府、产业与民众为中心进行设计。其实质是对不同的"人"的激励，要考虑理性"经济人"的私人目标，不断提高民族地区政府的公共服务能力、产业的核心竞争力及民众的就业能力，从而提高民族地区的自我发展能力。以科技为支撑，把政策体系创新性安排发展成引发机制、激励机制与监督机制的综合体，以实现政策的综合效益并增进民族地区的整体福利。

2. 主要创新

（1）中央支持民族地区经济政策体系是一个政策系统，是一个多目标与多手段间相互联系、相互影响、相互制约的极其复杂的有机整体。但政策多目标和多手段的简单叠加并不等于整体结构合理与综合效应优化。政策优化要具有全局观，综合性较强。

（2）政策体系要求多学科的融合，包括经济学、社会学、民族学及政治学等，其研究空间随着研究的深入程度越来越宽广。中央政府与民族地区政府的良性互动促进政策体系的创新性安排，这是对笔者综合素养的挑战，也是致力于这方面研究的专家学者无止境、孜孜不倦的追求。

（3）民族地区发展方式要转型，政策体系安排要具有前瞻性，激励是永恒的主题，同时也要重视科技是第一生产力。无论民族地区政府、产业还是民众，都需要以激励与科技提升政府公共服务能力、产业核心竞争力与民众就业能力融为一体的民族地区自我发展能力。

第一章　中央支持民族地区经济政策体系的科学基础

我国民族工作的主要任务是坚持科学发展观，大力支持民族地区加快发展，缩小与发达地区的差距。这是现阶段民族工作的主题，也是解决民族问题的根本途径。中央支持民族地区经济政策体系的完善与构建，立足民族地区实际，推动经济发展方式加快转变，支持民族地区走各具特色的跨越式发展之路，为确保同步实现全面建设小康社会目标打下决定性基础。民族地区发展具有自然环境与社会环境的双重约束，中央支持政策是推动民族地区又好又快发展的强有力的制度保障。在国家区域经济宏观发展战略背景下，民族地区纵向质的演进和横向量的扩展的综合推进过程，包括经济、社会、生态环境等多方面的协调发展，是中央支持民族地区经济政策体系的一项制度顶层设计，是一项针对民族意识与民族行为构建并完善的激励机制设计，是增强民族地区自我发展能力的政策系统。

一　基于激励机制设计的中央支持民族地区经济政策体系更科学

民族地区发展从根本上讲要靠民族地区的自我发展能力，仅仅依靠外部帮扶是不现实的；但中央政策支持民族地区发展是非常必要的，甚至是十分关键的。如何将中央支持政策转化为民族地区内在的动力源，进而增强自身的造血功能，是激励机制设计者肩负的重要使命。

1. 中央政府与民族地区政府是委托—代理关系

中央支持民族地区经济政策的目标是促进民族地区又好又快地发展，

具体执行政策的是民族地区的地方政府。在方向上,中央与地方的利益是一致的。但是必须承认,民族地区利益与民族地区政府利益是有区别的:前者是指属于民族地区行政区中的各个主体(具体包括个人、各部门、各单位、各级政府)的共同利益;后者是民族地区的最大利益主体——地方政府的利益。地方政府本应是地方共同利益的代表,然而公共选择学派认为,政府决策都是以个人的成本收益估算为基础的,政府行为由"人"决策和实施,政府的行为规则由"人"制定,而"人"是"经济人",因此政府也是"经济人"。民族地区利益中包括地方政府自身的利益,即政府人员的利益和政府机构的利益。这些利益的实现程度和实现方式对民族地区利益的影响客观存在。在中央支持民族地区经济政策安排中,民族地区政府作为利益主体接受中央政策,又作为调控主体在自己的区域里落实中央政策,这就存在民族地区政府在追求自身利益最大化与执行中央政府政策之间进行博弈的问题。实际上中央支持政策从制定到实施的全过程是中央政府与地方政府的委托—代理过程,也是双方的博弈过程,这种博弈行为反映在事前、事中与事后。委托—代理关系中的激励机制设计是永恒的主题,这也恰是机制设计理论在中国实践的应用。

2. 委托—代理关系中激励相容是最优目标设计

2007年获得诺贝尔经济学奖的美国经济学家利奥尼德·赫维茨、埃里克·马斯金和罗杰·迈尔森创立和发展的"机制设计理论"定义为:对于任意给定的一个目标,在自由选择、自愿交换的分散化决策条件下,能否并且怎样设计一个合理机制(即制定什么样的方式、法则、政策条令、资源配置等规则),使得经济活动参与者的个人利益和设计者既定的目标一致。中央支持民族地区经济政策体系要考虑激励相容的目标设计,即在民族地区特定资源环境下,研究如何设计一个政策机制,使得民族地区在自利行为驱动下采取行动,使得中央政策的预定目标得以实现。简言之,"中央政府做什么,才能让民族地区政府做中央政府想做的事"。如果每个参与者真实报告其私人信息是占优策略,那么这个机制就是激励相容的;因此,在制度或规则的设计者不了解所有个人信息的情况下,设计者所要掌握的一个基本原则,就是所制定的机制能够给每个参与者一个激励,使参与者在最大化个人利益的同时也达到了所制定的目标,这就是机制设计理论中最为重要的激励相容问题。① 显然，只有民族地区政府选择中央政府所希望的行动得到的期望效用不小于选择其他行动得到的期望效用时，民族地区政府才会有积极性选择中央政府所期望的行动。为提高中央支持民族地区经济政策的实施效果及实现中央政策资源的有效配置，中央支持民族地区经济政策体系的创新性安排要求在信息分散和信息不对称的条件下设计激励相容的政策体系。

3. 显示原理、信息传递与执行理论要求中央政府与民族地区政府良性互动

机制设计理论中的显示原理表明：一个社会选择规则如果能够被一个特定机制的博弈均衡实现，那么它就是激励相容的。② 如果假设人们是按照博弈论所刻画的方式行为的，并且设定按照社会选择理论对各种情形都有一个社会目标，那么机制设计就是考虑构造什么样的博弈形式，使得这个博弈的解就是这个社会目标，或是落在社会目标的集合里，或是无限接近这个社会目标。中央支持政策的最优设计依赖民族地区政府对称地显示真实信息，形成中央政府与民族地区政府间的良性互动。

在现实经济环境中，未来是不确定的，而且相互作用的当事人之间信息是不对称的、不完全的，博弈中充满了机会主义行为。民族地区政府的信息传递主要用来证明其具有的能力、特征等。私人信息的存在致使博弈双方信息不对称，从而广泛存在逆向选择和道德风险。一般而言，如果民族地区政府对私人信息保密会获得更大的效用，那么他们就不情愿去披露私人信息。一方面，信息是有成本的，若信息传递行动不能抵消这一成本，则民族地区政府就不会积极传递信息。另一方面，只有当信息公开会使民族地区政府的境况变得更好时，民族地区政府才会有兴趣去传递反映其特征的信息。总之，民族地区政府会选择对自己有利的信息传递，如信任、努力等信息，民族地区政府会竭力通过有利于自己的信息传递降低信任的不完全性程度，并且会竭力显示诚实倾向、合作偏好及努力程度等。

机制设计理论中的执行理论实际上是对机制运行的分析。考察机制能

---

① Hurwicz I., On Informationally Decentralized System [R]. Decision and Organization, 1972.
② Gibbard A. Manipulation of Voting Schemes: A General Result [J]. Economitrica, 1973, 41 (4).

否顺利运行，重点是对机制实施的可行性进行分析。一个机制最值得关注的两个特征：信息和激励。机制的运行总是伴随着信息的传递，信息传递就成为影响机制运行成本的一个重要因素。要使机制有效运行，最好的方式就是信息都是真实的，没有被扭曲，这既可以减少成本，又可以促使机制优质地运行。

中央支持民族地区经济政策体系的完善是中央政府与民族地区政府长期动态的博弈过程。只有地方政府的信息对称地显示与传递，中央政府才能建立激励相容的政策安排；同时，只有中央政府建立激励相容的政策安排，才能使地方政府的信息对称地显示与传递。

二 基于民族文化价值观激励的中央支持民族地区经济政策体系更有效

价值观是人们在人生历程中所持的价值观念，包括价值判断、价值取向、价值创造与实现；是有别于事实判断和科学知识的另一类认识形式，是判断是非曲直、真善美与假恶丑的价值标准；是指人们在处理普遍性价值问题上所持的立场、观点和态度的总和。因而人们在价值追求目标上抱有怎样的信念、信仰、理想便构成了价值观所持有的内容。"激励"归根结底是对"人"的激励，民族地区民众对政府政策是否信任，是否会积极参与并选择行动等主要因素属于价值观范畴。

1. 尊重与引导民族文化价值观是内在化的激励方式

在中央支持民族地区经济政策的制定中要充分考虑尊重民族价值观。价值观是民族文化的核心。民族文化决定少数民族特殊的偏好，如蒙古族草原的马奶酒、傣族的孔雀舞、回族的"花儿"、藏族的哈达等[1]。民族偏好决定了价值判断，价值判断决定民族行为。民族文化从内在与外在方面

---

[1] 这里的偏好是指实际偏好，一个人的实际偏好是"由其选择行为与语言表达所显示出来"的偏好；而知情偏好则被定义为"在掌握并充分利用了所有相关信息的情况下本应持有的假想偏好"。Harsany, J. C. (1997), "Utilities, Preferences, and Substantive Goods", *Soc. Choice Welfare* 14: pp. 133 – 135. 知情偏好还有一个条件，即"我们的偏好应该是真实的而非虚假的偏好"。

双重影响少数民族的行为,既内在地影响经济结构中的行为主体,又以历史与环境的状态存在着外在影响。而价值观联系着人的直觉,影响着人的信念和选择的合理性,决定着人的生活方式和投身其中的事业,在一个人的生活中或其他社会存在中起着指导原则的作用,[1] 是指导人们行动的指南,是决定人的行为的心理基础。[2] 费孝通先生曾指出"人类需要在很大程度上来自文化价值观"。

价值观源于社会环境、文化传统、个人修养及社会联系等,它是由复杂的历史、地理、心理、文化和社会经济因素所决定的超理性的现成的东西,而不是某种合乎理性的决策的结果。国内学者赵德兴等人专门针对西北少数民族居民的价值观做调查,藏族、蒙古族、土族、回族、维吾尔族、撒拉族的当代价值观相对传统价值观发生了深刻的变化,[3] 进而对他们的行为方式与思维方式也会有深刻的影响。价值观具有时代性、地区性、民族性等特点,任何社会的价值观都必然随着社会发展而发展;社会经济的增长、社会经济关系的改变以及社会经济制度和体制的变革都会引起价值观的改变。某种价值观在特定历史阶段是合理的,但是在进一步的历史发展中却可能成为一种习惯势力或惰性力量,从而影响和阻碍社会的发展。

在中央支持民族地区经济政策制定的事实因素中,要在尊重民族价值观的基础上,积极引导与培育一些代表社会正确发展方向的主流价值观念,从而使不同的价值观念得以有效协调,这是一种影响少数民族进行感知、感觉、行动和思考,并以无意识的方式实现内在化的激励方式。正如西蒙指出的那样,在任何决策中均包含有事实因素和价值因素两个方面,前者就是制定一项决策所依据的外部客观事实,决策者依据这些信息去认识问题,进而找出问题的症结,从而制定出有针对性的政策;后者是指决策者在进行任何一项决策时不可能仅仅依据事实因素,在此过程中必定受

---

[1] Schwartz, S. H (1987), Toward A Psychological Structure of Human Values. *Journal of Personality and Social Psychology*, 53, 550 – 562.

[2] Schwartz, S. H. (1992). Universals in the Content and Structure of Values: Theoretical Advance and Empirical Tests in 20 Countries, *Advances in Experimental Social Psychology*, 25: 1 – 65.

[3] 赵德兴等:《社会转型期西北少数民族居民价值观嬗变》,人民出版社,2007,第142~428页。

自身价值观的影响，往往与伦理道德因素有关。① 值得深思的是，这里的事实因素包括的重要要素之一是民族地区民众的价值观，在信息非对称情况下，中央政策决策者要考虑到其与自身价值观的差异。

2. 构建包容的制度环境，确保民族地区民众积极参与政策实施

中央支持政策制定者的决策要在自身价值观与民族价值观两方面相互影响的背景下产生，从政策制定过程来看，价值观的影响渗透政策过程的各个环节之中。在一项政策的实践活动中反映了那些在政策制定和执行过程中人们内心的主观愿望和他们对过去、现在及未来的看法。从某种意义上讲，一项政策是特定制度的产物，是决策者在这个制度框架内综合平衡的结果；价值观规定着政治进程和管理过程，并且是资源分配的指导原则的核心。特别是民族地区少数民族的价值观表现为多元化且较为复杂的状态，价值观间的冲突也容易发生。构建包容的多元文化价值观的制度环境，确保民族地区民众的自信与参与显得极为重要。

政策制定者要考虑构建包容的社会环境，让所有不同文化价值观的少数民族群体消除被排斥的感觉，要让他们加入、参与、有收益，并有归属感；构建少数民族自信与社会信任的良性互动，从族际文化间的相互吸收、相互影响、相互渗透的过程中领悟文化的相通性、相融性与另变性。社会良性互动是激发少数民族内在积极性与潜能的关键，任何矛盾都因价值观的碰撞而起，但在民主的机制中能够得到协调和解决。民主的社会包含多种不同的生活方式、价值观及制度程序，是对不同民族、宗教及文化背景的少数民族开放的，是建立在所有人之间多样甚至矛盾的观念、需求、价值观等的基础上的。这并不威胁社会的稳定，相反正是社会灵活与开放的一面。开放的社会不再仅有一元文化的社会秩序，社会的凝聚力并不要求不同的团体融合为一个缺乏差异的实体，反而凝聚力能够通过不同团体的互动在多样性的社会中获得并加强，以平等的原则指导互动，多维观念的认同以及归属的多重感觉经常能够增加自信，从而使社会网络更稳定。

中国历史上文化取向的民族观以及"以和亲之""因俗而治"的处理

---

① 陈振明：《政策科学——公共政策分析导论》，中国人民大学出版社，2011，第571页。

族际关系的方式，体现了中华文化对待族类上的品格、修养和高超的智慧；族际观念从封闭的、简单的非此即彼的善恶判断走向开放、圆融和富有智慧。① 中央支持民族地区经济政策体系的任务是确保少数民族获得平等的权利，为所有民众争取更深层次的平等与更多的机会，促进少数民族参与所有政策层面，充分参与具有凝聚力的社会发展行动，构建一个合意的社会秩序。

三 基于资源环境承载力约束的中央支持民族地区经济政策体系更绿色

国家发展战略要求要牢牢把握绿色发展的战略，加快建设资源节约型、环境友好型社会，增强可持续发展能力，实现生态系统良性循环，关注民族地区的资源环境承载能力，保护中华民族生存和发展的生态屏障。

1. 资源环境承载能力是民族地区乃至全国发展的重要约束条件

我国经济发展中不平衡、不协调、不可持续的突出问题之一就是经济增长的资源环境约束强化，民族地区要考虑本地区资源环境承载能力的可持续发展，否则资源优势也将不复存在。民族地区特殊地理区位决定的资源环境不仅是本地区经济发展的基础与约束，同时成为全国宏观经济发展规划与战略的重要问题。世界各国早已将稀缺的自然资源与生态环境资源视为战略资源，其价值日趋升高，经济学理论将其称为"自然资本"。忽视自然资源与生态环境资源再生产规律的经济发展是不可持续的。实践证明，走先污染后治理的发展道路是得不偿失的急功近利行为，是与长期发展目标相矛盾的短期行为。

建设"两型"社会要求民族地区提高生态文明水平，生态文明要求人们更加自觉地珍爱自然，更加积极地保护生态。坚持走生态文明发展道路的实质就是要实现"低投入、低消耗、低排放、可循环、高效益、可持续"的绿色发展。要在民族地区加快构建资源节约型、环境友好型的生产

---

① 毕跃光：《从历史上汉族与少数民族政治、经济、文化的互动中看民族观的形成》，《贵州民族研究》2003 年第 3 期，第 21 页。

方式和消费模式,树立绿色、低碳的发展理念,以节能减排为重点,增强危机意识,健全激励和约束机制,才能更好地节约和管理资源,保护生态环境,进而提高生态文明。

2. 区域发展总体战略与主体功能区战略要求民族地区重视资源环境保护

实施区域发展总体战略要求西部地区发挥生态安全屏障作用,加强生态环境保护。实施主体功能区战略要求对影响全局生态安全的重点生态功能区要限制开发,对依法设立的各级各类自然文化资源保护区和其他需要特殊保护的区域要禁止开发。民族地区大部分地区属于西部地区,且限制开发与禁止开发区域大多数也位于民族地区,因此民族地区的生态环境成为全国性公共产品,成为全国的生态屏障,民族地区肩负保护全国生态环境的重要使命,资源环境承载能力无疑成为经济发展方式转变的重要约束之一。

中央支持民族地区经济政策体系要满足提高政策生态效益这一重要约束条件,才能更好更快地实现经济发展方式转变。

四 基于整体福利增进的中央支持民族地区经济政策体系更和谐

福利经济学原理表明每个社会的目标都是追求其社会的整体福利的最大化。中央支持民族地区经济政策体系旨在增进民族地区整体福利,进而增进全社会的整体福利。促进我国区域和谐,构建合意的社会秩序,提高民族地区乃至全社会的整体福利水平,才是中央政府公共政策的社会最优选择。

1. 增进民族地区整体福利的政策体系兼顾公平与效率目标

福利经济学认为,"个人福利(individual welfare)被看作个人的well-being(平安、健康、幸福、福利、兴衰)"。一般情况下,个人福利可以用个人的效用来表示,假设个人是他自己福利的最好判断者。全社会福利的大小取决于影响社会成员个人福利的所有因素,是经济福利、社会福利与生态福利的总和,即整体福利。在现代社会中,增进经济福利是人们首先关注的福利目标，诚然，经济福利不能作为整体福利，这一点无可非议，但是恰恰主要是经济因素这一点而非其他，影响了民族地区非经济福利，并因此又进一步影响了经济福利。当然，兼顾公平与效率目标的政策体系主要是要提高民族地区整体福利水平。

（1）提高民族地区经济福利水平。庇古的理论是分配影响福利，不同的制度对同一个人收益的影响是不同的，政府通过提供某些政策直接改变利益分配格局。如民族地区自然资源丰富，然而自然资源多为资源性国有资产，所有权归属国家，目前其产权安排难以确保民族地区经济利益的实现。中央政府为确保民族地区经济利益，可以通过财政政策、区域经济政策等手段作用于市场经济运行，提高中央支持民族地区经济政策的经济效益。理论和实践证明，中央支持民族地区经济政策体系的有效安排不仅是效率问题，更是一个分配问题。

（2）提高民族地区社会福利水平。社会的福利取决于自由、公平、权利等方面。关于这一点，罗尔斯的理论认为，要在最为广泛的基本自由平等的总制度中，保证每个人都能享有平等的权利，且应该对社会和经济不平等做出安排，要对最为不利的人产生最大收益。[1] 诺兹克提出了所谓的应得权利理论，该理论不是从结果的角度，而是从程序上来评价分配公平（程序公平），[2] 认为只要个人的基本权利得到了尊重，任何分配都是公平的。森的公平理论把对权利和自由方面的考察结合在一起。[3] 为了达到公平的最优效果，研究社会经济状态，提供中央支持民族地区经济政策体系的创新性安排，需要协调市场秩序与非市场秩序之间的关系，最大化地追求整个社会秩序的公平与效率的统一。

（3）提高民族地区生态福利水平。改善民生要求增进社会的整体福利，判断社会的福利标准更应该从长期来考察，所有人的福利水平都会由于生态福利的提高而提高，而生态环境因素直接影响着人们的健康水平，直接决定着人们的生态福利。生态福利影响经济福利，同时约束着社会福

---

[1] Rawls, J., 1971, *A Theory of Justice*, Cambridge, Mass.: Harvard University Press.
[2] Nozick, R., 1974, *Anarchy, State and Utopia*, New York: Basic Books.
[3] Sen, A. K., 1980b, *Description as a Choice*, Oxford Economic Paper, 32: pp353-269. 1985, *Commodities and Capabilities*, Amsterdam: North-Holland.

利目标的实现；随着经济与社会的日益发展，人们对生态福利目标的要求越来越高。

2. 民族地区整体福利水平的提升促进区域协调发展

中央支持民族地区经济政策调节生态保护者与受益者的利益关系，对协调区域经济福利甚至对增进全国生态福利乃至整体福利有着重要的促进作用。当全社会的整体福利函数确定后，最优的社会选择就是在满足社会面临的约束条件下追求福利函数的最优值。要想实现民族地区乃至全国的整体福利水平提升，中央支持民族地区经济政策体系的构建与完善是非常必要的，也是非常关键的制度资源。既要大力发展经济，提高政策的经济效益；又要大力发展各项社会事业，提高政策的社会效益；还要注重生态建设和环境保护，提高政策的生态效益，走生产发展、生活富裕、生态良好的文明发展道路。要牢牢把握和谐发展的原则，把改善民生作为一切工作的出发点和落脚点，推进基本公共服务均等化，使各族群众共享改革发展成果，促进各民族和睦相处、和衷共济、和谐发展。

中央支持民族地区经济政策体系是一个复杂的系统工程，是推动民族地区发展及发展方式转变的重要举措。对这一政策系统的创新性安排要注意挖掘其积极因素，增强发展的后劲，要实现全面、协调、可持续发展的效果，就要更加强调"激励"，充分调动民族地区政府、产业和民众的积极性，立足于在民族地区建立自我发展机制，增强自我发展能力。

第二章 中央支持民族地区经济政策的演变与综合效果评价

从民族政策的层次性和稳定性的角度,可以将其划分为基本政策和具体政策。基本政策体现中国民族政策的一般原则,是在民族工作中必须遵循的大政方针,主要包括民族平等团结政策、民族区域自治政策、培养选拔少数民族干部政策、发展民族经济政策、发展少数民族科教文卫等事业政策、使用和发展少数民族语言文字政策、尊重和保护少数民族文化政策等。民族基本政策具有稳定性和普遍适应性等特点。具体政策,是对涉及民族基本政策的某一方面而做出的具体规定,所涉及的范围更广、内容更多。本课题对构成中央支持民族地区经济政策体系的具体政策,主要包括财政政策、产业政策、开放政策、就业政策与生态环境政策,进行深入系统地研究。新中国成立60多年以来,根据中国多民族的基本国情和民族问题长期存在的客观实际,中央政府制定了一系列支持民族地区发展政策,尤其在最近几年,中央政府加大了对民族地区发展的支持力度,取得了显著成效,但是与其他地区相比,各方面的差距仍旧存在。

一 中央支持民族地区经济政策的演变

近些年来,中央逐步加大对民族地区发展的支持力度,国务院陆续出台具有针对性的支持民族地区发展政策。具体政策和方案见表2-1。

表2-1 2005年以来中共中央、国务院支持民族地区政策和方案

时 间	民族八省区政策方案
2005年9月	中央下发《中共中央、国务院关于进一步做好西藏发展稳定工作的意见》(中发【2005】12号)

续表

时间	民族八省区政策方案
2007年9月	国务院正式下发《关于进一步促进新疆经济社会发展的若干意见》（国发【2007】32号）
2008年9月	国务院正式下发《关于进一步促进宁夏经济社会发展的若干意见》（国发【2008】29号）
2008年10月	国务院常务会议审议并原则通过《国务院关于进一步促进青海等省藏区经济社会发展的若干意见》（国发【2008】34号）
2009年12月	国务院正式批准实施《国务院关于进一步促进广西经济社会发展的若干意见》（国发【2009】42号）
2010年5月	党中央、国务院制定《中共中央、国务院关于推进新疆跨越式发展和长治久安的意见》（中发【2010】9号）
2011年5月	国务院发布《国务院关于支持云南省加快建设面向西南开放重要桥头堡的意见》（国发【2011】11号）
2011年6月	国务院发布《关于进一步促进内蒙古经济社会又好又快发展的若干意见》（国发【2011】21号）
2012年1月	国务院颁布《关于进一步促进贵州经济社会又好又快发展的若干意见》（国发【2012】2号）

资料来源：作者归纳。

对各民族地区经济社会发展的战略定位、发展目标、空间布局进行总体规划，强化政策支持力度，加大投入力度，是中共中央、国务院支持民族地区政策方案的主要内容。落实中央支持政策的具体措施随着民族地区经济社会的不断发展，也在不断发生变化，中央支持政策动态演变的历程是政策本身不断调整更新、协调适应的修正与探索的过程。

1. 中央支持民族地区的财政政策

（1）财政支出政策

中央财政设立专项资金有：1951年设立少数民族发展教育补助费；1955年设立民族地区补助费；1964年设立民族自治地方机动金；1977年设立边境事业补助费；1980年设立支援不发达地区发展资金；1992年设立支持少数民族发展的"新增发展资金"，1998年改称为"少数民族发展资金"；2000~2005年中央财政投入兴边富民行动资金；2000年设立民族地区财政转移支付；2002年在少数民族发展资金中专项安排人口较少民族发展资金；2005年中央财政设立少数民族发展资金民族工作经费；2006年设立边远地区、少数民族地区基础测绘专项补助经费项目；2009年财政部会同国家民委开展了少数民族特色村寨保护与发展试点工作（以下简称"特色村寨保护试点"），中央财政投入试点资金5000万元，2010年，安排试点资金6000万元。

2012年兴边富民补助资金13.86亿元；我国中央财政不断加大对民族地区的转移支付力度，2010年至2012年，中央财政对8个民族省区转移支付总额为26055亿元，占中央财政对地方转移支付总额的25.7%；2013年中央财政预算安排专项扶贫资金390.43亿元，其中少数民族发展资金36.9亿元，专项扶贫资金新增部分主要用于集中连片特殊困难地区，进一步提高兴边富民行动补助标准，大力推进少数民族特色村寨保护与发展试点等。

（2）税收政策

1982年国务院发布的《牲畜交易税暂行条例》，1984年国务院发布的《中华人民共和国产品税条例》《中华人民共和国资源税条例》，国务院批转的《国营企业第二步利改税试行办法》，1984年财政部颁发的《资源税若干问题的规定》，1987年国务院发布的《中华人民共和国耕地占用税暂行条例》等都专门提出民族地区的特殊税收待遇政策。

1991年的《国家税务局关于免征营业税、所得税问题的通知》《国家民委、国家税务局、中国人民银行、纺织工业部关于确定全国纺织系统民族用品定点生产企业的通知》《国家民委、国家税务局、中国人民银行、轻工业部关于确定全国轻工系统民族用品定点生产企业的通知》是专门针对民族贸易、民族用品及定点生产企业规定的税收优惠政策；从1992年起国家规定减免少数民族聚居地区固定资产投资方向调节税；1992～1995年国家对12大类162个品种的边贸进口商品实行免税及减税；1993年国务院通过的《中华人民共和国企业所得税暂行条例》对民族地区企业实行定期减税或者免税；1994年财政部发布《中华人民共和国企业所得税暂行条例实施细则》《国务院关于对农业收入征收农业税的规定》对民族地区的相关税收有减免优惠；1994年《财政部、国家税务总局关于几个税收问题的通知》对国家定点企业生产和经销单位经销专供少数民族饮用的边销茶的增值税、企业所得税、农业特产税等有减免规定。

2000年后民族地区税收优惠政策一般在西部开发税收优惠政策中体现，2001～2003年国家对设在中西部地区的外商投资企业给予三年按15%税率减征企业所得税；2001～2005年国家对西部地区实行为保护生态环境，退耕还生态林、草产出的农业特产品收入，免征农业特产税；2006年取消农业特产税；2001～2010年国家对西部地区企业可以定期减征或免征企业所得税；2001～2010年国家对西部地区新办交通、电力、水力、邮政、广播电视企业实行两年免征、三年减半征收所得税。

2011年税收政策与税收管理主要包括三方面内容。第一，惠及民族地区的是资源税改革。《关于调整稀土资源税税额标准的通知》《国务院关于修改〈中华人民共和国资源税暂行条例〉的决定》《国务院关于修改〈中华人民共和国对外合作开采陆上石油资源条例〉的决定》《国务院关于修改〈中华人民共和国对外合作开采海洋石油资源条例〉的决定》及修改后的《中华人民共和国资源税暂行条例实施细则》，在一定程度上增加了民族地区的财政收入。第二，属于民族地区的税收优惠。2011年《关于继续执行边销茶增值税政策的通知》中关于自2011年至2015年边销茶免征增值税的规定；《关于支持喀什霍尔果斯经济开发区建设的若干意见》税收措施中的相关企业所得税优惠，经济开发区内属于《中西部地区外商投资优势产业目录》的项目免征关税优惠等；财政部、国家税务总局发出《关于新疆困难地区新办企业所得税优惠政策的通知》中规定自2010年至2020年，在新疆困难地区新办的属于《新疆困难地区重点鼓励发展产业企业所得税优惠目录》范围以内的企业所得税的优惠；国务院发布《关于进一步促进内蒙古经济社会又好又快发展的若干意见》提出税收优惠措施，研究完善内蒙古煤炭等矿产资源领域收费基金政策，鼓励中央企业在内蒙古的分支机构变更为独立法人，实行税收属地化管理等。第三，国家区域性政策，主要是促进西部地区发展的税收政策。2011年中共中央、国务院印发《中国农村扶贫开发纲要（2011～2020年）》中关于国家鼓励发展的内外资投资项目和中西部地区外商投资优势产业项目的关税与所得税优惠；国务院发出《关于促进牧区又快又好发展的若干意见》中西部地区的鼓励类产业牧区企业的企业所得税优惠；2011年根据中共中央、国务院关于深入实施西部大开发战略的要求，财政部、海关总署和国家税务总局发出《关于深入实施西部大开发战略有关税收政策问题的通知》规定了范围以内免征关税优惠。

2. 中央支持民族地区的产业政策

（1）农业政策

主要包括：1983年《当前农村经济政策的若干问题》中强调对民族地区的各项农业政策及牧区的生产、流通等各项经济政策更加放宽；1991年《国务院关于调整粮食购销政策有关问题的通知》及《中共中央关于进一步加强农业和农村工作的决定》等都有对民族地区的特殊规定；1992年国家设立贫困县基本农田建设专项贴息贷款、贫困县水利工程项目专项贴息贷款，国务院批转《农业部关于促进乡镇企业持续健康发展的报告》，为进一步推进贫困地区和民族地区乡镇企业的发展，各级人民政府和有关部门要在政策、资金等方面给予更多的支持；1993年国务院关于印发20世纪90年代中国农业发展纲要的通知，制定政策措施大力扶持中西部乡镇企业的发展，中国人民银行安排用于中西部地区和民族地区的专项贷款每年应适当增加，重点支持西部粮食主产区，发展乡镇企业，鼓励东部地区与中西部地区、民族地区发展横向经济联合与协作；1993~2000年，国家对中西部地区乡镇企业实行"三不限一免税"政策；2001~2010年，西部大开发政策中国家对西部地区实行突出加强生态环境保护和建设政策、土地优惠政策、加强农村基础设施建设、改善农民生产生活条件政策等优惠政策。

（2）工业政策

主要包括：1989年《地质矿产部、国家民委关于帮助少数民族地区开发利用地质矿产资源的联合通知》，主要目的是帮助民族地区加快地质矿产资源的开发利用；1991年《国家民委、商业部关于确定全国十六个连锁茶生产加工企业为民族用品生产企业的通知》中确定的民族用品定点生产企业享受国务院对于民族用品生产企业的有关优惠政策；1991年《国家民委、国家税务局、中国人民银行、纺织工业部关于确定全国纺织系统民族用品定点生产企业的通知》对全国纺织（丝绸）系统民族用品定点生产企业实行减免税和优惠贷款的政策;1991年《国家民委、国家税务局、中国人民银行、轻工业部关于确定全国轻工系统民族用品定点生产企业的通知》对定点生产企业实行优惠政策;1991年中国人民银行将民族用品定点生产企业贷款优惠利率年利率确定为5.76%;1995年《中华人民共和国电力法》通过,旨在帮助和扶持少数民族地区发展电力事业;自1997年以来国家实行优先发展中西部地区资源劳动密集型产业政策;自2001年以来西部大开发政策中国家实行鼓励西部地区发展特色经济的产业政策及矿产资源优惠政策,起止年限为2001年至2010年。自2011年以来,分别对各民族地区实行差别化的产业政策,如内蒙古以构建多元发展的现代工业体系为目标,产出煤炭的50%以上实现就地转化,大幅推进"绿色产业";2011年宁夏实施战略性新兴产业培育、优势特色产业壮大做强、传统产业改造提升为内容的"三大千亿"计划;2011年西藏实施重大项目进展顺利,在建项目113个,累计落实国家投资281亿元;2011年对口援疆项目1302个,已开工1229个,完工278个,已到位援助资金107.6亿元。

(3) 商业与贸易政策

主要包括:1985年《商业部关于进一步发展少数民族地区商业若干问题的报告》建议采取措施对少数民族商业给予必要的支持,对"三项照顾"县(旗)的商业企业给予特殊照顾政策,进一步帮助少数民族地区商业网点设施建设,大力加强少数民族商业职业培训等;1986年国家民委、民建中央、全国工商联进一步加强协作,大力开展少数民族地区经济咨询和工商专业培训工作,提供有关经营管理和生产技术方面的服务;1990年《国务院关于进一步改革和完善对外贸易体制若干问题的决定》《国务院批转国家民委等部门关于加强民族贸易和民族用品生产供应工作意见的通知》及《中华人民共和国烟草专卖法》都有关于民族地区发展贸易的特殊规定;1991年对民族贸易和民族用品生产政策进行调整;1997年出台新的民族贸易和民族用品生产优惠政策;截至2011年底,共有民族贸易县435个,民族贸易企业2986家,民族特需商品定点生产企业1834家,享受优惠利率贷款、流动资金中央财政贴息、税收优惠等。

3. 中央支持民族地区的开放政策

1984年国务院批准广西北海成为全国首批沿海对外开放城市,1985年同意钦州、梧州、玉林等市（县、区）享受沿海经济开放区政策；1986年外经贸部正式批准新疆开展地方边境贸易；1992年国家对内陆省会（自治区首府）开放城市对外投资实行优惠政策；1994年国家建立第一批"民族地区改革开放试验区"，包括呼伦贝尔盟、乌海市、吉林省延边朝鲜族自治州、贵州省黔东南苗族侗族自治州、新疆维吾尔自治区伊犁哈萨克自治州；自1994年以来，国家推出民族地区改革开放试验点、农村改革试验区和高新技术开发区；1996年国务院制定了促进边境贸易发展和对外经济合作的优惠政策；2001年至2010年，国家对西部地区实施推进地区协作与对口支援政策及扩大外商投资领域、拓宽利用外资渠道、大力发展对外经济贸易政策等，皆为西部大开发中国家对民族地区的优惠政策；2010年，中央新疆工作会议又明确在新疆喀什、霍尔果斯建立开发开放试验区，批复了《中国图们江区域合作开发规划纲要》。

4. 中央支持民族地区的就业政策①

（1）教育政策

2002年国务院印发《关于深化改革加快发展民族教育的决定》明确了民族教育改革和发展的政策措施，如国家启动实施支援新疆汉语教师工作方案，通过"西部农村教师远程培训计划""援助西藏教师培训计划""援助新疆教师培训计划""中西部农村义务教育学校教师远程培训计划""援助边疆民族地区中小学骨干教师培训项目""中小学教师国家级培训计划"及"中国移动西部农村中小学校长培训项目"加强民族地区教师与校长的培训；2006年启动实施"少数民族高层次骨干人才培养计划"；2007年《国家教育发展"十一五"规划纲要》再次强调民族教育的重要性，提出公共教育资源向民族地区倾斜；2010年国家启动实施农村贫困边远地区教师周转宿舍试点项目，国家组织实施学前教育三年行动计划，农村学前教育推进工程，民族地区学前双语教育受到重视；建立健全家庭经济困难学生资助政策体系；2011年国家启动实施农村义务教育学生营养改善计划，惠及了大部分民族地区；2011年教育部印发了《关于做好少数民族双

---

① 就业政策中的"就业"是广义的就业，具体包括最初就业、维持就业和重新选择、获取新岗位的动态过程。与后文中的"就业能力"的"就业"内涵相同。因此，教育政策与扶贫政策都是就业政策的一部分。

语教师培训工作的意见》。

"十一五"期间中央财政投入 5 个自治区义务教育保障机制经费 278.18 亿元，中等职业学校助学金 30.9 亿元，中等职业学校免学费 10.18 亿元，普通高中国家助学金 3.5 亿元，高校国家助学金经费 61.25 亿元；西藏"三包"政策从义务教育学生扩大到学前教育和普通高中教育；新疆南疆四地州接受中等职业教育的学生学杂费全免。截至 2011 年底，全国 698 个民族自治县行政区划全面普及 9 年义务教育；2011 年中央财政共安排 21 亿元支持 5 个自治区 576 所职业学校建设，落实教师培训资金 4329 万元，承担 20 项国家级中等职业教育重大试点项目和改革创新试点项目；2011 年，全国各类高等教育少数民族在校生达 237 万人，教育部先后与 5 个自治区、3 个民族省份以及吉林省共建了 10 所地方高校，7 个教育部—国家民委重点实验室。双语教育取得较大发展，每年出版 21 个民族 29 种文字的中小学教材 3500 多种，1 亿多册。

（2）扶贫政策

①优先支持政策：1983 年国务院召开全国少数民族地区生产生活会议，提出要在较短时间内基本解决部分群众的温饱问题、住房问题和饮水问题；1984 年《中共中央、国务院关于帮助贫困地区尽快改变面貌的通知》，进一步放宽政策；1986 年国务院决定在原来用于扶持贫困地区资金数量不变的基础上，新增加 10 亿元专项贴息贷款，连续 5 年；1987 年确定了 27 个国家重点扶持的牧区贫困县，设立牧区扶贫专项贴息贷款；1990 年国家专门设立"少数民族温饱基金"，扶持国家 143 个少数民族贫困县；1994 年《国家八七扶贫攻坚计划（1994～2000）》中的 592 个国家重点扶持贫困县中少数民族县有 257 个；2001 年的《中国农村扶贫开发纲要（2001～2010）》内容包括积极推动少数民族和民族地区的扶贫开发，在民族地区增加 10 个国家扶贫开发工作重点县，将西藏作为特殊片区整体列入重点扶持范围；2005 年国家优先将少数民族贫困村纳入整村推进的扶贫开发规划；2009 年国家实行新的扶贫标准，扩大覆盖范围，对民族地区农村低收入人口全面实施扶贫政策；2011 年《中国农村扶贫开发纲要（2011～2020）》中的扶贫重点是把连片特困地区作为扶贫开发主战场；2012 启动并实施区域发展和扶贫攻坚专项规划，国家民委负责推动《武陵山片区区

域发展与扶贫攻坚计划》。

②实施对口支援政策：1979年首次提出对口支援边境地区和少数民族地区政策，即北京支援内蒙古，河北支援贵州，江苏支援广西、新疆，山东支援青海，上海支援云南、宁夏，全国支援西藏；1983年明确了对口支援工作的重点、任务和原则，确定了经济发达省、市同少数民族地区对口支援和经济技术协作的目标；1984年，确定北京、天津、上海、四川、江苏、浙江、山东、福建8省市支援西藏的"43工程"；1986年进一步推动横向经济联合；1995年国家民委关于进一步做好扶贫工作强调抓好定点扶贫和对口支援工作；1996年确定北京与内蒙古，天津与甘肃，上海与云南，广东与广西，山东与新疆，辽宁与青海，福建与宁夏，大连、青岛、深圳、宁波与贵州开展扶贫协作，同时继续动员中央和地方各部门，结合自身优势，在技术培训、承办项目、无偿支援等方面对口帮助贫困地区脱贫致富，实行国家、自治区、地（市）、县（旗、市）四级民委负责制。在总结对口支援西藏经验的基础上，2010年国家又启动了全国19个省市对口支援新疆工作。

③开展兴边富民行动：1999年国家实施了旨在振兴边境、富裕边民的兴边富民行动；2000年开展试点工作，国家民委和财政部在全国确定了17个试点边境县，中央财政每年安排5100万元专项资金；2002年与2003年的《政府工作报告》、2004年《关于进一步推进西部大开发的若干意见》（国发〔2004〕6号）及2005年国务院颁布施行《实施〈民族区域自治法〉若干规定》对继续推进兴边富民行动作了部署；2005年国家发展和改革委员会《关于印发2005年专项规划编制计划的通知》启动了规划编制工作，于2006年通过了《兴边富民行动"十一五"规划》；2009年国家将兴边富民行动试点范围扩大到全部136个边境县和新疆生产建设兵团58个边境团场；党的十七大以来，中央不断加大投入力度，兴边富民补助资金由2000年的1500万元，增加到2012年的13.86亿元，累计达46.29亿元。

④扶持人口较少民族发展：20世纪90年代，国家民委开始重视扶持人口较少民族发展，2001年国务院要求有关地区和部门对人口较少民族实行特殊扶持政策，实施2001~2005年国家扶持人口较少民族发展计划；从

2002 年起中央财政从少数民族发展资金中安排人口较少民族发展补助资金；2004 年研究制订了《扶持人口较少民族发展规划（2005～2010 年）》；2005 年国家发改委会同国家民委联合编制《扶持人口较少民族发展专项建设规划（2006～2010 年）》；自 2005 年国家颁布实施扶持人口较少民族发展规划以来，仅"十一五"期间，国家对 22 个人口较少民族聚居地区，就投入各项扶持资金 45.22 亿元，安排各类扶持项目 15206 个，扶持 640 个人口较少民族聚居村；"十二五"规划扩大了扶持范围，提高了扶持标准，扶持的人口较少民族由 22 个增加到 28 个，增加了总人口在 10 万以上、30 万以下的 6 个民族，即景颇族、达斡尔族、柯尔克孜族、锡伯族、仫佬族和土族；扶持的人口较少民族聚居村由 640 个增加到 2119 个，扶持人口数量由 63 万人增加到 169 万人。

5. 中央支持民族地区的生态环境政策

由于民族地区生态环境脆弱，中央实施的一系列生态环境政策皆惠及民族地区。1991 年国务院通过《大中型水利水电工程建设征地补偿和移民安置条例》，1993 年国务院通过并于 1994 年发布的《矿产资源补偿征收管理规定》都有对民族地区实施特殊政策的规定，其中中央与省、直辖市矿产资源补偿费的分成比例为 5∶5，而中央与自治区矿产资源补偿费的分成比例为 4∶6；1998 年天然林资源保护工程启动；国家于 1999 年开始试点退耕还林政策；2000 年国务院下发了《关于进一步做好退耕还林还草工作的若干意见》扩大到 17 个省区市试点，在中西部 25 个省区市全面铺开，惠及民族地区如四川甘孜州等；2002 年全面启动退耕还林建设工程，对西部一些经济发展明显落后，少数民族人口较多，生态位置重要的贫困地区，在巩固退耕还林成果专项资金方面给予重点支持；2003 年国务院新闻办公室发布《〈西藏的生态建设与环境保护〉白皮书》；2005 年国务院关于进一步加强防沙治沙工作的决定，把工作重点放在民族地区和边疆地区；2006 年国家发改委、农业部先后两批下达天然草原退牧还草工程投资计划；2007 年《国务院关于完善退耕还林政策的通知》中有对民族地区的特殊政策的规定；2008 年《国务院 2008 年工作重点》中强调进一步加大对革命老区、民族地区、边疆地区、贫困地区的扶持力度，制定并实施主体功能区规划和政策；为保障国家主体功能区推进，2009 年底出台了《国家重点生态功能区转移支付（试点）办法》，从资金初始分配、省级再分配、资金使用效果评估、相应的激励约束机制等方面进行全过程规范；2010 年已经形成《国家重点生态功能区县域生态环境保护考核评价指标体系》；2011 年财政部出台《国家重点生态功能区转移支付办法》，对转移支付分配办法、监督考评、激励约束等分别作了规定；2011 年国务院印发《"十二五"控制温室气体排放工作方案》，开展低碳发展实验、试验、试点，研制支持试点的配套政策，《国家环境保护"十二五"规划》推进环境税改革；从 2011 年起中央财政每年安排专项资金建立草原生态保护补奖机制，中央财政每年安排专项资金，在内蒙古、新疆（含新疆生产建设兵团）、西藏、青海、四川、甘肃、宁夏和云南 8 个主要草原牧区省（区），建立草原生态保护补助奖励机制。

二　中央支持民族地区经济政策的综合效果评价

1. 民族地区经济社会发展成效

（1）民族地区经济增长速度继续保持快速增长

就 2001～2012 年国内生产总值增长速度的横向比较而言，民族地区生产总值（GRP）增长速度为 13.0%，高于全国平均水平 10.1%。[1] 就 2012 年与 2011 年增长速度横向排序，民族八省区 GRP 增长速度从高到低依次为：贵州 13.60%、云南 13.00%、青海 12.30%、新疆 12.00%、西藏 11.80%、内蒙古 11.50%、宁夏 11.50%、广西 11.30%；贵州增长速度与重庆相同并列全国第二位，民族地区增长速度最慢的广西位居全国第 16 位，说明民族地区 GRP 增长速度相对较快，从经济增长速度的角度比较，民族地区与东部地区的差距趋于缩小；但是超过西部增长速度（12.48%）的只有贵州和云南。[2]

但是必须看到，就 2012 年与 2011 年纵向比较而言，仅有新疆与上年增

---

[1] 中华人民共和国统计局：《中国统计年鉴 2013》，中国统计出版社，2013，第 5、13 页。
[2] 数据来源于姚慧琴、徐璋勇《中国西部发展报告 2013》，社会科学文献出版社，2013，第 5～7 页。国内生产总值绝对数按现价计算，增长速度按不变价格计算；内蒙古数据修正，依据是中华人民共和国统计局《中国统计年鉴 2013》，中国统计出版社，2013，第 56 页。

长速度持平，其他省区的增速均有下降，其中内蒙古减速 2.8 个百分点，是民族地区下降最多的自治区，其他省区下降的百分点分别为：贵州 1.4 个、青海 1.2 个、广西 1.0 个、西藏 0.9 个、云南 0.7 个、宁夏 0.6 个。[①]

(2) 民族地区产业产值增长速度快，结构调整显现高级化趋势

就 2012 年与 2011 年三大产业生产总值增长速度而言，民族地区三大产业产值增长速度分别为 6.1%、14.5%、11.0%，高于全国平均水平的 4.5%、7.9%、8.1%。民族八省区第一产业增长率最低为西藏 (3.4%)，最高为贵州 8.6%；第二产业增长率最低为内蒙古 (13.3%)，最高为贵州 16.8%；第三产业增长率最低为宁夏 9.7%，最高为新疆 12.3%。[②] 可见三大产业增加值均以高于全国的速度在增长。具体数据见表 2-2。

表 2-2 2012 年民族八省区三大产业增长率与占地区生产总值比例

单位：%

地区	增长率 (2011年=100) 第一产业	第二产业	第三产业	2012 构成 (地区生产总值=100) 第一产业	第二产业	第三产业	2011 构成 (地区生产总值=100) 第一产业	第二产业	第三产业
贵 州	8.6	16.8	12.1	13.0	39.1	47.9	12.7	38.5	48.8
云 南	6.7	16.7	10.9	16.0	42.9	41.1	15.9	42.5	41.6
青 海	5.2	14.1	11.1	9.3	57.7	33.0	9.3	58.4	32.3
宁 夏	5.8	13.8	9.7	8.5	49.5	42.0	8.8	50.2	41.0
新 疆	7.0	13.7	12.3	17.6	46.4	36.0	17.2	48.8	34.0
内蒙古	5.6	13.3	10.0	9.1	55.4	35.5	9.1	56.0	34.9
广 西	5.6	14.2	9.8	16.7	47.9	35.4	17.5	48.4	34.1
西 藏	3.4	14.4	12.0	11.5	34.6	53.9	12.3	34.5	53.2

数据来源：中华人民共和国统计局：《中国统计年鉴 2012》，中国统计出版社，2012；中华人民共和国统计局：《中国统计年鉴 2013》，中国统计出版社，2013。

民族地区三大产业的比例 2012 年为 15.06%：49.09%：35.84%，而 2005 年该比例为 21.01%：40.87%：38.12%；2010 年该比例为 15.90%：

[①] 中华人民共和国统计局：《中国统计年鉴 2013》，中国统计出版社，2013，第 56 页。
[②] 中华人民共和国统计局：《中国统计年鉴 2013》，中国统计出版社，2013，第 5、33、60 页。

48.24%∶35.86%；2011 年该比例为 15.00%∶49.46%∶34.76%[①]；可见，民族八省区的产业构成比例近些年的动态变化规律即第一产业占比下降，第二、三产业占比有所提高，表明民族地区产业结构基本呈现高度化趋势。

(3) 民族地区固定资产投资速度较快

民族地区固定资产投资速度相对较快，根据各省区统计数据来看，贵州以 53.1% 的固定资产投资（不含农户）增速在全国位列第 1，西部地区全社会固定资产投资增长率为 27.0%，超过这一数据的民族地区分别为新疆（35.1%），西藏（29.9%），青海（27.9%），宁夏（27.5%），云南（27.3%），低于这一数据的民族地区分别为内蒙古（20.3%）和广西（24.4%），但其全社会固定资产投资总额却位于西部地区的前列。详细数据见表 2-3。

表 2-3　2012 年民族地区固定资产投资情况

单位：亿元，%

地区	全社会固定资产投资	增长率	第一产业	增长率	第二产业	增长率	第三产业	增长率
贵　州	7809	53.1	218	68.9	2500	35.0	4878	67.6
云　南	7554	27.3	143	46.1	2530	29.3	4880	25.8
青　海	1920	27.9	83	-8.7	892	33.4	946	40.1
宁　夏	2110	27.5	72	50.3	1049	27.0	988	26.7
新　疆	6258	35.1	115	23.9	3076	33.4	2404	37.7
内蒙古	13112	20.3	638	13.3	6526	27.0	5822	12.0
广　西	12635	24.4	484	40.5	4915	30.0	6774	20.4
西　藏	671	29.9	—		—		—	

数据来源：姚慧琴、徐璋勇：《中国西部发展报告 2013》，社会科学文献出版社，2013，西藏及其他地区部分数据缺乏。

从产业固定资产投资数额比较分析，第二、三产业固定资产投资数额明显高于第一产业；仅就第二、三产业相比，贵州、云南、青海、广西第三产业固定资产投资高于第二产业；而宁夏、新疆、内蒙古第二产业高于

---

① 根据中华人民共和国统计局：《中国统计年鉴 2013》，中国统计出版社，2013，第 33 页计算得出。

第三产业；显然，民族地区产业固定资产投资也在呈现高级化趋势。

（4）人们生活水平在一定程度上有所提高

首先，民族地区民众收入水平在一定程度上有所提高。2012年数据显示，民族地区无论是农村居民家庭人均纯收入还是城镇居民人均可支配收入在增长率方面都高于全国平均水平（农村居民家庭人均收入全国水平实际增长10.7%；城镇居民人均可支配收入全国平均实际增长9.6%）。① 新疆维吾尔自治区在城镇居民人均可支配收入增长率与农村居民家庭人均收入增长率两方面均呈现明显的增长势头，在全国31个省级数据中均列第一位。在农村居民家庭人均纯收入增长率方面，民族地区的西藏、青海在全国范围内分别位居二、三位；而其他民族省区的农村居民家庭人均纯收入增长率与非民族地区相比并没有明显的大幅度提升。

表2-4 2011年与2012年民族地区人均收入

地区	2011年（元） 城镇收入	2011年（元） 农村收入	2012年（元） 城镇收入	2012年（元） 农村收入	增量（元） 城镇收入	增量（元） 农村收入	增长率（%） 城镇收入	增长率（%） 农村收入
贵州	16495.01	4145.35	18700.51	4753.00	2205.50	607.65	13.37	14.66
云南	18575.62	4721.99	21074.50	5416.54	2498.88	694.55	13.45	14.71
青海	15603.31	4608.46	17566.28	5364.38	1962.97	755.92	12.58	16.40
宁夏	17578.92	5409.95	19831.41	6180.32	2252.49	770.37	12.81	14.24
新疆	15513.62	5442.15	17920.68	6393.68	2407.06	951.53	15.52	17.48
内蒙古	20407.57	6641.56	23150.26	7611.31	2742.69	969.75	13.44	14.60
广西	18854.06	5231.33	21242.80	6007.55	2388.74	776.22	12.67	14.84
西藏	16195.56	4904.28	18028.32	5719.38	1832.76	815.10	11.32	16.62

注：表中的城镇收入是指城镇居民人均可支配收入；表中的农村收入是指农村居民家庭人均纯收入。

数据来源：中华人民共和国统计局：《中国统计年鉴2012》，中国统计出版社，2012，表10-15与表10-22；中华人民共和国统计局：《中国统计年鉴2013》，中国统计出版社，2013，表11-14与表11-21；计算而得。

从2006年到2010年，民族地区贫困人口从2535万减少到1481万，下降了41.6%；贫困发生率从18.9%减少到12.2%；"十一五"期间民族

---

① 数据来源于《中国西部发展报告2013》第21页及中华人民共和国2012年国民经济与社会发展统计公报。

地区 267 个国家扶贫开发工作重点县农户住房有较大改善，饮水困难农户比重从 16.7% 下降到 11.4%；已完成整村推进扶贫规划的贫困村为 27306 个，占民族地区贫困村总数的 71%；西藏有 31 个乡完成整乡推进扶贫规划。总之，民族地区农村贫困人口在大幅下降。

其次，在教育方面，民族地区教育资源在增加。仅从普通小学的生师比情况来看，2012 年与 2011 年相比，教师的绝对数量基本呈增长趋势，生师比下降幅度较大的地区包括，贵州由 2011 年的 20.74 下降到 2012 年的 19.20，云南由 2011 年的 18.06 下降到 2012 年的 17.40，宁夏由 2011 年的 19.32 下降到 2012 年的 17.98，新疆由 2011 年的 14.20 下降到 2012 年的 13.96；初中、普通高中的生师比也基本呈下降的趋势。

最后，生活福利各方面均有所提高。在运输邮电方面，2012 年民族地区铁路营运里程为 2.37 万公里，比 2011 年的 2.30 万公里增长 3%；公路通车里程 2012 年为 102 万公里，比 2011 年的 96 万公里增长 6.25%；邮路及农村投递线路总长度 2012 年为 161 万公里，比 2011 年的 139 万公里增长 15.83%。在文化方面，2012 年与 2011 年相比，出版图书数量净增加 5490 万册、杂志净增加 1031 万册、报纸净增加 15185 万份。在卫生方面，医院、卫生院由 2011 年的 1.2 万个增加到 2012 年 1.23 万个，卫生床位数从 60.1 万张增加到 65.9 万张，比 2011 年分别增长 2.5%、9.65%。在社会服务方面，福利类收养单位床位数由 2011 年的 29.8 万张增加到 2012 年的 33.9 万张，城镇社区服务设施数达到 9802 个，增长 13.8%。[①] 可见民族地区民众生活福利水平在一定程度上有所提升。

（5）生态环境继续加强治理

2012 年民族八省区造林总面积达 213.58 万公顷，占全国造林总面积的 38.2%，与 2011 年民族八省区造林面积占全国造林总面积的 37.2% 相比，提高了一个百分点；2011 年国家林业重点工程造林面积 309.39 万公顷，其中天然林保护工程、退耕还林工程、三北及长江流域等防护林建设工程分别为 55.36 万公顷、73.02 万公顷、126.40 万公顷，占总量的 82.35%，大部分位于民族地区。2012 年民族八省区草原新增面积 365.47 万公顷，占全国

---

① 中华人民共和国统计局：《中国统计年鉴 2013》，中国统计出版社，2013，第 34~35 页。

的 52.6%，① 从中央政府到地方政府都在积极治理民族地区的生态环境。

2. 民族地区与其他地区发展存在的差距

（1）民族地区人均地区生产总值较低

2012 年，民族地区人均地区生产总值（GRP）是 30863 元/人，最高的省区是内蒙古，为 63886 元/人。只有内蒙古这一数据超过了全国平均水平（38420 元/人），其他都低于全国平均水平，远低于东部地区（57722 元/人）；除内蒙古外，仅有新疆（33796 元/人）、宁夏（36394 元/人）和青海（33181 元/人）刚好超过西部地区水平（31357 元/人）；而广西（27952 元/人）、贵州（19710 元/人）、云南（22195 元/人）与西藏（22936 元/人）远低于西部地区平均水平。②

（2）民族地区人均收入水平较低③

2012 年全国农村居民人均纯收入 7916.58 元；民族八省区中这一数据最高的是内蒙古，农村居民人均纯收入 7611.31 元；西部地区农村居民人均纯收入为 6061.7 元，超过这一数据的民族地区除内蒙古外只有宁夏（6180.32 元）与新疆（6393.68 元），其他省区广西（6007.55 元）、贵州（4753.00 元）、云南（5416.54 元）、青海（5364.38 元）与西藏（5719.38 元）远低于西部地区平均水平，更低于全国平均水平。④

再比较 2012 年城镇居民人均可支配收入，全国城镇居民人均可支配收入为 24564.72 元，民族八省区全部低于全国平均水平；西部地区平均水平是 20567.4 元；高于西部地区平均水平的民族省区有云南（21074.50 元）、内蒙古（23150.26 元）、广西（21242.80 元）；其他省区贵州（18700.51 元）、青海（17566.28 元）、宁夏（19831.41 元）、新疆（17920.68 元）、西藏（18028.32 元）均低于西部地区平均水平，更低于全国平均水平。⑤

---

① 中华人民共和国统计局：《中国统计年鉴 2013》，中国统计出版社，2013，第 287～288 页。
② 中华人民共和国统计局：《中国统计年鉴 2013》，中国统计出版社，2013，第 18～19 页，第 32～33 页，第 57 页。
③ 中华人民共和国统计局：《中国统计年鉴 2012》，中国统计出版社，2012，第 354、366 页。
④ 西部地区数据来自姚慧琴、徐璋勇《中国西部发展报告 2013》，社会科学文献出版社，2013，第 21 页；其他数据来自中华人民共和国统计局：《中国统计年鉴 2013》，中国统计出版社，2013，第 401 页。
⑤ 西部地区数据来自姚慧琴、徐璋勇《中国西部发展报告 2013》，社会科学文献出版社，2013，第 21 页；其他数据来自《中国统计年鉴 2013》，第 388 页。

(3) 民族地区政府财政能力较弱

就民族地区财政能力而言，财政收支缺口较大，需要中央大力支持，并且这一缺口呈现出逐年增加的趋势。具体数据见表2-5。

表2-5 2012年民族地区财政收支情况

单位：亿元，%

地区	财政收入	财政支出	收支缺口	收支缺口/财政支出	人均预算收入	人均预算支出
贵 州	1014.05	2755.68	1741.63	63.20	2910.55	7909.38
云 南	1338.15	3572.66	2234.51	62.54	2872.18	7668.29
青 海	186.42	1159.05	972.63	83.92	3252.38	20221.75
宁 夏	263.96	864.36	600.40	69.46	4078.51	13355.61
新 疆	908.97	2720.07	1811.10	66.58	4071.00	12182.42
内蒙古	1552.75	3425.99	1873.24	54.68	6236.30	13759.82
广 西	1166.06	2985.23	1819.16	60.94	2490.52	6375.96
西 藏	86.58	905.34	818.76	90.44	2814.60	29430.41
地方合计	61078.29	107188.34	46110.05	43.02	4510.82	7916.19

注：财政收入为地方本级收入。

数据来源：中华人民共和国统计局：《中国统计年鉴2013》，中国统计出版社，2013，表9-5、表9-6；人均数据是由《中国统计年鉴2013》表3-5、表9-5、表9-6计算而得。

就地方本级人均财政收入而言，民族地区较低。2012年，民族八省区平均为2816元/人，全国平均水平为4510.82元/人，除内蒙古（6236.30/人）高出这一数据外，其余省区均低于全国平均水平，最低为广西（2490.52元/人）。然而，民族八省区人均财政支出高于全国平均水平的有云南、青海、宁夏、新疆与西藏，其中西藏为全国最高，达29430.41元/人，令人反思。一方面民族地区财政能力远不能满足自身需要，需要中央支持；另一方面民族地区公共服务成本很高，需要特殊考虑。

(4) 民族地区工业经济效益与环境成本均相对较高

从2012年规模以上工业企业的成本利润率来看，民族地区工业获利较高，西藏为14.23%，在全国31个省级数据中位居第二，新疆为13.50%位居第三，内蒙古与贵州的工业成本利润率分别为12.12%与11.89%，高于全国平均水平7.11%；与此同时，民族地区工业增加值对GDP的贡献率较高,内蒙古工业增加值占 GDP 的百分比为 59.61%,青海为 57.03%,广西为 50.49%。然而,在工业污染治理投资占规模企业利润总额的百分比数据中,民族地区的省区也位居前列,全国省级数据超过 1.30% 的地区从高到低的排序依次为:甘肃(7.40%)、宁夏(5.27%)、海南(3.62%)、云南(3.36%)、山西(3.20%)、贵州(1.99%)、西藏(1.38%)、陕西(1.32%)、青海(1.30%),多数为民族省区。① 民族地区工业的成本利润率较高,但是计算中的成本费用总额只包括主营业务成本、销售费用、管理费用、财务费用之和,没有考虑环境成本,民族地区工业的经济效益没有与生态效益结合起来。

(5) 民族地区开放程度较低

民族地区拥有特殊地理区位及特色产品,应该增大出口量,提升本地区的开放程度,进而提高本地区经济实力。2012 年全国各地进出口总额占 GDP 的百分比平均为 47.04%,而民族八省区进出口总额占本地区 GRP 百分比最高的是西藏,为 30.83%,其次为新疆(21.17%),其余省区较低,分别为内蒙古(4.48%)、广西(14.28%)、贵州(6.11%)、云南(12.87%)、青海(3.86%)、宁夏(5.98%)。民族八省区 GDP 总额占全国 GDP 的百分比为 11.28%,而八省区进出口总额占全国进出口总额的百分比仅为 2.60%,进口总额占比为 2.25%,出口总额占比为 2.90%。② 尽管相对于 2011 年略有提升,③ 但是民族地区的开放程度仍亟待加强。

民族地区发展与发达地区相比存在很多差距,如基础设施条件仍然薄弱,社会事业仍然亟待加强,生态环保形势仍然不容乐观,扶贫开发任务仍然艰巨,人才匮乏等问题仍然突出。

---

① 根据中华人民共和国统计局:《中国统计年鉴 2013》,中国统计出版社,2013,第 299 页、第 479 页,计算而得。
② 数据来源:中华人民共和国统计局:《中国统计年鉴 2013》,中国统计出版社,2013,第 241 页。
③ 2011 年数据:民族八省区进出口总额所占百分比为 2.30%,进口总额所占百分比为 1.93%,出口总额占全国出口总额百分比为 2.63%。

第三章　现存中央支持民族地区经济政策存在的关键问题剖析

中央支持民族地区经济政策在促进民族地区发展的各个方面都取得了一定的成就，但是仍旧存在一些问题。

一　中央支持民族地区经济政策尚未形成完整的体系

自新中国成立特别是改革开放以来，尽管有关部门在财税优惠、产业倾斜、扶贫开发、对外开放、对口支援等方面，制定、实施了诸多支持民族地区的政策措施，但是这些政策大多较为分散或散见在其他相关政策之中，并没有形成一个完整的中央支持政策体系，由此在一定程度上影响了政策的实施效果。经济政策体系作为一个系统存在，是一个多目标与多手段相互联系、相互影响、相互制约的极其复杂的有机整体，而这些政策目标和手段的简单叠加并不等于整体结构合理与综合效应优化。

1. 中央支持民族地区经济政策多目标的相容性有待增强

中央支持民族地区经济政策是促进民族地区发展的多目标决策，例如《少数民族事业"十二五"规划》中经济发展目标的主要指标增速高于全国平均水平、特色优势产业体系初步形成、城镇化率增速高于全国平均水平等；生态目标要求生态环境持续改善；社会发展目标如民族地区人民生活水平大幅提高、基本公共服务能力显著增强等。显然各目标在短期内是不相容的，如在现有科技水平下，民族地区工业化和城镇化增速加快必然加剧生态恶化与环境污染，在短期内如何处理好多目标的相容性显得极为重要。国务院近几年相继出台促进民族各省区经济社会又好又快发展的相关政策和方案，"好"是对发展质量和效益的要求，"快"是对发展数量和速度的要求。为避免差距拉大，民族地区没有发展速度也是不行的，不断提高人们的生活水平，要保持一个较快的发展速度；但是建立在资源过度消耗、环境污染、质量不高、效益低下基础上的发展速度是要付出代价的。例如内蒙古自治区经济增长速度自2002年以来连续八年保持全国第一，但是根据北京大学中国区域经济研究中心主任杨开忠构建的反映居民幸福指数的"单位GDP人均可支配收入比值"[①]，内蒙古是2012年中国大陆31个省份中上述指数即GDP"含金量"排名最后的五省份之一。2012年数据显示环境保护支出占一般预算支出比例从高到低排在前五位的依次是吉林（4.61%）、重庆（4.22%）、宁夏（4.09%）、内蒙古（3.84%）与青海（3.80%），多为民族地区。2012年内蒙古城镇化率超过全国平均水平，但是城镇居民人均可支配收入相当于全国平均水平的94.24%；2012年内蒙古的资源开发相关财政收入（包括资源税总额68.10亿元加上国有资产有偿使用收入67.56亿元）135.66亿元与节能环保支出131.59亿元相差无几。[②] 以上数据是对内蒙古发展质量与效益的挑战，经济目标、社会目标与环境目标的相容性较低不容忽视。

加快民族地区发展速度，不能片面追求经济规模的膨胀。高速度必须以高质量的科学技术创新和管理技术创新作为保障。然而实践证明，中央支持民族地区经济政策中的技术援助政策不足，远未形成科技支撑的局面。以环境科技为例，2011年数据显示，无论是国家科技计划中央财政支持环境科技的绝对数额、增长率，还是与发达国家科技研发经费

---

① 北京大学中国区域经济研究中心主任杨开忠提供的"单位GDP人均可支配收入比值"计算公式："人均可支配收入"除以"人均GDP"，得出的数值相当于人均GDP的"含金量"，或是居民收入的幸福指数，人均GDP"含金量"的提高表明GDP的增长能够同时带动居民收入的增长。《中国经济周刊》旗下智囊机构中国经济研究院通过为期3个月的专家调研、统计、计算，从全国31个省份公布的最新数据（截至2013年2月25日）中计算得出，中西部地区有五个省份排在最后，分别是陕西、青海、新疆、内蒙古和西藏。转引自姚慧琴、徐璋勇：《中国西部发展报告2013》，社会科学文献出版社，2013，第39页。

② 根据中华人民共和国统计局：《中国统计年鉴2013》，中国统计出版社，2013，第332~336、388页，计算得出。

(R&D) 占 GDP 的比重相比,[①] 都表明我国的中央财政对环境科技支出偏少,财政支持力度明显不足,急需加强对民族地区环境科技援助的政策力度。

因此,在实现中央支持民族地区经济政策目标时,应该考虑有计划、有步骤地逐步实现发展的多重目标,政策的制定一定要与民族地区发展的现实密切联系,可操作、欲速且可达的目标才是体现科学发展观的目标,否则会起到相反的效果。

2. 中央支持民族地区经济政策目标与手段的耦合性有待增强

政策手段是实现政策目标的途径与工具。构成中央支持民族地区经济政策体系的目标与手段固然都很重要,但政策机制牵动经济社会按一定规律和程序运行则显得更为重要。在政策落实过程中,政策目标与手段的机制耦合问题不可忽视。例如,在民族地区,财政政策要把提高公共服务水平,使居民享有均等化的基本公共服务作为首要目标,而财政转移支付结构不尽合理,均衡性转移支付占比较低,2011 年均衡性转移支付占中央对地方转移支付的比例是 21.5%,再分配到民族地区的均衡性转移支付会更少,而专门针对民族地区的转移支付仅占 1.06%,[②] 这在很大程度上限制了中央支持民族地区提供均等化基本公共服务的能力。再如惠及西部民族地区的税收政策目标是减轻税负,而实际上西部民族地

---

① 在 2011 年国家科技支撑计划中,中央财政对"环境"项拨款 4.7399 亿元,占拨款总额的 8.618%,不到平均水平;在 2011 年国家重点基础研究发展计划中,中央财政对"资源环境"项拨款 2.18 亿元,十项中排序为第九,且与 2010 年相比增长率为负(-9.62%);在 2011 年分技术领域国家级火炬计划中,"环境保护"项的政府资金最少,为 0.32 亿元。
我国环境科技的财政支出分散在"科学技术"各项中,2011 年财政科技支出增长率为 17.78%,未达到财政支出总额增长率(21.56%);2011 年财政科技支出占财政支出总额的比例(3.50%)低于 2010 年(3.62%),表明财政科技支出没有稳定的增长机制。
科技研发(R&D)经费来源分别是政府资金、企业资金和其他资金,与发达国家相比,我国科技研发的政府资金所占比例很低;2010 年英国、法国、俄罗斯及韩国 R&D 经费来源于政府资金的比例分别为 32.1%、39.7%、70.3%及 26.7%,而 2011 年我国该数据为 21.7%。国际上创新型国家的 R&D 投入占 GDP 的比例都较高,2010 年日本、德国、瑞典分别是 3.26%、2.82%、3.40%,而我国是 1.77%,2011 年我国该数据为 1.84%,不及发达国家 20 世纪 90 年代的水平。

② 根据中华人民共和国财政部、中国财政杂志社:《中国财政年鉴 2012》,中国财政杂志社编辑出版,2013,第 35 页,计算得出。

区的税收负担重于东部及其他地区。魏后凯、袁晓勐（2010）的研究表明，税收政策对促进西部经济发展起到了重要的支撑作用，但由于优惠政策存在的结构性问题，使得西部民族地区企业税负较重的局面并未改变，政策促进效果不甚明显。① 中央支持民族地区经济政策的各项目标和手段要能够有机地统一起来，即各项目标和手段之间有机结合和相互作用的合理点应控制在一定的范围之内，既要符合政策制定的宗旨，也要有利于系统相互协调。

3. 中央支持民族地区经济政策多手段的协调性有待增强

中央支持民族地区经济政策一般都会采用多手段协同推进，例如通常采用财政、税收、金融、贸易等政策形成民族地区的投融资体系，形成政策合力。这就需要加强中央各部门和各项政策之间的衔接与协调，否则以"部门主导"的政策设计就会导致责任主体不明确，缺乏明确的分工，会使政策效率更为低下。例如在对民族地区生态补偿政策的制定与实施中，现有的管理体制中财政、金融、国土资源、林业、水利等多部门对生态补偿都有自己的一套程序和方法，且各行其是，妨碍集中管理，尤其在民族地区，部门行政色彩浓厚，导致生态补偿不到位，补偿受益者与需要补偿者相脱节。生态保护税费间缺少协调，各个部门与生态资源有关的收费，有的相互之间重复，有的缺乏法律依据，且缺乏明确的授权，弱化了生态环境资源税费的效率和效益。② 在实际工作中就存在这样的现象，即以部门的生态保护责任为目的进行相应的政策设计，并以国家有关法律法规的形式将这些部门性的政策固化，其结果往往会出现部门利益化和利益部门化的问题。

二 中央支持民族地区经济政策的激励效应体现不足

民族地区要发展富裕起来，从根本意义上讲要靠自我发展能力，仅仅

---

① 魏后凯、袁晓勐：《我国西部大开发税收政策评价及调整方向》，《税务研究》2010年第2期。
② 张冬梅：《民族地区生态补偿政策存在的问题与对策研究》，《内蒙古社会科学》2012年第4期。

依靠外部扶持是不现实的，把希望寄托在富裕起来的主体以外的任何因素上都是不现实的，因为外部因素只能提供环境、条件或辅助性的帮助，所以中央支持民族地区经济政策体系的准确定位应该是提高内在的"激励"效应。现有政策支持更多体现在带有"输血"性质的帮扶上，而对形成"造血"功能的激励政策明显不足。支持政策体现的更多是给"钱"，而不是重视给"力"。忽视了民族地区政府、产业与民众主观能动性，这是导致民族地区自我发展能力低下的重要原因之一。

1. 对民族地区政府提供公共服务能力的激励有待增强

政府职能涉及国家大量日常公共事务的处理，其根本目的是为全社会提供普遍的、公平的、高质量的公共服务。对地方政府而言，提高提供公共服务的能力，进而实现追求政绩的目标，是其内在激励，民族地区政府也不例外。中央政府与地方政府有明确的事权划分，民族地区政府要更好地履行包括政治、经济、文化、社会等多方面职责，要有相应的财力作保障。如果仅靠民族地区政府财权财力支撑，那么距离实现其事权差之远矣。中央政府已经为保障民族地区政府财力逐年加大转移支付力度，2001年以来民族地区财政支出来自中央财政的超过65%以上，这反而预示着民族地区政府提供公共服务能力更需加强。激发民族地区政府的内在动力，从根本上提高民族地区政府的公共服务能力，必须依靠发展民族地区经济。这是长期的发展目标，然而在短期内并不能实现。为在短期内给予民族地区政府"给力"的激励政策，要考虑中央政府对财权（主要是税权）的适度下放。毕竟提高民族地区公共服务水平的财力更多源于民族地区政府的财政收入，才是民族地区政府公共服务能力提升的本质，是解决民族地区事权与财力相称的重要途径之一。

2. 对民族地区产业提高核心竞争力的激励有待增强

发展民族地区经济，离不开民族地区产业，所以激励民族地区产业发展成为中央支持民族地区经济政策体系的重要组成部分。企业是产业的构成单元，企业的目的是追求利润最大化，其获利能力取决于企业的核心竞争力，提高企业核心竞争力是对民族地区企业的内在激励。企业核心竞争力可以视为多种能力的聚合。依据熊彼特的创新理论，多种能力最终归结为创新能力，具体包括科学技术创新与管理技术创新。企业利润最大化包括两方面：其一是成本既定获得最大收益；其二是收益既定使得成本最小。从目前中央支持民族地区经济政策来看，后者重于前者，如对民族地区企业的支持更多体现在企业所得税的减免方面，而对基于创新的企业科学技术的援助与咨询政策却较为少见。尽管制定了一系列培育特色优势产业和战略新兴产业的政策，但是针对具体企业的具体措施还是不能一概而论地"一刀切"。

3. 对民族地区民众提高就业能力的激励有待增强

区别于上述政府与产业的经济主体——组织，民众是指民族地区群众这一独立的经济主体——个人。个人发展的目的一般而言是个人福利最大化。毫无疑问，个人福利的增进单靠政府来提供，只是基本的生活保障，要想真正增进个人的福利，还要靠其自身就业能力的提升。无论国内还是国外，个人的福利水平直接与就业能力正相关。发达国家如英国、法国、德国、美国等都有专门针对少数民族的就业政策，我国中央政府自新中国成立以来的支持少数民族就业政策散见在相关政策中，主要是职业教育与培训相关的政策，更多的是针对即将面临和已经失业的劳动者。而这里所述的就业能力是指各个层次劳动者的就业能力，包括高级科技人才、管理干部人才及普通劳动者（就业者和失业者）都需要激励，民族地区甚至全国的每一位民众都存在在自己现有水平上进一步提升就业能力的问题。这并不仅仅是就业者所在单位的激励机制设计问题。民族地区要转变发展方式，要实现跨越式发展，要缩小与发达地区间的差距，就需要中央政府积极采取全方位的、大力度的就业能力提升计划。

所以，中央支持民族地区经济政策体系更应该加强对民族地区政府、产业与民众的"激励"，充分调动民族地区社会各成员的积极性，立足于在民族地区建立自我发展机制，增强自我发展能力。

三 中央支持民族地区经济政策对民族地区特殊性考虑不充分

民族地区的发展离不开其赖以生存的环境，民族地区无论是"软"环境还是"硬"环境，与其他地区相比，皆具有鲜明的特殊性。"硬"环境构成一个地区经济发展的基础，"软"环境在某种程度上决定一个地区经济发展的路径。这里"硬"环境主要包括民族地区的地理区位、基础设施、自然资源与生态环境;"软"环境主要包括民族地区的文化、制度与公共服务水平。

1. "硬"环境的特殊性

民族地区地理区位相当复杂,可以用位置偏远、地貌复杂、气候多样来概括。[①] 我国大部分民族地区多属内陆边疆,地貌基本是高原、高山、火山间盆地、沙漠、戈壁滩等恶劣的自然地理类型,跨纬度 50 多度,其主要气候特征寒冷干燥。一旦对民族地区的历史欠账和特殊的地理区位考虑不足,地广人稀的民族地区公共基础设施很难形成规模效应,修建同等级别的交通、电信等公共基础设施在民族地区需要支出更多,同时还存在边境安全与建设支出。民族地区自然资源如牧草、森林、矿产等自然资源丰富,然而由于多年的资源开发,民族地区生态恶化与环境污染日益严重,逐渐成为生态脆弱地区。

中央支持民族地区经济政策要充分考虑其自然环境的特殊性,现在与未来的发展方式决定着民族地区的珍稀动植物资源是濒临灭绝还是可持续发展,待开发可再生能源是依然沉睡还是被充分利用。

2. "软"环境的特殊性

民族地区民众多为少数民族,汉族在民族地区成为相对人数较少的"少数民族",因此在这里统称"少数民族"。民族地区与其他非民族地区的主要区别在于"人"的"民族"的特殊性,主要体现为"民族文化"。文化是一个民族的精神和灵魂,人自身是某种文化的载体,存在于一切人类交往的互动过程之中。人们参与活动既是社会实践过程,也是文化互动过程,族群意识是族群参与互动的结果,因此,中央制定与实施支持政策要充分考虑到"民族"特殊性,要尊重民族文化。第一是语言文字,除了中央人民广播电台用的蒙古、藏、维吾尔、哈萨克、朝鲜 5 种民族语言外,还有如傣族、景颇族、壮族、布依族、苗族、彝族、黎族、纳西族、傈僳族、哈尼族、佤族、侗族等文字。第二是习俗宗教,少数民族的饮食、服饰、居住、婚姻、丧葬、节庆、娱乐、礼仪、禁忌等诸多方面都与民族特

---

① 千里原:《民族工作大全》,中国经济出版社,1994,第 418~419 页。

殊性密切相关。我国各少数民族存在多种宗教信仰，有藏传佛教、小乘佛教、伊斯兰教、东正教与基督教等，还有部分少数民族则保持着原始多神崇拜。① 宗教信仰对各族少数民族的经济生活具有深刻的影响，尤其是全体群众信教的一些民族，宗教信仰对社会成员的生产生活方式和行为方式的影响深刻而广泛。第三是文化的核心——价值观，不同民族地区的生产力发展水平不同，人们对同一事物的价值判断是不同的，不同的价值观会导致不同民族的不同行为。要加强与少数民族文化互动，就要探寻不同族群文化价值观的结合点，否则，少数民族对中央支持政策的参与行为就会存在较多障碍，使政策目标难以实现。

制度环境是形成行为规范约束机制的社会基础和氛围。我国各少数民族已经历史地营造了各自的制度环境。各少数民族的制度环境作为中国经济环境的一部分，既受中国总体经济制度的约束，又受本民族独特的历史、文化、现实等方面影响。民族地区所面临的制度结构形式呈现出双重性，换言之，这种制度包括政治、经济、法律的规范和约束机制，也包括民间风俗、习惯、伦理的规范和约束机制；② 前者是由国家制度的性质、特征、内容决定的，后者是由族群经验传统型的民间规范累积沉淀的。

要在民族地区提供均等化的公共服务，必然存在着大量的特殊支出，如一般的民族地区特有的双语教学、双语出版和民族文化保护方面的支出；衣食起居偏好的社会保障支出；存在地方病的医疗卫生支出；多种宗教信仰的民族宗教方面支出；民族地区边境安全与社会稳定支出等。这些特殊支出是各民族地区政府必须承担的而非民族地区没有的独特事权。

因此，在中央支持政策的制定中需要充分考虑民族地区的特殊性，在制定实施各项支持政策措施时，既要给资金、给项目、给政策，又要讲感情、动真情、建深情。

四 中央支持民族地区经济政策的持续性与稳定性有待增强

在已实施的一系列的中央支持民族地区经济政策中，存在变更频率较

---

① 王文长：《民族视角的经济研究》，中国经济出版社，2008，第61~62页。
② 王文长：《民族视角的经济研究》，中国经济出版社，2008，第171页。

高、稳定程度较低、执行连续性较差的政策，如国家对西部民族地区退耕还林还草工程中的补助期限有限，一般生态林暂定为 8 年，经济林补助 5 年，种草补助 2 年，虽然资金投入量较大，但是缺乏持续性。由于投入的不足使退耕地不能实现高效利用，导致后期管理不善，没有取得很好的经济效益。此外，工程性资金具有不稳定性，因为资金来源于财政专项拨款、补助或发行国债，而生态保护是一个循序渐进的长期过程，生态恢复更表现为长期性，只靠工程性的资金，不能从根本上解决问题。

现行的一些政策措施大多是针对民族地区出现的问题出台的，带有一定的临时性，尽管民族地区经济社会发展是动态变化的，但不能说明临时性的政策更有效，反而更需要中央支持民族地区经济政策高瞻远瞩，各种手段进行相应的变化调整，要保持与整体目标的协调一致，促进整个政策体系的运动变化，以达到新的预期状态。没有持续与相对稳定的政策，就难以保持持久的政策效力，难以预期政策发挥的长期功能。这就要求在制定政策时，充分考虑发展方向与趋势，速度和方式，以及发展变化的动力、原因和规律，使各项政策目标与手段能够在时间上相互协调与同步，在空间上保持一定的比例与平衡，从而抑制可能出现的消极影响。

第四章 构建与完善中央支持民族地区经济政策体系的思路

西方学者把政策系统定义为"政策制定过程所包含的一整套相互联系的因素，包括公共机构、政策制度、政府官僚机构以及社会总体的法律和价值观"。① 中央支持民族地区经济政策体系就是一项政策系统，政策系统内部各因素的联系是否得当，直接影响政策的运行是否顺畅；更重要的是中央支持民族地区经济政策体系是一项制度的顶层设计，从根源上决定政策效果。笔者认为，中央支持民族地区经济政策体系要围绕激励的对象——民族地区政府、产业与民众进行设计，以增强民族地区自我发展能力为长期总目标，以增进民族地区整体福利与提高政策体系的综合效益为路径，以科技为支撑，服务于国家区域发展宏观战略总体规划。

一　中央支持民族地区经济政策体系的总体框架

中央支持民族地区经济政策体系的构成主要由增进民族地区整体福利的开放政策、财政政策、产业政策、就业政策及生态环境政策组成。具体框架见图4-1。

图4-1中省略了正文中的职业技能培训政策，因为多数文献认为这属于教育政策的一部分，这里没有单独列出职业技能培训这一具体政策，读者可参见就业政策部分。

1. 增强民族地区自我发展能力为长期总目标

围绕市场、资源、人才、技术、标准等方面的国际竞争越来越激烈，

---

① E. R. 克鲁斯克等主编《公共政策辞典》，上海远东出版社，1992，第26页。

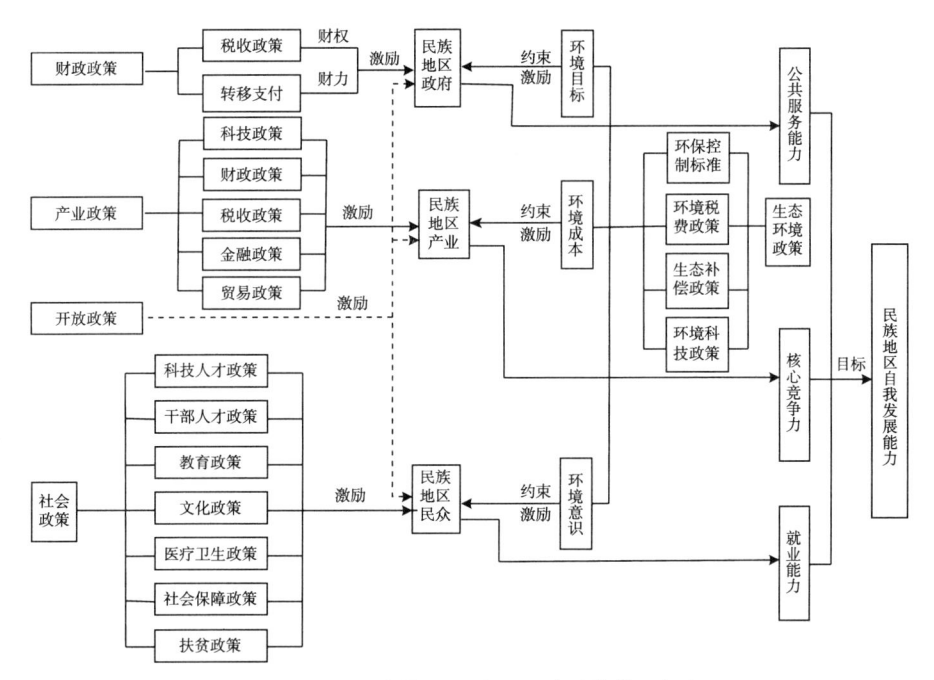

图 4-1　中央支持民族地区经济政策体系框架

这同样也是国内区域间的竞争焦点与竞争趋势。在开放竞争的市场中，资源、人才等要素是流动的，而民族地区对资源、人才等的支配力与吸纳力就成为本地发展的重要因素，分配资源利益，权衡、计算、博弈、把握机会，占有市场等新的行为方式变成竞争中的新准则。以民族地区现有生产力发展水平及市场经验而言，在市场分工中，尽管拥有较丰富的自然资源，民族地区仍会处于竞争的弱势，难以在资源配置过程中实现利益并在分配中取得主导地位。民族地区要想在竞争中具有优势，中央支持政策这一重要制度资源与民族地区自我发展能力必须成为利益实现及分配过程的强势因素，即竞争中人的因素、制度的因素等在市场效率领域应当处于主导地位，对资源配置方式进而实现利益发挥越来越重要的影响。因此，中央支持民族地区经济政策体系的主要目标是增强民族地区自我发展能力，其内容包括民族地区政府提供公共服务的能力、产业的核心竞争力、民众的就业能力。

2. 以增进民族地区整体福利与提高政策体系的综合效益为路径

中央支持民族地区经济政策体系主要由开放政策、财政政策、产业政策、就业政策与生态环境政策构成，政策之间是相互影响、相互促进，甚至是相互约束的关系。要提升民族地区整体福利水平，包括经济福利、社会福利与生态福利，就要提高中央支持民族地区经济政策的经济效益、社会效益与生态效益。实现政策的综合效益，体现在对民族地区政府、产业与民众的有效激励上，其实质就是对"人"的激励。对政府中的"人"，要充分考虑"政绩"这一私人目标；对企业中的"人"要充分考虑"利润"这一私人目标，对民众的"人"要充分考虑个人"福利"这一私人目标。无论是长期还是短期，"激励"都是永恒的主题，只有充分调动民族地区政府、产业与民众的积极性，中央支持民族地区经济政策体系才是激励相容的最优设计。民族地区整体福利水平的提升单靠中央支持，只能保障基本的福利水平，要想长期大幅度地提高民族地区的整体福利水平，必须提升民族地区长期自我发展能力。

3. 以科技为支撑

科技进步和创新是加快转变经济发展方式的重要支撑。民族地区要加快转变发展方式，要缩小与全国平均水平的差距，更需要科技作为重要支撑，包括适用技术和高新技术。民族地区政府要加强科学管理水平，包括管理制度创新与管理效率提升；民族地区产业要加强产品科技含量，如提高民族地区特色产品的工业附加值，延长特色产业链，突破资源环境约束瓶颈的绿色发展，这些需要适用技术甚至高新技术作为保障；同时提高民族地区劳动者的科技素质，壮大民族地区掌握各层次科技的人才队伍，坚持科学技术是第一生产力，实现民族地区又好又快发展。

4. 政策体系激励机制的结构设计

中央支持民族地区经济政策体系结构与工作方式的创新是保证实施的重要一环，根据政策体系创新各要素相互作用的过程和机理，把政策体系创新性地安排为引发机制、激励机制与监督机制的综合体。① 引发机制对民族地区提供政策需求；激励机制提供动力；监督机制提供信息及反馈渠道。

（1）引发机制的安排。要有一个对急于要解决的民族地区发展问题进行会诊的制度；要有一个较为稳定的民族地区政策问题的顾问专家团，在

---

① 王维平：《经济政策创新与区域经济协调发展》，中国社会科学出版社，2006，第201页。

顾问专家中,最好具有民族背景,有利于从民族文化价值观角度出发提出容易被民族地区接受的策略;要有一个自下而上的民族地区发展问题信息反馈网络系统;要有一个提供中央支持民族地区经济政策创新的信息交流会制度。

(2) 激励机制的安排。就中央支持民族地区经济政策而言,要有一套对政策从出台到实施的效果测评系统;要有一套对政策质量的科学评价标准和政策效果评价体系;要有一套对政策评估的奖惩措施。

(3) 监督机制的安排。要落实和完善各项社会监督制度,建立政府政策信息网站,将中央支持民族地区经济政策信息置于公众的监督之下,鼓励民族地区民众经常参与并讨论政策评价意见,建立重大中央支持民族地区经济政策公众质询制度,经批准,允许公众参加"政策质询会",对政策问题的投诉和建议给予奖励;要保证专门监督机构的独立地位,独立行使监督权,强化国家权力机关的监督职能;要进一步落实和完善相关法规,有效地履行其监督机构的职能,提供更为完善的法律保障。

二 激励民族地区政府提升公共服务能力的政策设计

1. 中央政策的创新性安排带动民族地区政府政绩考核制度创新

在中央政府与民族地区政府的委托—代理关系中,由于民族地区政府具有绝对的信息优势,中央政府不能直接观测到民族地区政府的行为模式,因此理性的民族地区政府具体采取的策略是自身效用最大化,是按照自己的利益选择行动。但影响民族地区政府效用函数的变量复杂多样,如影响政绩及晋升的条件等因素。机制设计理论给出一个有益的启示:在给定中央政府未知民族地区政府是否积极努力实施中央政策的情况下,要使理性的民族地区政府积极接受中央政策的设计,即能够诱导理性民族地区政府积极地选择中央政府希望的行动,就是在充分考虑民族地区政府的私人信息[①]和自利动机的情况下,通过改变规则、设计激励相容的政策安排来达到既定的目标。

---

① 这里私人信息主要是指地方政府所拥有的具有独占性质的知识,其中经验是最为宝贵的私人信息。

(1) 中央支持民族地区经济政策评估标准要因时、因族、因地制宜。政策评估过程是紧紧围绕政策效果展开的，一项政策效果是否实现了预期目标，必须建立一套评估的标准，即进行价值判断的尺度。对中央支持民族地区经济政策进行评估，评估标准要因时、因族、因地制宜，才能对政策的效益、效率及价值进行更科学地判断。

首先，"因时"制定的政策目标的量化标准，是影响执行力的重要因素。例如，尽管我国新发布 502 项国家环保标准与 72 项地方环保标准，但是我国环境质量标准体系正处于不断完善的阶段，尤其民族地区具有特殊的环境目标与任务，更应该具有明确的可执行的量化监测指标。在 2012 年第二次全国环保科技大会上，环保部部长周生贤提到的发布环境标准规划、实施环保标准行动计划与进一步完善环保标准体系的省区中，没有提及任一民族省区，①说明民族地区政策的环境目标的实现程度更难监测，而经济总量目标如 GDP 更容易考核，易导致民族地区政府对经济数据指标的单纯追求。在国家区域协调发展战略与国家主体功能区战略中，大多数民族地区具有明确的生态功能定位，一方面，要求中央政策大力支持民族地区抓紧完善地方环境标准体系，另一方面，在短期内弱化中央支持民族地区经济政策的经济目标定位，把对民族地区政府政绩考核的重点放在生态功能建设上，其政绩评价理应以生态指标为主要考核，经济方面的各项指标在短期内均可适当放松。

其次，"因族"制定的政策评价标准，这影响政策的适当性、充足性与绩效。中央政策目标和所表现的价值偏好以及所依据的假设对民族地区民众"民族"特殊性是否合适，在满足人们需求、价值或机会的有效程度上是否具有充足性，在政策绩效评价方面是否考虑民众心目中认定的满意程度。中央支持民族地区经济政策应当坚持"区别对待，分类指导"的原则，如对人口较少民族②、处于绝对贫困的民族③等，均应实施不同政策目

---

① 北京、河南等环境保护部门发布环境标准规划，上海实施环保标准行动计划，黑龙江、山东、广东、天津、辽宁、福建等省（市）进一步完善了地方环保标准体系。
② 如鄂伦春族、塔吉克族、赫哲族、基诺族、独龙族、布朗族、普米族、德昂族、高山族等。
③ 如独龙族、怒族、傈僳族、拉祜族、佤族、布朗族、哈尼族、德昂族、景颇族、瑶族、门巴族、珞巴族、裕固族、塔吉克族等。

标评价标准。

最后,"因地"制定的政策评价标准,量化指标要兼顾"量"与"质"的双重目标。如 2012 年民族八省区超过全国城镇化率平均水平(52.6%)①的只有内蒙古(57.70%),② 2012 年城镇居民人均可支配收入数据指标显示,民族地区收入最高的内蒙古尚低于全国平均收入水平。城镇化的政策目标应是因城镇化而身份转变的城镇居民的福利水平得到真正提高,如他们的社会保障包括基本养老保险、基本医疗保险、失业保险、工伤保险与生育保险能随着身份转变及时构建,而不是单纯的城镇化率这一数据。中央支持民族地区经济政策制定的出发点要切实保障与改善民生。

(2)中央政策效果评估要与民族地区政府干部评价机制有效结合。

任何中央支持民族地区经济政策的执行都离不开民族地区政府的干部,干部的行为取决于干部素质与干部评价机制,干部评价机制是干部管理制度的核心内容。民族地区实施的干部管理制度包括一套涉及工作任务的分配、工作绩效的评价以及工作成绩的报酬等多项内容的管理规则,主要目的在于改进地方党政部门的政策执行状况。③ 干部评价机制即对干部政绩的评价机制,对干部的行为具有重要的导向功能。提高政策运行效率重在健全行政责任制,首先健全干部岗位目标管理责任制,其次是落实各级干部的离任责任审计制度,最后是决策失误责任追究制度。在中央支持民族地区经济政策制定中应采用更科学的突显生态建设的干部政绩评价制度,在干部评价指标中考虑具有优先等级的设计,如一级生态指标,二级经济指标,即在完成优先等级的生态指标的基础上再进行次优先等级的经济指标的考核,这有利于约束一些民族地区政府只重经济增长数量,不顾经济发展质量的急功近利行为。尤其是生态恢复与建设具有长期性,干部政绩评价体系中要体现长期的激励与约束,即具有长期严格的问责制。同时,要加强干部政绩考评的民主性。在考

---

① 《中华人民共和国 2012 年国民经济和社会发展统计公报》。
② 姚慧琴、徐璋勇:《中国西部发展报告 2013》,社会科学文献出版社,2013,第 25 页。
③ 丁煌:《我国现阶段政策执行阻滞及其防治对策的制度分析》,《政治学研究》2002 年第 1 期,第 28~39 页。

评政绩时,必须坚持考评主体的多元化,尤其要注重听取广大民众的意见,要使民众敢于说真话。

中央支持民族地区经济政策制定与实施的全过程需要形成中央政府与民族地区政府的良性互动。民族地区政府对称地显示对中央政策的需求及执行效果的全过程;中央支持政策密切联系民族地区实际,制定欲速且可达的目标,利用更充分的信息进行创新性的政策安排,才是激励型的政策设计。

2. 完善民族地区政府特殊事权与财力相称的财政政策

由于民族地区特殊的历史、地理因素,承担了较多重于非民族地区的特殊事权,如新疆的维护稳定、扶贫开发、灾害救治、生态保护、少数民族教育、文化与医学保护,甚至一些非民族地区不需承担的特殊事权,如边境安全、宗教等。划分中央与地方各级政府的事权要遵循收益原则、效率原则及特殊性原则①;科学界定民族地区政府承担的事权范围是明确中央政府与民族地区政府收支责任和收支权益的重要依据。这些特殊事权具体可分为代理性事权与外溢性事权,前者受益范围容易明确界定,即可以明确划分的事权,中央承担该项事权并且由中央匹配相应财力,如国防安全;后者的受益范围较难界定,事权难以明确划分,一般是中央给予一定资金支持,如生态环境保护。

这里以"硬"环境与"软"环境都比较典型的新疆为例,承担国家的代理性事权包括①社会经济类:少数民族的义务教育和高等教育、少数民族广播影视节目的生产供应、边境线及广播电视建设投入、大功率广播电视实验发射机及电子对抗机、文化基础设施、文物保护、解决少数民族人口的贫困、口岸建设、国际河流开发;②自然环境生态类:重大境外疫情防疫、重大自然灾害(灾害损失程度没有达到国家标准)、中央天然林保护项目的配套工作、保障核安全的废物库建设;③政治和主权安全类:领土完整、国防安全、情报收集、"三股势力"分子处理。承担的外溢性事权包括①社会经济类:社会冲突和群体事件、处理民事案件、一般的义务教育、某些高等教育、一般省与市广播电视节目、一般性文化活动、基层政府的基本运转、省级公路建设;②自然环境生态

---

① 王倩倩:《中央与民族自治地方财政关系研究》,东北财经大学出版社,2012,第196页。

类：艾比湖和塔湖流域的治理、危险废物处置中心、风沙治理、一般环保项目。[①]

为确保民族地区政府有相应的财力激发其提供公共服务的能力，中央政府确实应该给予具有特殊事权的民族地区更多的财权与财力的支持，主要是税权的分享与财政转移支付力度的加大。

3. 探索民族地区政府管理创新的制度性政策

与中央政策激励的民族地区产业和民众相比，民族地区政府是最复杂的激励对象，是最难设计激励机制的组织，这涉及宏观激励制度的构建。中央政府对地方政府进行适度分权是当今世界各主要国家政治经济体制改革的总体趋势，信息不完全决定民族地区政府拥有私人信息，鼓励民族地区政府大胆探索适合自身发展的模式更能激发民族地区政府的积极性。我国宪法和民族区域自治法，对民族地区自治机关拥有自治权的权责和适用范围作了明确的规定。概括起来主要有：立法权、变通执行权、语言文字权、培养干部权、经济权、外贸权、财政权、文化教育权、交流权等，在不违背国家民族区域自治制度的基础上，依据《民族区域自治法》精神，积极向民族地区投入成本较少的制度性政策。如给予民族地区体制改革试验权，或制度创新许可权等，还可以细化到更为具体的如招商引资方面、引进人才方面、发展非公有制经济等多方面的试验权，这样既有利于解决经济资源的有限性难题，又有利于解决优惠政策投入民族地区长期存在的体制性问题，以促进民族地区深化体制改革。

三 激励民族地区产业提升核心竞争力的政策设计

目前我国民族地区产业多数处于产业链的低端，产业产品技术含量与附加价值相对较低。产业结构是民族地区社会经济发展水平的标志，产业发展是民族地区社会经济发展的决定性因素，因此，中央支持民族地区经济政策的重要目的之一是优化民族地区产业结构，促进民族地区产业发展。产业的发展最终取决于产业本身的素质和发展潜力，而不是产业政

[①] 王倩倩：《中央与民族自治地方财政关系研究》，东北财经大学出版社，2012，第198页。

策。产业政策对绝大多数产业的发展而言，都是一种外部力量，只有当产业政策对产业内部的技术、人才、资金等生产要素的投入和运作发生积极影响时，产业才能更好地发展。因此，只有提升民族地区产业核心竞争力的产业政策才是内在的激励政策，才能增强民族地区自我发展能力。

1. 完善全方位服务民族地区企业创新的产业政策

企业是产业的微观基础，是具有个性化的产业单元。要促进民族地区产业发展，政策的着眼点是民族地区企业的生存和发展。企业的生存与发展重在创新。为激励与引导民族地区企业创新，中央支持民族地区产业政策要发挥以企业为主体，市场为导向的作用，切实顺应市场发展的要求，为企业创新提供全方位服务体系，除为企业提供基础设施与基本公共服务外，对企业自身的支持还要包括支持技术创新和制度创新的产业政策。

（1）支持技术创新的产业政策。为逐步提高民族地区的产业结构层次，扭转民族地区产业产品技术含量低与附加值低的局面，中央政府亟须制定一系列有利于民族地区推广应用先进技术与适用技术的援助政策，综合利用财政政策与投融资政策促进民族地区企业引进、应用先进技术、改进现有技术、推广适用技术及技术设备加速折旧等。中央政府有计划有步骤地在民族地区开展利用先进技术的项目，并且针对民族地区不同企业出台专项政策，确保先进技术与适用技术的应用与推广。

（2）支持制度创新的产业政策。在民族地区的企业中国有经济比重较大，加上民族地区市场化程度相对较低，所以应按照现代企业制度的要求进行内部制度的不断创新；要积极大胆地寻找非公有制经济如机制灵活的个体、乡镇、私营和外资企业等多种实现形式，开拓民族地区产业经济领域的新增长点；中央政策要引导民族地区政府支持企业发展与创新，而不只是关注利税，为企业发展提供管理咨询与指导等服务。

尤其要专门支持民族贸易和民族特需商品生产企业的发展，培育和发展满足少数民族群众生产生活特殊需求的特色产业，继续执行扶持民族贸易和民族特需商品生产企业的财政和金融等优惠政策。

2. 特色优势产业与战略新兴产业带动民族地区产业链与产业集群的发展

中央政府应专门针对民族地区所具有的资源开发、农牧业、民族文化旅游业等特色优势产业给予优惠政策支持，进一步推进能源及化学工业、重要矿产开发及加工业、特色农牧业及产品深加工业、文化产业及旅游业等的高度化与合理化，支持民族地区特色优势产业打造品牌。积极培育发展新能源、新材料、信息、新医药、生物工程、节能环保等战略性新兴产业，构建民族地区坚实的产业支撑。

（1）特色优势产业与战略新兴产业带动产业链在民族地区内延伸。产业链是对产业部门间基于技术经济联系而表现出的环环相扣的关联关系的形象描述，包含价值链、企业链、供需链和空间链四个维度的概念。产业链中大量存在着上下游关系和相互价值的交换，上游环节向下游环节输送产品或服务，下游环节向上游环节反馈信息。民族地区产业链涉及各产业部门之间的链条式关联关系，区域之间产业的分工合作、互补互动、协调运行等问题。在民族地区内延伸产业链的目的在于使产业价值尽可能在民族地区内部得到实现与增值。民族地区资源开发产业所在产业链的延伸，则是将一条既已存在的产业链尽可能地向上下游拓展，向上游延伸一般使得产业链进入基础产业环节和技术研发环节，向下游拓展则进入市场拓展环节。

就资源开发产业而言，民族地区与发达区域的类型划分一般是依据其在劳动地域分工格局中的专业化分工角色。民族地区更多地从事资源开采、劳动密集的经济活动，其技术含量、资金含量相对较低，其附加价值率也相对较低；而发达地区更多地从事深加工、精加工和精细加工经济活动，其技术含量、资金含量相对较高，其附加价值率也相对较高。为保障民族地区利益实现，在民族地区内延伸产业链，在上游环节增加资源开采过程中的科技含量，努力在民族地区内实现资源产品深、精加工与市场销售等。打破民族地区内传统经济活动的惯性和路径依赖，对产业链进行整合，使得民族地区内的企业逐渐成为产业链的主导企业，成为相应价值链中最具有价值的环节，从而获得其他环节的主动协同，把其他环节的利润或价值转移到民族地区内。

（2）特色优势产业与战略新兴产业带动民族地区产业集群的崛起。产业集群是区域竞争力的重要标志，通过要素之间和生产环节之间的整合建立以专业化分工网络为基础的产业集群，能强化地区经济增长的核心能力。如宁夏装备制造业产业集群、云南国际花卉产业集群、西部民族地区旅游产业集群等，各种产业集群在民族地区经济发展中发挥着积极的作用。积极培育和推进地方产业集群已经成为目前区域创新体系建设的重点和政府制定政策的着眼点。以特色优势产业和战略新兴产业为依托，带动民族地区产业集群的崛起，是产业政策的必然选择。从产业结构和产品结构的角度看，产业集群实际上是某种产品的加工深度和产业链的延伸，在一定意义上讲，是产业结构的调整和优化升级。

抓紧建立民族地区配套产业群，促进民族地区企业进入全国乃至全球的生产销售网络，提高民族地区产业整体素质和市场竞争力。未来的竞争优势集中体现为后天积累形成的知识、技术、商誉等"创造要素"以及规模经济、资本运作、营销策略等方面的核心竞争力，而不是局限于先天的自然资源、劳动力等方面的比较优势。长远来看，中央政府利用政策倾斜将文化产业定位为民族地区的战略新兴产业，充分发挥民族地区文化资源优势，加快培育文化市场主体，支持少数民族文化企业的高新技术应用示范，支持创作一批深受各族群众喜爱、具有鲜明民族特色的优秀民族文化作品，打造具有竞争力和影响力的艺术品牌，提升民族地区文化产业的核心竞争力将会具有长期竞争优势。

3. 重视中央支持民族地区产业政策的生态效益和社会效益

（1）加强产业发展生态化，提高产业政策的生态效益。

产业生态化是一种"促进与自然的协调与和谐"的产业发展模式，要求以"减量化、再利用、再循环"为社会经济活动的行为准则，运用生态学规律把经济活动组织成一个"资源—产品—再生资源"的反馈式流程，实现"低开采、高利用、低排放"，以最大限度利用进入系统的物质和能量，提高资源利用率，最大限度地减少污染物排放，提升经济运行质量和效益。[①] 民族地区产业发展亟须关注生态化，中央政策支持并带动民族地区政府推动产业转型升级，加快低碳经济和绿色产业发展。

综合利用财税政策与环境科技政策支持民族地区产业生态化发展，注重节能与清洁能源的使用，要支持以节能降耗和环境保护为重点的新工艺和新

---

① 苏东水：《产业经济学》，高等教育出版社，2012，第380页。

装备的采用,大力推广清洁生产、使用清洁能源,提高资源生产效率与使用效率。遵循自然规律,发展生态农业,提高工业生态效益,完善民族地区绿色服务业等,尤其是在民族地区生态循环工业产业链的建立与发展中,如包头的国家生态工业区的生态产业链系统等,要大力发展循环经济。

(2) 增强产业发展社会责任,提高产业政策的社会效益。

产业政策的社会效益主要是指通过民族地区产业发展不同程度地解决不同层次的就业问题,提高当地民众的收入水平。随着民族地区城镇化率的不断提高,解决就业成为当务之急,在民族地区发展劳动密集型产业,对于吸纳农村剩余劳动力、提高农民收入、解决城市职工的再就业问题具有重要的意义。在民族地区进行技术改造和开发新项目时,不能一味追求发展技术和资金密集型企业,而要看到,农村特色产品加工业等中小企业对民族地区解决就业问题的效果更好。

按照科学发展观的要求,调整民族地区产业结构与布局,提高产业核心竞争力,推动民族地区产业结构优化升级和效益全面提升,增强民族地区自我发展能力。

四 激励民族地区民众[①]提升就业能力的政策设计

就业能力(Employ ability)的概念最早出现在20世纪初的英国,由英国经济学家贝弗里奇(Beveridge)于1909年首先提出。贝弗里奇认为就业能力即"可雇用性",是指个体获得和保持工作的能力。20世纪80年代后期,美国的一些学者对此概念进行了修订,认为就业能力是一个获得最初就业、维持就业和重新选择、获取新岗位的动态过程,在强调就业者就业能力的同时,加入了就业市场、国家政策等宏观方面,更全面地阐释了就业能力的整体概念。2005年,美国教育与就业委员会再次明确就业能力概念,即"可雇用性",是指获得和保持工作的能力。就业能力不仅包括狭义上理解的找到工作的能力,还包括持续完成工作、实现良好职业生涯

[①] 这里民众包括居住在民族地区的少数民族人口和汉族人口,也包括外出在非民族地区临时工作的少数民族(仅限少数民族,而非汉族)人口,由于在民族地区汉族相对较少,也称为民族地区的"少数民族",在本部分论述中统称为"少数民族"。

发展的能力。民族地区民众要想真正提高自己的福利，根本上要靠自己的就业能力，而依靠外援的力量改善福利状况，只能达到最基本的福利保障。因此，提高民族地区民众就业能力的政策是更给力的激励型政策。

1. 提升少数民族就业能力的各就业政策的协调配合

一般认为，就业能力包括一般就业能力和特殊就业能力。一般就业能力包括一是一个人的态度、世界观、价值观、习惯；二是与工作有关的一些能力，主要是指处理与周围的人和工作环境的关系的能力；三是自我管理能力，如决策能力、对现实的理解能力、对现实资源的利用能力等。特殊就业能力是指某个职业所需的特殊技能和环境所需的某种特殊技能，通常认为是职业技能。一般就业能力和特殊就业能力在职业活动中都很重要，要成功地从事某种职业，常常需要一般就业能力和特殊就业能力的有机配合。就业能力提升正如综合素质提高一样，不仅是短期培训的结果，更是长期干中学的积累沉淀。提升民族地区民众就业能力的就业政策主要包括科技人才政策、干部人才政策、教育政策、文化政策、医疗卫生政策、社会保障政策等，各政策的协调配合才能提高职业素质、身体素质、心理素质、文化素质等的综合能力。

任何政策干预都有面临政策失灵的风险，因此必须结合民族地区的特殊性，这就是说，进行政策干预时，既要认真研究少数民族就业的前提条件、政策措施、政策传导机制，也要研究我国的特定社会经济结构、劳动力市场发展的趋势，以及不同群体就业的特点。针对不同群体就业问题，制定有利于提升其就业能力的各种就业政策。各就业政策的联动与互动会加快提升少数民族就业能力并增进整体福利。

2. 建立健全少数民族就业服务体系

少数民族就业服务体系是少数民族群众就业创业方面的制度化、专业化、社会化的全方位服务体系，包括政府对少数民族的就业管理服务组织及支持并规范发展各类专业性职业中介机构和劳务派遣、职业咨询指导、就业信息服务等社会化服务组织。少数民族就业服务体系的目的是保障少数民族群众的就业权益。为强化政府促进少数民族就业的公共服务职能，需要建立健全公共就业服务网络，完善公共就业服务制度，不断完善服务手段，开发服务项目，拓展服务功能，为少数民族提供各级各类的就业服务，充分积极发挥社会各类就业政策的作用。

3. 完善切实保障少数民族就业平等权利的就业制度

我国宪法明确规定，各民族一律平等，国家保障少数民族的合法权利和利益，《民族区域自治法》《中华人民共和国就业促进法》做出相应规定，要求各级政府重视对民族地区干部和专业人才的培养，不得歧视不同种族、民族和宗教信仰的少数民族从业人员，并对这些人员要采取特殊措施优先照顾和扶持、鼓励各种专业人员参加自治地方建设。在现存劳动力市场竞争中，为促进与保障少数民族就业，要建立统一的劳动力市场，打破制度性障碍。少数民族就业的技术性障碍属于少数民族自身就业能力问题，不同层次的劳动力，需要解决不同层次的技术障碍；而制度性障碍主要是指"社会屏蔽"制度，是指一些社会集团通过一些程序，将获得某种资源和机会的可能性限定在具备某种资格的小群体内部，社会屏蔽制度的核心是对人与人之间，以及人与资源之间的关系建立秩序[1]，如户籍制度、财产制度、人口迁徙制度、组织人事制度、失业保险制度等。通过少数民族个人的努力奋斗也许能够冲破技术性障碍，但是，人事管理方面及劳动力市场体制方面的社会屏蔽制度，是个人能力无法解决的，必须要政府努力才能解决。

对政府、产业与民众的激励，都可以归结为对"人"的激励，民族地区政府的执政者、民族地区企业的决策者及民间少数民族群众分别属于不同的激励层面，需要的激励形式有别。政府执政者追求政绩、企业决策者追求利润、民间少数民族追求福利（自身效用），要在政策的顶层设计中考虑激励相容。政府的自我发展能力重在财政能力，有财力支持，政府提供公共服务能力才有保障[2]；企业的自我发展能力重在企业核心竞争力，获利有保障；民众的自我发展能力重在就业能力，福利有保障。因此，在具体实施策略中重在培育与挖掘民族地区政府公共服务能力、产业核心竞争力与少数民族的就业能力。

---

[1] 微软（中国）有限公司、清华大学社会学系：《农民工、社会融入与就业》，社会科学文献出版社，2008，第19~20页。
[2] 政府中"人"的能力方面即为本部分所述的民众的就业能力。

第五章　中央支持民族地区经济政策体系的实施策略

中央支持民族地区经济政策体系是一项庞大综合的系统工程，为提高政策实施综合效果，从激励民族地区发展主体的内生性上研究"造血"型的支持政策，即从政府、产业与民众的角度探讨支持政策的具体实施策略，而不是停留在政策表面制定的"输血"型的支持政策。开放政策、财政政策、产业政策、就业政策与生态环境政策是中央支持民族地区经济政策体系的主要构成部分。这里对经济政策的探讨主要有：对政府、产业及民众具有外部"刺激"的开放政策，与政府决策者追求政绩目标相容的财政政策，与企业决策者追求利润目标相容的产业政策；就业政策是以提高与民众福利目标相容的、以提高就业能力为核心的发展政策；而生态环境政策是支持民族地区保护生态环境的激励政策，更是约束民族地区乃至全国的公共政策。

一　激励民族地区政府、产业与民众的开放政策

开放政策是直接砸碎民族地区发展枷锁的强有力的外部"刺激"政策，让少数民族群众看到经济发展的差距，意识到只有提高自我发展能力才能从本质上缩小差距。为推动民族地区对外开放程度，要竭力做好如下方面。

1. 合理利用对外贸易政策

第一，扩大对外贸易同时适度保护民族地区利益。鼓励大力发展外向型经济，拓展对外贸易市场，扩大对外贸易规模，例如内蒙古鼓励机电、轻纺、建材和优势特色农畜产品及高新技术产品出口；云南支持机电、化

工、纺织、日用品、成套设备、特色产品和互补型农产品等优势产品出口。民族地区在追求贸易自由化的同时，不能牺牲本地区的产业和贸易利益，应该在一定时期和一定范围内，采取适当的贸易保护措施，这类似于 WTO 赋予发展中国家权利的例外条款原则，同时还要关注加大对国内短缺原材料进口的扶持力度。

第二，进一步坚持和出台相应的利用外资政策，以保持民族地区利用外资稳定增长，结构合理。利用外资的形式有多种，如对外借款、外商直接投资、外商其他投资（包括加工装配、补偿贸易、国际租赁）等，其中外商直接投资是主要的利用外资的方式。合理确定引资力度，营造外资流入民族地区优惠政策的环境，应在产业投资导向目录中制定有利于外资流入民族地区的税收减免、审批投资限额等优惠引资政策；稳定制造业流入的国际资本的数量和质量，从而进一步提高利用外资的质量和水平；应抓住国际直接投资和产业跨国转移的新机遇，充分利用外商加大对技术密集型产业投资这一战略变化，进一步通过吸收外资来优化民族地区产业结构。

第三，大力发展边境小额贸易。由于民族地区的特殊地理位置，边境小额贸易不仅在对外贸易中发挥重要的作用，而且还会有继续拓展的空间。对边境城镇与接壤国家的边境城镇之间的贸易以及边民互市贸易，采取灵活措施，给予优惠和便利，使得民族地区的边境小额贸易在进出口总额所占比例中居于前列。2012 年广西东兴边境小额贸易税收增长 181%，主要原因是国家出台的一系列促进外贸增长的措施减轻了边贸企业的负担，严格落实边境小额贸易出口贴息扶持政策，同时国税部门暂缓实行相关出口税收管理政策等。① 在新疆、云南、内蒙古及东北延边等具有边境小额贸易发展优势的民族地区均应采用相应促进措施。

2. 搞活民族地区开发开放试验区

利用开发开放试验区、示范区的辐射作用带动民族地区进一步开放搞活，发展民族地区经济。首先，继续发挥开发区"点"的辐射作用，例如乌鲁木齐经济技术开发区、昆明经济技术开发区、南宁经济技术开发区、西宁经济技术开发区与银川经济技术开发区。其次，大力支持国家重点开发开放

---

① 《防城港日报》2012 年 12 月 31 日。

实验区，积极建设广西东兴、云南瑞丽、内蒙古满洲里等重点开发开放试验区和新疆喀什、霍尔果斯经济开发区，加快边境经济合作区发展，支持符合条件的边境经济合作区扩大规模和区位调整。再次，加大对口岸建设的力度，例如目前云南已经形成了陆、水、空齐全、全方位开放的口岸格局，成为全国口岸大省和对东南亚开放的前沿，再如广西扩大防城港、钦州、北海港口岸和边地贸易口岸对外开放范围，将钦州保税港区列为整车进口口岸，推进中越边境跨境运输和口岸通关便利化等措施，在内蒙古支持阿尔山口岸正式开放，加快满洲里、二连浩特等重点口岸的基础设施建设等。

3. 深化民族地区与国内外其他地区的区域合作

一方面要进一步加强民族地区与国内其他地区的交流与合作，如内蒙古与北京、云南与上海、黔川渝等的区域合作，积极引领中央企业与其他地区企业到民族地区投资兴业，国家产业转移引导资金转移到民族地区，民族地区有序承接国内产业转移；鼓励相邻省区建设能源产业集聚区，鼓励跨地区基础设施建设和产业园区共建；积极参与并进一步扩大与泛珠三角、长三角、环渤海等区域合作。

另一方面要进一步加强民族地区与国际的区域合作。内蒙古是向北开放的重要桥头堡，云南是向西南开放的重要桥头堡，巩固发展好中蒙、中俄、孟中印缅、中越等睦邻友好及对外经贸关系；充分利用中国—东盟贸易平台；积极支持云南与东南亚、南亚国家和亚洲开发银行等国际组织的经贸合作；构建广西南宁—新加坡经济走廊，进一步加大对泛北部湾经济合作的支持力度，开拓欧美、日韩、中东和俄罗斯市场；深度开展与大湄公河次区域合作，推动项目的深层次合作。

民族地区特殊的区位与资源是天然的禀赋，加上中央优惠政策倾斜，利于尽快形成国内企业进军东南亚、中亚、南亚、西亚及欧洲国际市场的跳板，关键措施是放宽政策，允许外商和国内资本投资于商贸、仓储、口岸设施等项目的建设，吸引国内外的客商参与民族地区对外经贸交流。

二　激励民族地区政府的财政政策

对民族地区政府激励的核心是保障民族地区政府事权的财力，具体实施的激励政策主要有两方面,其一是财权的激励,主要表现为税权;其二是财力的激励,主要是财政转移支付。财权与财力的有效激励,体现为中央支持民族地区政府的财政政策的创新性安排。

1. 中央对民族地区政府财权的支持政策——税收政策

民族地区的经济发展水平及财政能力与其他地区有很大差异,在全国范围内执行统一的税收政策并没有充分体现《民族区域自治法》的精神,为调动民族地区政府的积极性,中央应结合民族地区实际,密切配合西部开发政策,构建有利于增加民族地区政府财政收入与赋予地方灵活运用税权的税收政策,这里的税收政策不是指惠及民族地区产业的税收减免政策[1],而是相当于通过特定税收政策对民族地区相关税权的适度调整。

(1) 税收分享比例的适度调整。

就现行分税制体制对中央与地方财政固定收入的划分方法而言,民族地区与其他地区没有任何区别,如税种归属、共享收入的分享比例、税收增长返还系数等都相同,这显然在税收分享权方面没有体现民族地区财政权的特殊性。近几年中央为提高民族地区财政收入而推进的资源税改革确实显见成效,2011年5个民族自治区资源税总和占31个省、直辖市与自治区资源税总和的比重为22.48%。但2012年有所回落,这一比重为17.85%。这里比较2012年全国范围内31个直辖市、省及自治区的地方税收收入构成与民族地区(5个自治区)税收收入构成情况(见表5-1)。

表5-1 全国各地方与民族地区税收收入构成比较

地 区	税收收入	国内增值税	营业税	企业所得税	个人所得税	资源税	城市维护建设税	房产税
地方合计(亿元)	47319.08	6737.16	15542.91	7571.60	2327.63	855.76	2934.76	1372.49
占比(%)	100.00	14.24	32.85	16.00	4.92	1.81	6.20	2.90
五自治区合计(亿元)	2858.33	401.98	954.61	382.09	138.17	152.75	168.67	66.96
占比(%)	100.00	14.06	33.40	13.37	4.83	5.34	5.90	2.34

---

[1] 对少数民族与民族地区的减免税收优惠在其他部分论述,如在综合性的产业政策及其他政策中。

续表

地 区	印花税	城镇土地使用税	土地增值税	车船税	耕地占用税	契税	烟叶税	其他税收收入
地方合计（亿元）	691.25	1541.71	2719.06	393.02	1620.71	2874.01	131.78	5.22
占比（%）	1.46	3.26	5.75	0.83	3.43	6.07	0.28	0.01
五自治区合计（亿元）	40.99	100.36	116.32	28.53	177.38	127.79	1.46	0.27
占比（%）	1.43	3.51	4.07	1.00	6.21	4.47	0.05	0.01

数据来源：中华人民共和国国家统计局：《中国统计年鉴2013》表9-5，中国统计出版社，2013，第332~334页。

就资源税对地方税收收入的贡献率而言，民族地区要高于全国平均水平。2012年5个自治区资源税总和占其税收收入总和的比例为5.34%，贡献率超过全国平均水平1.81%。在民族地区各税种的贡献率排序中，资源税排在营业税（33.40%）、增值税（14.06%）、企业所得税（13.37%）、耕地占用税（6.21%）、城市维护建设税（5.90%）之后，在个人所得税（4.83%）之前；而就全国各地区的平均水平而言，资源税并没有列入前十位。税收收入构成见图5-1与图5-2。

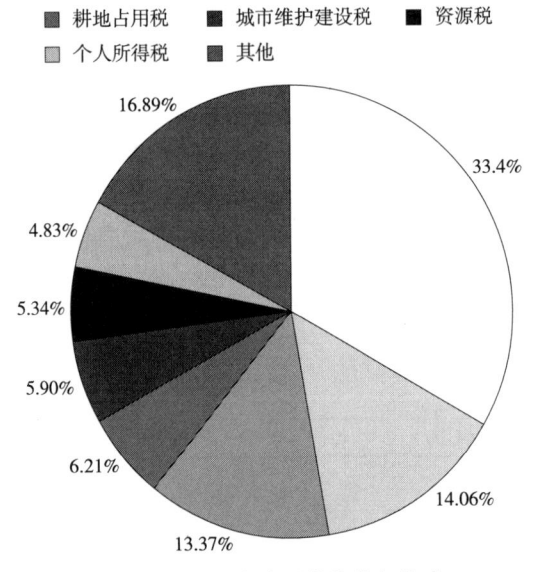

图5-1 五自治区税收收入构成

☐ 营业税　　☐ 企业所得税　　☐ 国内增值税
☐ 城市维护建设税　☐ 契税　　☐ 土地增值税
☐ 个人所得税　　☐ 其他

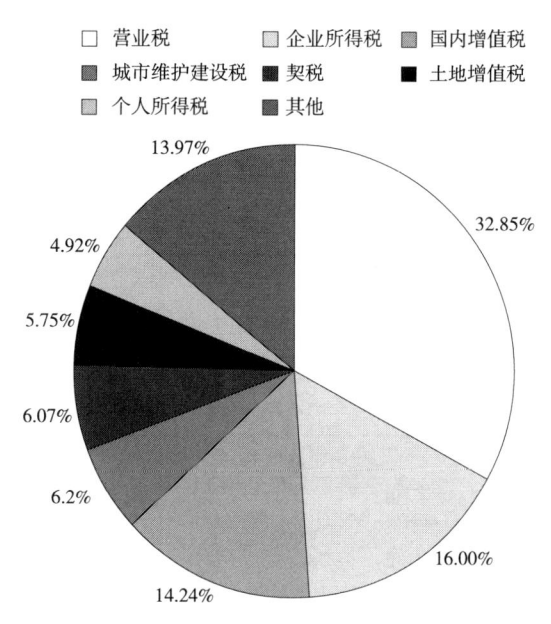

13.97%
4.92%
5.75%
6.07%
6.2%
14.24%
16.00%
32.85%

图 5-2　全国各地方税收收入构成

我国目前有营业税改增值税的趋势，即将现行营业税的四分之三上划中央政府。可见，要想增加民族地区税收收入的重要之举在于增值税与企业所得税。这是因为增值税中央与地方的分享比例为 75∶25，一般企业的企业所得税①中央与地方的分享比例为 60∶40。如果分享比例向民族地区倾斜，即稍微调高，并不会影响中央税收收入，反而会极大地提高民族地区税收收入的增加。即使增值税中央与民族地区分享比例为 25∶75；企业所得税为 40∶60，利用 2011 年数据测算，中央税收收入共减少 1.96%。② 利用 2012 年数据测算，则中央增值税大约减少的百分比为 4.09%，中央企

---

① 中国铁路总公司、各银行总行及海洋石油企业的企业所得税全部上缴中央除外。
② 利用 2011 年数据测算，则中央增值税大约减少的百分比为 4.29%，中央企业所得税大约减少的百分比为 1.70%，占全部中央税收收入的百分比为 1.61% 与 0.35%，调整分享比例后中央税收共减少 1.96%；五个民族地区增加增值税的百分比约为 200%，增加所得税的百分比约为 50%，占五个民族地区税收收入总额的百分比约为 32.06% 和 6.96%，相当于仅两项税种增加民族地区现有税收收入的 39.02%。数据来源于中华人民共和国统计局：《中国统计年鉴 2012》，中国统计出版社，2012，第 292 页、第 295－296 页计算得出。其中，2011 年，中央税收收入中，国内增值税为 18277.38 亿元、企业所得税为 10023.35 亿元；地方税收收入中，国内增值税为 5989.25 亿元、地方企业所得税为 6746.29 亿元；五民族自治区地方税收收入中，国内增值税为 392.28 亿元、企业所得税为 340.60 亿元。

业所得税大约减少的百分比为 1.58%，占全部中央税收收入的百分比分别为 1.51% 与 0.36%，调整分享比例后中央税收共减少 1.87%，而五个民族地区增加增值税的百分比约为 200%，增加所得税的百分比约为 50%，占五个民族地区税收收入总额的百分比分别约为 28.13% 和 6.68%，相当于仅两项税种的调整可增加民族地区现有税收收入的 34.81%。具体测算数据与过程见表 5-2 与表 5-3。

表 5-2 2012 年中央与民族地区增值税税收分享比例调整测算

单位：亿元

	中央增值税	五民族自治区增值税
税收收入总额	53295.20	2858.33
现行增值税（中央：地方 75:25）	19678.35	401.98
调整后增值税（中央：地方 25:75）	减少 803.96（增加后为 18874.39）	增加 803.96（增加后为 1205.94）
调整后增值税变动百分比	减少现行中央增值税的 4.09%	增加现行五自治区增值税的 200%
调整后税收收入变动百分比	减少现行中央税收收入的 1.51%	增加现行五自治区税收收入的 28.13%

数据来源：根据中华人民共和国统计局：《中国统计年鉴 2013》，中国统计出版社，2013，第 332 页计算而得。

表 5-3 2012 年中央与民族地区企业所得税税收分享比例调整测算

单位：亿元

	中央企业所得税	五民族自治区企业所得税
现行企业所得税（中央：地方 60:40）	12082.93	382.09
调整后企业所得税（中央：地方 40:60）	减少 191.045（增加后为 11891.885）	增加 191.045（增加后为 573.135）
调整后企业所得税变动百分比	减少现行中央所得税的 1.58%	增加现行五自治区所得税的 50%
调整后税收收入变动百分比	减少现行中央税收收入的 0.36%	增加现行五自治区税收收入的 6.68%

数据来源：根据中华人民共和国统计局：《中国统计年鉴 2013》，中国统计出版社，2013，第 332 页，计算而得。

以上测算说明中央财政让渡不到两个百分点，民族地区便能够增加比三分之一还多的财力，这对民族地区政府而言是强有力的激励措施。在民族地区税收增长返还系数的确定方面，考虑适当提高返还比例，在全国标准按增值税和消费税平均增长率1∶0.3的税收增长返还系数基础上，提高民族地区的返还比例（为1∶0.5），以示民族地区与其他地区的差别。民族地区内中央企业相对较多，如石油、有色金属等，应考虑这些中央企业创造的所得税的60%或者更高的比例留给民族地区。

（2）税收管理权的适度下放

民族地区政府与一般地方政府没有任何差异，地方税的立法权、税目税率设计调整权、税种的开征停征权、税收的减免权都集中在中央，按照税收征管条例的相关规定，除企业所得税外，其他数额较大的税种减免权均归属于国务院或者国务院授权的财政部、国家税务总局，只有企业所得税，地方可以根据有关税收优惠政策的框架性规定（例如西部大开发税收政策、下岗再就业税收政策、高新技术企业税收政策等），出台具体的减免政策。首先，在保证全国政令和税收政策统一的前提下，对主要税种的税收立法权和税收政策制定权集中于中央，而对宏观经济影响较小的地方税税种，根据《民族区域自治法》精神，可以适当分权。中央只负责制定地方税税种的基本税法，民族地区拥有细化实施办法权、税目税率调整权、税收减免权及其征收管理权等，除此还应该具有一定程度的税收立法权和政策制定权，如城市维护建设税等。其次，在不挤占中央税源的基础上，开征适合民族地区的新税种，如资源保护税、生态环境保护相关税等。再次，民族地区可以根据财政需要及企业负担能力调整营业税税率，如对保障少数民族正常生产生活需要的生活服务项目，采取低税率，而对民族地区如酒吧、夜总会等获利较高的服务业，民族地区政府有权提高营业税税率。最后，对民族地区贡献较大的内外资企业，如吸引民族地区外高级人才到民族地区就业、解决民族地区本地少数民族就业等企业，民族地区政府有权对高级人才的个人所得税、企业所得税（地方政府分享部分）等进行优惠调节等。

2. 中央对民族地区财力的支持政策——财政转移支付

（1）中央对民族地区的一般性财政转移应支付中考虑民族地区的特殊

因素

现行的一般性转移支付资金分配，坚持公平、规范、透明、合理的原则，主要参照按客观因素计算的各地标准财政收入和标准财政支出的差额，并按照转移支付系数确定补助金额，财政越困难的地区，补助越高。在标准支出测算方面，主要选择了人口、可居住面积、冬天平均气温、平均海拔、行政区划个数、都市化程度、学校个数、学生人数、门诊人次及住院天数等因素。与其他地区有别，对民族地区财政支出成本高、需求大的因素要给予特殊考虑。①少数民族因素，各少数民族有民族文化差异，同是教育问题，民族地区必须充分考虑民族成分（少数民族种类数）的复杂程度，如双语教学、宗教信仰等复杂问题，应当充分考虑各地区人均社会公共服务水平的大体均衡。②区位因素，民族地区地域面积大、人口密度相对较小、行政区域设置相对较多、公共服务设施受益系数小，因此民族地区的特殊地区特征应该给予充分考虑。③生态因素，民族地区多是生态脆弱与全国生态屏障区，生态环境的恶化对周边、全国乃至东亚地区的生态安全带来严重威胁，从公共产品的层次性来划分，生态建设应当是全国性公共产品，属于中央事权，因此，民族地区的生态因素应当纳入中央对地方的一般性转移支付中加以解决。④边境因素，绝大部分边境县分布在民族地区，这些地区多数基础设施欠账较多，为缩小地区差距，促进公共服务均等化，转移支付的制度设计应对边境县的特殊因素给予考虑。⑤贫困因素，我国大部分贫困县集中在民族地区，贫困县财源基础薄弱，自我化解财政困难能力有限，因此，在核定基数时应对贫困县的实际情况加以考虑。[①] 在标准收入测算方面，主要选择了国内生产总值、产业结构状况、企业规模状况、企业营业盈余、职工平均工资水平及分组情况等因素，以"税基×全国平均有效税率"的方式确定标准财政收入。对于落后的民族地区而言，地方财政标准收入往往被高估，其原因是经济发展水平的差异导致有效税率的不同。一般而言，经济发展水平与有效税率正相关。另外，因民族地区中央企业相对较多，标准财政收入容易形成比实际

---

① 王倩倩：《中央与民族自治地方财政关系研究》，东北财经大学出版社，2012，第 160 ~ 163 页。

水平高估的情况。加大民族地区的财政转移支付力度，是直接的财力匹配激励措施。

（2）优化财政转移支付结构

大幅度提高对民族地区一般性转移支付的绝对规模与相对规模，增强民族地区政府的自主使用权。2011年我国中央政府对地方政府的一般性转移支付所占比例为52.55%，其中均衡性转移支付占一般性转移支付的比例是40.91%，民族地区转移支付占一般性转移支付比例为2.02%，因此民族地区政府自主灵活运用转移支付资金有待提高。而专项转移支付资金规定具体用途，就民族地区而言，多项规定具体使用方向的专项转移支付的绝对规模不能减少，反而应该大幅度提高，如一般公共服务、国防、教育、科学技术、文化、社会保障、医疗卫生、节能环保、灾后恢复重建等。优化对民族地区财政转移支付的支出结构，缩减专项转移支付的相对规模，同时，针对民族地区的特殊事权，要加大转移支付支出的力度。

为保障对民族地区的财政转移支付资金来源，中央财政可以考虑把拓展增值税和消费税增量返还后的资金作为对下转移支付的资金来源，借鉴许多国家规定某些税种收入用作中央对地方的转移支付，使其具有"专税专用"的性质，如对教育、科技、环境保护等方面的税费收入。为转移支付建立稳定的资金来源，有利于改变目前转移支付资金结构，改变非均等化资金占主体的状况，进一步完善转移支付制度。

三 激励民族地区产业的产业政策[①]

中央政策对民族地区产业发展的支持，不仅要有针对性地细化到企业，使企业有章可循，使产业政策的实施具有可操作性，更要有服务于宏观战略规划的产业政策，这样才能使产业发展目标明确，产业政策的效果才能超越纯经济理性的局限性，兼顾效率和公平，追求经济目标、社会目标和生态目标的协调。

[①] 产业政策是一项综合政策，也是一种政治性的制度安排，属于政府行为范畴，指向经济领域，着眼于供给能力的提高和供给结构的改善，因而被学术界称为供给指向型经济政策。

1. 完善支持民族地区企业发展的具有针对性的产业政策

（1）建立对民族地区企业支持的专家组织

这里所述民族地区企业是凭借民族地区本地人才、知识、资源建立起来的企业，而不是嵌入民族地区以低成本利用资源获利的企业。中央政府调动全国范围内的智力资源建立支持民族地区企业发展的专家咨询组织，组成包括企业家（具有少数民族文化背景更好）以及科技、资本运作、管理、营销策略等方面的专家（从事过企业顾问更好），民族地区潜在的或现存的企业决策者随时都可以通过正式或非正式的网络与专家联系并咨询，获得直接有效且针对性强的帮助，对民族地区企业进行专业性的行业分析、规模定位、区位选择、改善融资方式等，搭建与专家直接对话的交流平台。

（2）建立支持民族地区企业发展的具体支持项目

选择一些已经实践有效的政策方案，建立一系列支持民族地区企业发展的项目，诸如国家对民族用品定点生产企业的优惠贷款等优惠政策。首先是人力资本的支持项目，如发达地区或大型企业的科技人才、管理人才、营销精英等到民族地区企业给予短期带动与培训的支持；其次是物力资本的支持项目，如中央财政对民族地区科技企业的先进设备给予财政补贴；最后是金融资本的支持项目，如中央银行给予符合一定条件的民族地区企业优惠贷款等。

还可以建立一些有针对性的服务项目，如民族地区企业信息化建设项目、创办新企业程序支持项目、民族地区特色优势企业多样化的行业协会、民族地区企业网络等。中央政策为支持民族地区企业产品生产、购销及流通创造一个良好的服务环境，鼓励加快发展企业中介组织，解决企业的多样化服务需求。

（3）鼓励与民族地区外企业的合作

鼓励和吸引东部地区企业和跨国企业到民族地区设立生产制造基地、配套基地、服务业外包基地、培训基地，以及更多的管理营运中心、物流采购中心、研发中心和地区总部。民族地区外企业的生产方法、程序等有力地促进了民族地区内企业的技术创新，创造出适合的适宜技术；通过积极利用技术外溢效应，获得提高民族地区内劳动生产力的技术、新的生产方法，提高民族地区企业产出水平的能力。同时，与民族地区外企业的合作可以弥补民族地区内企业技术、管理、企业家才能方面的不足，也为民族地区培训了劳动力、技术人员、管理工作者，并通过将民族地区外企业的辅助性产业（如零件加工、修配厂）转包给民族地区企业，为民族地区内产业创造前向和后向的联系效应，建立同民族地区外的银行、市场的联系，获得新的发展机会。

2. 多手段协调配合的产业政策

（1）科技政策。中央政府采取具体措施支持民族地区技术创新与推广应用，具体包括适用技术和高新技术。第一，发展科技含量高的农业，如农产品加工企业的适用技术、特色农产品的深加工技术，如微生物等高附加值的现代农产品的高新技术等。第二，发展科技含量高的工业，如在民族地区加工转化的能源、资源开发利用的适用技术与高新技术；消化与吸收承接国内外转移的产业所需适用技术与高新技术。第三，发展服务业的信息技术与管理技术，发展民族文化产业品牌。第四，实施少数民族特需商品传统生产工艺和技术保护工程。

（2）财政（投资）政策。加大中央财政性投资对民族地区的投入力度；提高国家有关部门专项建设资金在西部民族地区的投入比重，加大对西部民族地区铁路、公路、民航等建设项目投资的资本金投入或提高补助标准；中央安排的公益性建设项目，取消西部民族地区县以下（含县）以及集中连片特殊困难地区市地级配套资金；上级政府有关部门各种专项资金的分配，向民族地区倾斜。

（3）税收政策。比照西部开发政策，切实减轻民族地区企业的税收负担，尤其是民族地区中小企业的税收负担。对增值税、营业税、企业所得税等重要税种给予直接的减免等税收优惠；尤其是对民族地区改进技术、引进设备、技术设备加速折旧等给予税收优惠。

（4）金融政策。鼓励金融机构在满足审慎监管要求和有效防范风险的前提下，在民族地区设立分支机构，加大金融服务力度。鼓励商业银行重点支持有利于扩大就业、有偿还意愿和偿还能力、具有商业可持续性的民族地区中小企业、民族特需商品生产企业的融资需求。加大对民族地区基础设施、特色农牧业、能源、环境保护、教育、文化产业、医疗卫生等重点领域的信贷和金融服务支持力度。

（5）贸易政策。发展民族地区企业对外贸易的平台，简化民族地区企业商品出口流程；支持民族贸易和民族特需商品生产企业发展，培育和发展满足少数民族群众生产生活特殊需求的特色产业，继续执行扶持民族贸易和民族特需商品生产企业的各项优惠政策。

3. 完善特色优势产业与战略性新兴产业的培育与扶持政策

（1）中央政策支持与带动民族地区发展特色优势产业。区域的产业结构决定了区域经济发展的主要途径和发展重点。民族地区自然资源和劳动力相对较为丰富，要立足于资源优势与比较优势发展特色优势产业。如贵州的能源产业、资源深加工业、装备制造业、特色轻工业等，内蒙古的能源产业、新型化工产业、有色金属生产加工业和绿色农畜产业等，广西的现代商贸物流产业、先进制造业、特色农业等，新疆的石油、天然气、煤炭及煤层气等矿业和农副产品的生产与加工业等。民族地区的特色优势产业均有资源开发的相关产业，要变资源输出型为资源深加工型，适度发展资源加工转换产业、延长产业链条，增加产品附加价值，实现资源优势向经济优势的转化。对特色农牧业，要完善支持现代农业及农副产品深加工产业技术政策援助。对民族文化旅游业，要完善支持发展服务业相关配套的政策措施。

（2）结合特色优势培育发展民族地区战略性新兴产业。

作为后发展的民族地区加快培育发展战略性新兴产业，必须紧密结合自身的特色资源优势、区位优势和现有产业基础。因此，中央政府要与民族地区政府一道共同发挥在发展培育战略性新兴产业的规划引导、产业扶持和市场培育方面的作用。在规划引导方面，应通过制订战略性新兴产业发展规划，统一发展思路，明确发展重点，加强政策引导等；在产业扶持方面，应大力加强科技人才支撑体系和产业创新平台建设，推动风险投资的发展，制定针对不同产业领域的具体扶持政策；在市场培育方面，应通过政府采购、设立专项资金等手段，积极培育战略性新兴产业市场。为提高政策措施的具体化和可操作性，应尽快制定并不断修正各民族地区培育发展战略性新兴产业的系统性产业政策，把这些政策细化到行业甚至到具体企业，以提高政策的针对性和有效性。如贵州培育发展战略性新兴产业,以发展新材料、电子及新一代信息技术、生物技术、新能源汽车等为核心,重点开发一批具有比较优势的产品,形成新的经济增长点等。再如广西发展战略新兴产业,要实现在新材料、生物农业、养生长寿健康等领域内充分发展,形成明显的特色优势,必须实行差别化细化的产业政策[①]。

通过民族地区特色优势产业与战略性新兴产业的发展带动民族地区产业链的延伸和产业集群的崛起。

4. 实现生态目标与社会目标的产业政策

(1) 实现生态目标的直接规制政策。在民族地区,生态目标是强约束,可以采用中央政府直接规制政策。一是企业的进入规制,主要手段是对申请者进行资格审查,生态目标要求对企业排污治污能力进行严格审查,在企业提供产品与服务的全过程中,确保企业环境污染的外部效应为零,合格者由政府颁发许可证和工商营业执照。二是质量规制,主要是指包括要求企业提供的产品是符合环境标志产品认证的绿色产品或环保产品在内的避免消费者的正当权益受损所采取的规制措施,对产品和服务建立公开的质量标准体系,规定必须达到最低质量界限,建立严格的检查、监督和消费者投诉制度,对达不到质量标准的企业实施责任追究和必要的惩罚,直至取消其执业资格。三是设备规制,主要是指对企业关键设备的规格、技术性能、环保标准等实行直接规制,目的在于满足质量规制和环境保护的要求,推动产业技术进步。

(2) 实现社会目标的中小企业政策。中小企业在满足个性化需求、促进市场竞争、加快技术创新与扩散、增加财政收入等诸多方面具有重要的地位和作用。这里主要强调中小企业创造就业、提高就业率的社会效益。目前民族地区的中小企业同样面临融资难的问题,为促进民族地区中小企业发展,中央政府支持完善中小企业融资担保体系及适当减免税收等,并且针对民族地区的特殊性,考虑建设扶持中小企业发展的项目,如少数民族女性手工艺支持项目、少数民族企业贷款基金、对少数民族特殊行业

---

① 广西壮族自治区产业发展领导小组办公室课题组:《战略性新兴产业:加快推进广西战略性新兴产业发展》,中国经济出版社,2013,第38页。

（如服装服饰）的支持项目等。

四 激励民族地区民众的就业政策[①]

激励民众的就业政策是对民族地区各级各类已就业者和潜在就业者的支持政策。就业是民生之本，在信息知识高速发展的今天，"干中学"越发表现为人力资本投资的重要。就业政策的核心是提高民族地区民众的就业能力，短期内相对有效的是提高民众特殊就业能力的支持政策，通常包括科技人才、干部人才及职业技能培训等政策。而一般就业能力，是人们经过长期积淀逐渐形成的区别于专业技能的一般能力，通常在教育、文化、医疗卫生等政策的长期支持中形成。需要进一步完善与民众就业相关的制度性政策，这里主要论述社会保障政策。此外，相比较而言，民族地区的贫困问题更为突出，扶贫政策需要开拓新思路与新途径，实质上，扶贫政策的最优目标还是促进贫困人口就业，也可以归为就业政策。

1. 科技人才政策

当前民族地区面临的是缺乏以科技开发与科学管理为先导的各层次高级科技人才，吸引、留住与培养科技人才是解决这一问题的重要措施。科技人才政策要向具有高科技与科学管理水平、社会与市场经济急需、紧缺的人才倾斜。

（1）中央政策支持的科技人才项目带动。在全国范围内，中央政策大力支持少数民族科技人才发展工程，具体包括实施少数民族高级人才联系培养项目，完善少数民族高级人才数据库。实施少数民族科技领军人才与创新团队支持项目，遴选一批培养对象予以重点扶持，建设一批创新团队。实施少数民族中青年英才培养项目，遴选一批少数民族中青年人才进行重点扶持，提高优秀中青年人才的创新能力和科研水平。实施少数民族老专家学术技术抢救项目，遴选一批做出重大贡献、具有较大影响力的少数民族老专家予以资助，推进学术技术经验传承。实施少数民族和民族地

[①] 此处构成就业政策的各具体政策措施主要依据国办发〔2012〕38号《少数民族事业"十二五"规划》的主要任务，包括各种具体实施的工程等。

区骨干人才培训项目，培训少数民族和民族地区经济社会发展急需紧缺科技人才。

（2）支持与吸引科技人才到民族地区服务。民族地区通过实施人才引进政策，支持和吸引海内外各级各类的所需人才到民族地区进行短期或长期服务，如组织专家团到民族地区进行科技服务、各级各类科技人才援藏援疆援青、博士服务团、边疆民族地区人才支持计划等项目，支持和吸引各类科技人才到民族地区发展创业。

（3）培养民族地区本土科技人才政策。通过建立科技人才培训基地，开展高科技与科学管理的培训活动，为民族地区经济发展培育本土所需的各类科技人才，鼓励本土各级各类科技人才的成长和创业。进一步确立民族地区经济社会发展中科技人才优先发展的战略，积极推进民族地区企业经营管理人才、专业技术人才、高技能人才、农牧区实用人才、社会工作专业人才等各类人才队伍建设，如通过"西部之光"访问学者等项目特殊培养少数民族科技骨干。

（4）留住科技人才政策。健全和完善人才培养、评价、选拔、激励、保障的体制和机制。重视发挥各级各类科技人才潜能的新思路、新政策、新举措，必定会打开民族地区经济发展的新局面。

2. 干部人才政策

（1）推进干部人才支援民族地区工作，继续做好中央国家机关、经济发达地区与民族地区干部人才双向交流。有计划有步骤地派遣少数重要岗位上的民族地区干部人才到国外进行短期学习。

（2）大幅度提升民族地区本土干部人才自身素质及服务能力。首先，在民族地区招收录用干部时，要对具有民族文化背景或具有少数民族身份的人员给予重点考虑。其次，重视培养民族地区本土干部人才，加强对少数民族和民族地区干部人才的教育培训，提高其民族理论水平、民族法律意识、工作决策能力及管理水平；如实施少数民族和民族地区干部教育培训工程，对民族自治地方、边境地区、民族乡镇、人口较少民族等党政领导干部进行分期分批培训，发挥各级党校、行政学院、干部学院、高校和社会培训机构的作用，建立健全分工明确、优势互补的民族干部人才培训体系。

完善民族地区干部人才的任免制度，努力建设素质高、政治思想坚定、有较高政策理论水平、善于团结各族群众的少数民族干部人才队伍，促进管理与决策的科学化、民主化、规范化。

3. **职业技能培训政策**

根据市场需要与潜在就业者的特点，大力发展职业技能培训。首先，依托大型骨干企业和职业院校、技术学院等重点职业教育培训机构，有目的地培训潜在就业者的上岗专业技能，直接有效地解决部分潜在就业者就业。其次，开展创业培训，重视非正规就业[①]，非正规部门就业需要政府政策扶持，如在劳动力密集型的非正规部门，政府应改革金融制度，拓宽融资渠道，发展优惠小额信贷，建立创业基金，对自我创业者予以必要的启动资金资助，如贴息贷款；对能够提供较多就业岗位的非正规部门和微利经济组织（如社区服务业和私人服务业），实行不同于正规经济部门的税收政策并给予优惠，以鼓励其发展；减免各种社会性缴费，为自主创业者扫清发展障碍。最后，积极有序地转移民族地区农村剩余劳动力，大力开展农村剩余劳动力职业技能培训和引导性培训，提高其非农就业技能和外出适应能力。拓展国内与国际劳动力市场，为农村剩余劳动力的跨区跨国流动做准备。完善劳动预备制度，加快形成政府推动、企业主导、行业配合、学校参与、社会支持、个人努力的技能劳动者培养工作新格局。

4. **教育政策**

（1）推进民族地区整体教育水平再上一个新台阶，大力提高教育教学质量。第一，支持民族地区发展学前教育，构建"广覆盖、保基本"的学前教育公共服务体系。第二，推进民族地区义务教育均衡发展，深化基础教育课程改革和教学改革；推进民族地区义务教育学校标准化建设；加强中小学师资队伍建设。第三，支持民族地区加快普及高中阶段教育，推动普通高中多样化发展，提高普通高中办学质量。第四，加快发展民族地区职业教育，加大符合当地产业发展需求的优势特色专业建设支持力度。中等职业教育改革发展示范校建设项目、职业教育实训基地建设项目等国家

[①] 非正规就业是国际上一个通用概念，即指在非正规部门的就业。这类部门在中国主要表现为大量在城市的自我雇佣人员以及小时工、临时工、季节工和自由职业者以及经常变换工种和工作的从业人员。

实施的项目要向民族地区倾斜。继续办好内地西藏班、新疆高中班和内地西藏、新疆中职班，鼓励和支持有关省区相对发达城市面向当地民族地区举办中职班。第五，加强民族院校和民族地区高校建设，中央财政支持地方高校发展的专项资金、工程和项目向民族院校和民族地区高校倾斜。第六，支持民族地区发展现代远程教育，扩大优质教育资源覆盖面。

（2）公共教育资源、重大教育工程和项目向民族地区倾斜。通过中央政策推进民族地区教育工程有序有节地开展，民族地区双语教育推进工程、民族地区义务教育学校标准化建设工程、农牧区幼儿园建设工程、民族地区教育基础薄弱县普通高中建设工程、民族院校和民族地区高校教育质量提升工程、民族院校和民族地区高校学生锻炼平台搭建工程、学校民族团结教育推进工程、民族地区双语科普工程等，实现从学前教育到高等教育、从双语教育到素质教育，有效供给教育资源并推动提高民族地区教育水平。

5. 文化政策

（1）大力支持民族文化产品创新，有意识地积极引导民族地区文化价值观。文化的力量总是"润物细无声"地融入经济、政治和社会之中，成为发展的"助推器"，同样也是生产力。中央政策全力支持民族地区文化建设的各项工程，如少数民族文化读本编撰出版工程、少数民族传统文化展演评奖活动、少数民族语言文字规范化信息化建设工程、少数民族濒危语言抢救与保护工程、少数民族文物保护工程、少数民族古籍保护工程等。继续实施"西新工程"，加强少数民族语言广播影视节目制作、译制能力建设；实施新闻出版"东风工程"和新疆文化建设"春雨工程"，加大对国家级少数民族文字出版基地建设的支持力度，提高优秀国家通用语言文字、外文出版物和优秀少数民族文字出版物双向翻译出版的数量和质量。支持少数民族题材影视剧的创作、生产、播出，继续向西藏、新疆等民族地区捐赠电视剧，并逐步扩大捐赠范围。

（2）支持民族地区文化公共基础设施建设。全国地市级公共文化设施建设规划、全国文化信息资源共享工程、公共电子阅览室建设计划、数字图书馆推广工程、公共图书馆文化馆免费开放计划、农家书屋建设工程等向民族地区倾斜。支持民族文化特色鲜明的综合性博物馆和专题博物馆建设；以城乡基层文化设施为重点，以流动文化设施和数字文化阵地建设为补充，基本建成覆盖城乡的公共文化设施网络；继续实施广播电视村村通工程，加强广播电视无线发射台站基础设施建设；对有线电视未通达的农牧区，开展直播卫星服务；继续实施农村数字电影放映工程；支持城市数字影院建设；依托重点新闻网站，加强民族语言网站建设，提高网站服务少数民族大众的水平；支持民族地区公共体育设施建设，加强少数民族传统体育训练基地建设。

（3）加强少数民族文化遗产保护工作，加大对民族地区文物保护的财政支持力度。加强少数民族语言文字规范化信息化建设。健全少数民族文化遗产普查、登记、建档、认定制度，加强对世界文化遗产、大遗址和文物保护单位的保护，继续实施少数民族文物保护工程，加强民族地区历史文化名城（街区、村镇）的保护。对濒危的少数民族非物质文化遗产项目实施抢救性保护，对具有一定市场前景的少数民族非物质文化遗产项目实施生产性保护，对少数民族非物质文化遗产集聚区实施整体性保护；加强民族地区文化生态保护区建设；加强少数民族古籍保护、抢救、搜集、整理、翻译、出版和研究等工作；继续实施西藏、新疆等地少数民族古籍保护专项工作。

6. 医疗卫生政策

（1）加强民族地区公共卫生服务体系建设。中央财政继续支持民族地区医疗卫生事业发展，新增医疗卫生资源重点向民族地区倾斜。第一，中央财政大力支持重大疾病防控、健康教育、妇幼保健等公共卫生服务网络，加强卫生监督、农村急救、精神疾病防治、食品安全监测等能力建设。第二，加快建立和完善农牧区传染病、慢性病、地方病、职业病防控体系，提高突发公共卫生事件处置能力。第三，推进地市级综合医院建设，加强以县级医院（含民族医医院）为龙头、乡镇卫生院和村卫生室为基础的农村三级医疗卫生服务网络建设，完善以社区卫生服务为基础的城市医疗卫生服务体系。第四，加强以全科医生为重点的基层医疗卫生队伍建设，落实鼓励全科医生长期服务基层政策。第五，巩固提高新型农村合作医疗参合率，逐步提高人均筹资标准及保障水平。

（2）加大民族医药的保护和抢救力度，实施民族医药保护与发展工程。加强民族医药基础理论和临床应用研究，推动民族医药学科和人才队伍建设，培养高层次民族医药人才。推广民族医药适宜技术，加大乡村民族医药工作者培训力度。中央财政支持民族医药保护与发展工程建设，包括：梳理民族医重点专科（专病）优势病种诊疗方案，形成临床路径并加以推广；建立民族药药材种质资源保护区和药用野生动植物种养基地；继续实施民族医药关键技术研究项目和民族医药文献整理与适宜技术筛选推广项目；建设一批民族医药重点学科，培养一批民族医药学科带头人，推进民族医药学术继承和发展；实施全国名老民族医药专家学术经验继承、优秀民族医药临床人才研修等项目；推进民族医药标准化建设，建设一批民族医药标准化实施推广示范单位。

7. 社会保障政策

加快推进民族地区覆盖城乡的社会保障体系建设，提高社会保险统筹层次，合理确定城乡居民最低生活保障标准，逐步提高补助标准。完善民族地区城镇居民基本医疗保险和新型农村合作医疗制度；大力推进民族地区保障性安居工程建设；加快发展民族地区社会福利事业和社会慈善事业；加大中央财政对少数民族贫困群众救助和自然灾害救助的投入力度。

8. 扶贫政策

民族地区的反贫困措施，诸如扶贫资金与物资向民族地区倾斜的举措，并不能从根源上解决民族地区的贫困问题，应更注重贫困地区自我发展能力的培育。近些年的国家专项规划，如《扶持人口较少民族发展规划》《兴边富民行动规划》及《对口支援新疆》等规划方案都是扶贫政策的拓展与延伸。国家民委配合国务院扶贫办等推动实施《武陵山片区区域发展与扶贫攻坚规划》，为在民族地区做好新一轮扶贫工作指明重点与方向。

（1）建立民族地区分工合作与统一协调的扶贫管理体制。首先，科学设定贫困标准，避免贫困瞄准偏离。其次，注重扶贫项目的选择原则，重视贫困少数民族人力资源开发，增强其就业能力；建立参与机制，确保贫困人口主动积极参与扶贫的项目与过程。最后，总结扶贫经验，扶贫开发项目要因时、因族、因地制宜，确定各类项目规范，并做好典型设计，如整村推进、移民搬迁、小额信贷、劳动力转移与培训、片区扶贫与开发等。

（2）深入探寻民族地区文化与制度的贫困根源，构建贫困人口发展的"机会"与"权利"平等的制度。文化、制度和经济在文明社会中是一个紧密相连的有机体，贫困文化与社会结构等资源环境一样在很大程度上影响着贫困人群的选择及生存状态。贫困人口内在的贫困文化使其处于制度分配资源的边缘地位，通常被制度排斥，或因失意而主动被制度边缘化，产生制度边缘性的负效应，导致某些地区或个体的资源和机会的可获得性差，易使贫困人口陷入贫困恶性循环。更值得关注的是，制度具有收入再分配功能，民族地区贫困问题的根源可追溯到农村现行不合理的经济制度，如残缺的自然资源产权制度（农村土地产权制度、矿产资源产权制度等）、滞后的公共财政制度、社会保障制度等。

五 激励与约束民族地区政府、产业与民众的生态环境政策

生态环境关系到人们的健康与福祉，良好的生态环境提升的不仅是生态福利，甚至整体福利。支持民族地区生态环境供给的政策对民族地区政府、产业与民众是激励也是约束。

1. 环境保护控制标准

环境质量标准目标管理主要是对民族地区政府的环境目标管理的约束，同时也是对产业环境科技标准管理的约束。从环境管理的目标导向来看，民族地区由于经济发展水平、公众环境意识和监督管理能力等因素所限，环境管理基本属于以污染控制为目标导向的模式，政府采取各种政策措施控制环境污染，其标志是实施严格的排放标准和总量控制措施，这仅仅是解决环境问题的治标之策。中央政策积极引导民族地区政府以环境质量改善为目标导向的环境管理，实施更加严格的环境质量标准，以环境质量目标"倒逼"经济结构调整，实现以环境保护优化经济增长，同时环境管理由被动应对转为主动防控。

中央政府要全力支持民族地区政府不断提升环境质量标准体系的科学性、系统性和适应性，全面实现环境质量标准体系建设向环境质量提高转变，协助民族地区政府相关部门定期进行本地区环境目标监测，对民族地

区进行相应的环境科技援助,并提供环境保护专家咨询服务。要根据不同民族地区的经济发展水平和环境问题的特点,因地制宜、分类指导、适情援助,建立适于民族地区的环境保护战略体系、全面高效的污染防治体系、健全的环境质量评价体系、完善的环境保护法规政策和科技标准体系、完备的环境管理和执法监督体系、全体民众积极参与的社会行动体系,[1] 使民族地区政府为实现环境目标实施环境保护有章可循、有法可依。

2. 环境税费政策

环境税费政策主要是对产业发展中的环境成本的约束,而对政府则是激励与约束混合的矛盾统一体。环境税费无疑使企业利润减少;对政府的环境管理则是挑战,因为征收环境税费的目标主要是保护环境,而不是增加财政收入,因此对政府而言是激励政策,更是一项约束政策。目前我国现行的环境税费主要是排污收费及散见在现行税制中的相关税,而没有专门的环境税。为激励与匹配民族地区的环境保护财力,需要适度提高并合理确定排污收费,并建立起完善的绿色税收体系。源自民族地区的相关环境税费全部归民族地区政府,专款专用于民族地区环境保护,从而完善环境公共财政资金、实施、协调、互补等管理机制。

完善绿色税收体系具体包括:一是扩大目前资源税的征收范围,增加水资源税,开征森林资源税和草场资源税,并逐步提高税率;对非再生性、稀缺性资源课以重税;对土地课征的税种属于资源性质,扩大对土地的征收范围,并适当提高税率,严格减免措施,有利于土地合理开发和保护耕地。二是把对环境有危害的消费品列入消费税征税范围。三是开征环境保护税,把部分适合征税的排污收费(如 SO_2 排污费)调整成环境保护税;车船使用税与城市维护建设税也属于环境保护税范畴;在税率设计上,最适宜税率应等于最适宜资源配置下每单位污染物造成的边际污染成本,在实践中可采用弹性税率,根据环境整治的边际变化,合理调整税率。

3. 生态补偿政策

生态补偿政策是对民族地区环境保护直接有力的激励政策措施之一。

---

[1] 周生贤:《科技支撑推动环保事业发展》,《中国科技投资》2013年第25期。

生态补偿的基本含义是一种以保护生态服务功能、促进人与自然和谐相处为目的，根据生态系统服务价值、生态保护成本、发展机会成本，运用财政等手段调节生态保护者、受益者和破坏者经济利益关系的制度安排。① 中央对民族地区实施的补偿政策要进一步完善，如完善森林生态效益补偿制度，逐步提高国家级公益林补偿标准；加大对大江大河上游等生态脆弱地区生态保护与建设的支持力度；完善草原生态保护奖励机制。生态补偿政策的可操作性，要求要有明确的生态补偿标准与法律保障。

（1）生态补偿标准。运用经济学和现代数理分析方法，结合生态环境质量指标体系确定生态补偿的标准，明确生态修复的要素与权重，增加现代化指数因素，现代化因素既反映了一个地区经济发展水平，也反映了一个地区因生态功能划分而产生的产业结构差距。例如禁止开发区这一国家主体功能区多数落实在民族地区，为弥补因生态功能定位而失去发展的机会成本，国家有必要对民族地区进行相应的生态补偿。国家对民族地区生态建设的补偿应该遵循一个客观、可衡量的环境目标，且这一目标是一定时期内可以达到的，符合民族地区实际可以衡量的，如《国家重点生态功能区转移支付办法》中的生态环境考评指标体系。②

（2）健全与生态环境相关的法律。首先，生态环境补偿机制应建立在法制化的基础上，需要加强生态保护立法，为建立生态环境补偿机制提供法律依据。目前，生态补偿的立法已成为当务之急，急需以法律形式将补偿范围、对象、方式、标准等的制定和实施确立下来。其次，需要制定专项自然生态保护法，对自然资源的开发与管理、生态环境保护与建设，生态环境投入与补偿的方针、政策、制度和措施做出明确规定。加强对《环境保护法》的修订，对民族地区的生态环境建设做出长期性、全局性的战略部署。

在民族地区生态补偿目标更要有长远设计，改变"输血型"补偿为

---

① 陈少英：《建立与完善我国生态补偿的财税法律机制》，《安徽大学法律评论》2010年第1辑。
② 自然生态指标的次级指标包括林地覆盖率、草地覆盖率、水域湿地覆盖率、耕地和建设用地比例等；环境状况指标的次级指标包括SO_2排放强度、COD排放强度、固废排放强度、工业污染源排放达标率、III类或优于III类水质达标率、优良以上空气质量达标率等。

"造血型"补偿,前者是指政府将补偿资金定期转移给民族地区;后者是指政府以环境保护项目支持的形式支持民族地区进行生态环境保护建设,如帮助生态保护区群众建立替代产业,发展生态经济产业等。

4. 环境科技援助政策

走生态文明发展道路的实质就是要实现"低投入、低消耗、低排放、可循环、高效益、可持续"的绿色发展。①"三低、两可、一高"无不渗透着"环境科技",环境科技是治理环境污染与生态恢复的利器,要做好民族地区生态环境保护与发展,亟须中央政府大力支持存在市场失灵的环境科技,尤其是受经济实力与财政能力双重约束的民族地区。

(1) 加大对环境科技产品的中央政府采购力度,促进环境科技创新产品在民族地区的推广与应用。民族地区资源开发产业与加工制造业相对较多,促进节能降耗技术、主要污染物减排技术、生态修复技术等的应用与推广具有重要的应用价值与实践意义。

(2) 为促进适用民族地区的环境科技研发,中央政府可以建立基于民族地区生态环境保护的各种科技创新专项基金,为民族地区可持续发展的适用环境科技与高新环境科技提供资金支持。

(3) 构建有利于环境科技创新的绿色税收政策体系,对环境科技创新产品与服务的研发、生产、销售、应用推广等各个环节给予一系列的低税率、减征、免征等税收优惠政策;针对具体环境科技,如深加工技术、新能源技术、新材料技术、节能技术、节材技术、节水技术、降耗技术、新型金属与非金属替代品技术、常规矿物原料的替代品技术及清洁能源技术等加大税收优惠力度。

生态环境政策要时刻注意培育民族地区民众具有环境保护的意识,同时采取具有保护环境的实际行动,只有这样才能更好地提高生态环境政策的效果,只有这样才能确保民族地区的可持续发展。

---

① 冯之浚:《生态文明和生态自觉》,《中国软科学》2013年第2期,第1~7页。

总　结

本研究的主旨在于构建中央支持民族地区经济政策体系，促进民族地区又好又快地发展，确保民族地区同步实现全面建设小康社会的目标。通过深入研究，得出如下结论。

1. 完整系统的中央支持民族地区经济政策体系作为一个系统而存在，是一个多目标与多手段间相互联系、相互影响、相互制约的极其复杂的有机整体，但是这些政策目标和手段的简单叠加并不等于整体结构合理与综合效应优化，这是一项制度的顶层设计。中央支持民族地区经济政策体系是促进民族地区发展的多目标决策，因此政策多目标的相容性、政策目标与手段的耦合性、政策多手段的协调性直接影响甚至决定政策的实施效果。

2. 民族地区发展问题的解决，从根本上是靠发展主体的自我发展能力，即政府的公共服务能力、产业的核心竞争力与民众的就业能力，仅仅依靠外部扶持是不现实的，希望富裕起来的主体以外的任何因素都只能提供环境、条件或辅助性的帮助，所以中央支持民族地区经济政策体系的准确定位应聚焦于内在的"激励"。"给钱"的支持政策只是对民族地区"输血"，"给力"的支持政策是使民族地区"造血"。重视民族地区政府、产业与民众的主观能动性，实质上都是对不同的"人"的激励，考虑私人目标的机制设计才是激励相容的政策安排。

3. 中央支持民族地区经济政策体系的构建要充分考虑尊重民族文化价值观，价值观是民族文化的核心。民族文化决定少数民族特殊的偏好，民族偏好决定价值判断，价值判断决定民族行为。价值观联系着人的直觉，影响着人的信念和选择的合理性，决定着人的生活方式和投身其中的事业，是指导人们行动的指南。要在尊重民族文化价值观的基础上，积极引导与培育代表社会正确发展方向的主流价值观念，从而使不同的价值观念得到有效协调，这是影响少数民族进行感知、感觉、行动和思考，并以无意识的方式内在化的激励方式。

4. 围绕市场、资源、人才、技术、标准等方面的国际竞争越来越激烈，这同样也是国内区域间的竞争焦点与竞争趋势。在开放竞争的市场中，资源、人才等要素是流动的，而民族地区对资源、人才等的支配力与吸纳力就成为本地发展的重要因素，分配资源利益、权衡、计算、博弈、把握机会、占有市场等新的行为方式变成竞争中的新准则。民族地区要想在竞争中具有优势，中央支持政策这一重要制度资源与民族地区自我发展能力成为利益实现及分配过程的强势因素，即竞争中人的因素、制度的因素等在市场效率领域越来越成为主导因素，而非物质的进一步凝练的智慧及软环境要素更能充分发挥导向性作用。因此，中央支持民族地区经济政策体系要坚定地以增强民族地区自我发展能力为长期总目标。

参考文献

1. Afonso, A., and S. Fernandes, "Measuring Local Government Spending Efficiency: Evidence for the Lisbon Region", *Regional Studies*, 2006, 40 (1), pp. 39 – 53.
2. Afonso, A., L. Schuknecht, and V. Tanzi, "Public Sector Efficiency: An International Comparison", *Public Choice*, 2005, 123 (3), pp. 321 – 347.
3. Afonso, A., L. Schuknecht, and V. Tanzi, "Public Sector Efficiency: Evidence for New EU Member States and Emerging Markets", European Central Bank Working Paper No. 581. 2006.
4. Allison Rowland, "Population as a Determinant of Local Outcomes under Decentralization: llustrations from Small Municipalities inBolivia and Mexico," World Development, Vol. 29, No. 8, 2001, pp. 1373 – 1389.
5. Anja Rudiger and Sarah Spencer, "Social Integraion of Migrants and Ethnic Minorities Policies to Combat Discrimination", The Economic and Social Aspects of Migration Conference Jointly organized The European Commission and the OECD, Brussels, 21 – 22 January 2003.
6. Bruno De Borger, Kristian Kerstens, "Cost Efficiency of Belgian Local Governments: A Comparative Analysis of FDH, DEA, and Econometric Approaches", *Regional Science and Urban Economics*, Vol. 26, 1996, pp. 145 – 170.
7. Charles Tiebout, "A Pure Theory of Local Expenditures," *Journal of Political Economy*, Vol. 64, No. 5, 1956, pp. 416 – 424.
8. David Hauner, "Benchmarking the Efficiency of Public Expenditure in theRussian Federation" IMF Working Paper No. 07/246, October 2007.
9. Diana Conyers, "Centralization and Developing Planning: A Comparative

Perspective," in de Valk , P. and K. Wekwete, eds. , *Decentralizing for Participatory Planning*, Avebury: Aldershot , 1990.

10. Gibbard A. Manipulation of Voting Schemes: A General Result [J], *Economitrica*, 1973, 41 (4).

11. Gideon Bolt and Ronald Van Kempen, "Ethnic Segregation and Residential Mobility: Relocations of Minority Ethnic Groups in theNetherlands", *Journal of Ethnic and Migration Studies*, Vol. 36, No. 2, 2010.

12. Gonand, F. , I. Joumard, and R. Price, "Public Spending Efficiency: Institutional Indicators in Primary and Secondary Education", OECD Economic Department Working Paper No. 543, 2007.

13. Gupta, S. , and M. Verhoeven, "The Efficiency of Government Expenditure: Experiences fromAfrica", *Journal of Policy Modeling*, 2001, 23 (4).

14. Harsany, J. C. (1997), "Utilities, preferences, and substantive goods", Soc. Choice Welfare 14: p133 – 135.

15. Herrerea, S. , and G. Pang, "Efficiency of Public Spending in Developing Countries: An Efficiency Frontier Approach", World Bank Policy Research Working Paper No. 3645, 2005.

16. Hurwicz I. , On Informationally Decentralized System [R] . *Decision and Organization*, 1972.

17. James Hanlon, "Unsightly Urban Menaces and the Rescaling of Residential Segregation in theUnited States", *Journal of Urban History*, Vol. 37, No. 5, 2011.

18. JeanLuc Migué, Gérard Bélanger, "Toward a General Theory of Managerial Discretion," *Public Choice*, Vol. 17, 1974, pp. 27 – 43.

19. Kathy Hayes, Laura Razzolini, Leola Ross, "Bureaucratic Choice and Non-optimal Provision of Public Goods: Theory and Evidence," *Public Choice*, Vol. 94, 1998, pp. 120.

20. Kevin Milligan, Enrico Moretti, Philip Oreopoulos, "Does Education Improve Citizenship? Evidence from the United States and the United Kingdom," *Journal of Public Economics*, Vol. 88, No. 910, 2004, pp 1667 –

1695.

21. Lisa Y. Flores, Mary J. Heppener. "Multicultural Career Counseling: Ten Essential for Training", *Journal of Career Development*, Vol. 28, No. 3, 2002.

22. Mattina, T., and V. Gunnarsson, "Budget Rigidity and Expenditure Efficiency in Slovenia", IMF Working Paper No. 07/131, 2007.

23. Miguel St. Aubyn, Álvaro Pina, Filomena Garcia and Joana Pais, "Study on the Efficiency and Effectiveness of Public Spending on Tertiary Education" European Economy, Economic Papers 390, November 2009.

24. Monder Ram and David Smallbone, (Full Research Team: Monder Ram, David Smallbone, Robert Baldock and Ignatius Eknem) "Ethinic Minority-Enterprise: Policy in Practice", DTI Conference Centre London, 1st May 2001. The Small Business Service and Kingston University Small Business Research Centre, Sem Seminar Series: Linking Research and Policy.

25. Nozick, R., 1974, *Anarchy, State and Utopia*, New York: Basic Books.

26. OECD, "Challenges for China's Public Spending: Toward Greater Effectiveness and Equity", OECD Policy Brief, 2006.

27. Philip Grossman, Panayiotis Mavros, Robert Wassmer, "Public Sector Technical Inefficiency in large U. S. Cities", *Journal of Urban Economics*, Vol. 46, No. 2, 1999, pp. 278 – 299.

28. Philippe Vanden Eeckaut, Henry Tulkens, Marie – Astrid Jamar, "Cost Efficiency in Belgian Municipalities", in H. O. Fried, C. A. K. Lovell, S. S. Schmidt, eds., *The Measurement of Productive Efficiency*, pp. 300 – 334.

29. Prieto, A., and J. Zoflo, "Evaluating Effectiveness in Public Provision of Infrastructure, and Equipment: The Case of Spanish Municipalities", *Journal of Productivity Analysis*, 2001, 15 (1), pp. 41 – 58.

30. Rawls, J., 1971, *A Theory of Justice*, Cambridge, Mass.: Harvard University Press.

31. Robert Schwab, Wallace Oates, "Community Composition and the Provision of Local Public Goods," *Journal of Public Economics*, Vol. 44, 1991,

pp. 217 - 237.

32. Roger Gordon, "An Optimal Taxation Approach to Fiscal Federalism", *Quarterly Journal of Economics*, Vol. 98, 1983, pp. 567 - 586.

33. Schwartz, S. H (1987), "Toward a Psychological Structure of Human Values". *Journal of Personality and Social Psychology*, 53, 550 - 562.

34. Schwartz, S. H. (1992). "Universals in the Content and Structure of Values: Theoretical Advance and Empirical Tests in 20 Countries", *Advances in ExperiMental Social Psychology*, 25: 1 - 65.

35. Sen, A. K., 1980b, Description as a Choice, Oxford Economic Paper, 32: pp353 - 269. 1985, Commodities and Capabilities, Amsterdam: North - Holland.

36. Sonia Arbaci, "(Re) Viewing Ethnic Residential Segregation in Southern European Cities: Housing and Urban Regimes as Mechanisms of Marginalization", *Housing Studies*, Vol. 23, No. 4, 2008

37. William Niskanen, "Bureaucrats and Politicians," *Journal of Law and Economics*, Vol. 18, 1975, pp. 617 - 643.

38. Wilson, P., "Efficiency in Education Production Among PISa Countries, with Emphasis on Transitioning Economies", Working Paper, Department of Economics, University of Texas, 2005.

39. Yingyi Qian, Gérard Roland, "Federalism and the Soft Budget Constraint," *American Economic Review*, Vol. 88, 1998, pp. 1143 - 1162.

40. Zhang, T., and H. Zou, "Fiscal Decentralization, Public Spending, and Economic Growth inChina", *Journal of Public Economics*, 1996, 67 (2), pp. 221 - 240.

41. Zhang, T., and H. Zou, "The Growth Impact of Intersectoral and Intergovernmental Allocation of Public Expenditure: With Applications to China and India", *China Economic Review*, 2001, 12 (1), pp. 58 - 81.

42. 安华:《社会保障促进民族地区经济社会发展的机理研究——兼论民族地区社会保障的模式选择》,《西南民族大学学报》(人文社会科学版) 2013 年第 4 期。

43. 白鹤天等：《公共财政支持科技创新的对策建议》，《财会研究》2011年第16期。
44. 白维军：《民族地区社会风险与社会管理创新研究》，《贵州民族研究》2013年第2期。
45. 白彦锋、徐晟：《中国政府采购促进自主创新的角色分析》，《首都经济贸易大学学报》2012年第2期。
46. 鲍晓倩：《以科技创新促环保产业发展》，《经济日报》2012年8月19日。
47. 毕跃光：《从历史上汉族与少数民族政治、经济、文化的互动中看民族观的形成》，《贵州民族研究》2003年第3期。
48. 财政部条法司：《中华人民共和国现行财政法规汇编》，经济科学出版社，2008。
49. 陈德权、甘露、唐丽：《少数民族地区科技创新政策执行研究》，《科技进步与对策》2013年第2期。
50. 陈少英：《建立与完善我国生态补偿的财税法律机制》，《安徽大学法律评论》2010年第1辑。
51. 陈石、袁同凯：《论政治与经济对民族地区教育发展的影响——以鄂伦春地区为例》，《云南民族大学学报》（哲学社会科学版）2013年第2期。
52. 陈新平：《低碳经济发展模式下的财政政策》，《宏观经济管理》2010年第4期。
53. 诺斯：《经济史中的结构和变迁》，陈郁、罗华平等译，上海三联书店，1991。
54. 陈郁译、德姆塞茨：《关于产权的理论，财产权利和制度变迁》，上海三联书店，1991。
55. 陈振明：《政策科学——公共政策分析导论》，中国人民大学出版社，2011。
56. 丁煌：《我国现阶段政策执行阻滞及其防治对策的制度分析》，《政治学研究》2002年第1期。
57. 董强：《关于中国民族政策的几点思考——兼与"二代民族政策"论

者商榷》,《贵州民族大学学报》(哲学社会科学版)2013年第1期。

58. 菲吕博腾、佩杰维奇:《产权与经济理论:近期文献的一个综述》,陈郁译《财产权利与制度变迁》,上海三联书店,1991。

59. 冯之浚:《生态文明和生态自觉》,《中国软科学》2013年第2期。

60. 〔法〕弗朗索瓦·布吉尼翁、〔巴〕路易斯·A. 佩雷拉·达席尔瓦:《经济政策对贫困和收入分配的影响:评估技术和方法》,中国人民大学出版社,2007。

61. 高凤勤:《环境正义视角下的我国环境税制改革》,《税务研究》2011年第7期。

62. 高萍:《关于山西资源型经济综改试验区财税政策改革的思考》,《经济问题》2012年第5期。

63. 广西壮族自治区产业发展领导小组办公室课题组:《战略性新兴产业:加快推进广西战略性新兴产业发展》,中国经济出版社,2013。

64. 国家民族事务委员会经济发展司、国家统计局国民经济综合司:《中国民族统计年鉴2007》,民族出版社,2008。

65. 韩莉:《促进企业自主创新的财政政策研究》,《科技管理研究》2010年第24期。

66. 韩宁:《贯彻落实党的民族政策加快民族地区发展》,《内蒙古财经大学学报》2013年第1期。

67. 何欢浪、岳咬兴:《策略性环境政策:环境税和减排补贴的比较分析》,《财经研究》2009年第2期。

68. 侯成成、赵雪雁等:《生态补偿对区域发展的影响》,《自然资源学报》2012年第1期。

69. 胡岱光、高鸿业:《西方经济学大辞典》,经济科学出版社,2000。

70. 胡东滨、罗莉霞:《环境保护对大型金属矿产资源基地可持续发展能力影响的评价方法研究》,《软科学》2011年第5期。

71. 胡晓东、龚家美:《民族地区中小企业的税收支持政策研究——以贵州省为例》,《西北民族大学学报》(哲学社会科学版)2013年第1期。

72. 胡怡建:《税收学》(第三版),上海财经大学出版社,2011。

73. 贾晋、陈于林:《推进农村建设用地制度改革 探索民族地区城中村改造新模式》,《资源与人居环境》2013年第8期。

74. 姜爱华、王斐:《典型国家和地区利用政府采购政策促进科技创新的实践及经验》,《中国政府采购》2011年第6期。

75. 金炳镐:《中国共产党民族政策发展史》,中央民族大学出版社,2006。

76. 景普秋、杜彦其、赵玉娟:《矿产开发中资源生态环境补偿的理论基础评述》,《产经评论》2010年第4期。

77. 克鲁斯克等主编《公共政策辞典》,上海远东出版社,1992。

78. 李国平、张海莹:《煤炭资源开采中的外部成本与应交税费比较》,《经济学家》2011年第1期。

79. 李国平、张云:《矿产资源的价值补偿模式及国际经验》,《资源科学》2005年第5期。

80. 李吉和、晏玲:《论新世纪我国民族政策发展的特点》,《西南民族大学学报》(人文社会科学版)2013年第5期。

81. 李俊杰、李海鹏:《民族地区农村扶贫开发政策回顾与展望》,《民族论坛》2013年第5期。

82. 李俊杰、李海鹏:《民族地区农户多维贫困测量与扶贫政策创新研究——以湖北省长阳土家族自治县为例》,《中南民族大学学报》(人文社会科学版)2013年第3期。

83. 李天国:《结构性冲击与中国产业经济增长——对民族地区的结构VAR模型实证研究》,《经济问题》2013年第9期。

84. 李欣:《从"普及中的失衡"到"均衡中的普及"——加拿大促进高等教育均衡发展的政策研究》,《复旦教育论坛》2013年第1期。

85. 梁堃:《民族地区经济发展与民生改善研究——以广西为实证研究样本》,《企业经济》2013年第7期。

86. 凌云:《我国西部民族地区税收优惠与产业结构优化升级的路径分析》,《中国证券期货》2013年第8期。

87. 刘慧:《论宗教信仰自由政策在民族地区实行的重要性》,《遵义师范学院学报》2013年第2期。

88. 刘坤、刘堂灯:《论民族地区扶贫政策的设计与完善》,《学理论》2013年第10期。

89. 刘小川：《促进企业科技创新的政府采购政策研究》，《学海》2008年第5期。
90. 刘洋、王成虎：《绿色税收制度研究》，《经济师》2011年第12期。
91. 鲁华：《我国民族地区高校贫困大学生资助政策研究》，《贵州师范学院学报》2013年第5期。
92. 陆琴雯：《党的民族政策在云南散居民族地区的实践——对昭通典型地区的调研报告》，《昭通学院学报》2013年第2期。
93. 马戎：《民族社会学——社会学的族群关系研究》，北京大学出版社，2004。
94. 毛明芳：《加拿大环境产业发展对我国的启示》，《中国环保产业》2009年第5期。
95. 毛夏鸾、张晓阳、朱淑珍：《试论我国绿色税收体系的构建》，《税务研究》2008年第3期。
96. 〔意〕尼古拉·阿克塞拉：《经济政策原理：价值与技术》，中国人民大学出版社，2001。
97. 〔英〕尼古拉斯·巴尔：《福利国家经济学》，中国劳动社会保障出版社，2003。
98. 彭国胜：《海外学者关于中国民族地区公共政策的研究述评》，《云南民族大学学报》（哲学社会科学版）2013年第2期。
99. 戚建、叶庆娜：《关于我国农村寄宿制学校政策内容分析的探讨——以2001年后农村寄宿制学校政策文本为例》，《湖南社会科学》2013年第2期。
100. 千里原：《民族工作大全》，中国经济出版社，1994。
101. 上官文慧：《运用科学发展观发展民族地区特色优势农业》，《满族研究》2008年第2期。
102. 盛新鹏：《排污权交易的理论综述》，《价格月刊》2011年第4期。
103. 宋蕾：《矿产资源开发的生态补偿研究》，中国经济出版社，2012。
104. 苏东水：《产业经济学》，高等教育出版社，2012。
105. 孙红霞、张志超：《西部矿产资源生态补偿的利益之争》，《当代财经》2012年第4期。

106. 滕成达、梁鑫：《永和情趣建导方案——中国特色社会主义民族理论与民族政策体系教学设计之三》，《广西社会主义学院学报》2013年第1期。

107. 王红涛：《促进科技创新的财政政策之思考》，《当代经济管理》2010年第3期。

108. 王军生、李佳：《我国西部矿产资源开发的生态补偿机制研究》，《西安财经学院学报》2012年第3期。

109. 王洛林、魏后凯：《中国西部大开发政策》，经济管理出版社，2004。

110. 王倩倩：《中央与民族自治地方财政关系研究》，东北财经大学出版社，2012。

111. 王维平：《经济政策创新与区域经济协调发展》，中国社会科学出版社，2006。

112. 王文长：《民族视角的经济研究》，中国经济出版社，2008。

113. 王文长：《西部大开发中民族利益关系协调机制建设》，《民族研究》2004年第3期。

114. 王云强：《云南民族地区产业发展的政策设计与建议》，《中共云南省委党校学报》2013年第2期。

115. 王章平、黄瑞芹：《民族地区新型农村社会养老保险推广的困境与对策分析——以湘西土家族苗族自治州为例》，《经济研究导刊》2013年第4期。

116. 微软（中国）有限公司、清华大学社会学系：《农民工、社会融入与就业》，社会科学文献出版社，2008。

117. 魏后凯、成艾华、张冬梅：《中央扶持民族地区发展政策研究》《中南民族大学学报》2012年第1期。

118. 魏后凯、袁晓勐：《我国西部大开发税收政策评价及调整方向》，《税务研究》2010年第2期。

119. 魏后凯：《中国区域政策评价与展望》，经济管理出版社，2012。

120. 温军：《中国少数民族经济政策的演变与启示》，《贵州民族研究》2001年第2期。

121. 吴晓青：《推进环保科技创新积极引领和支撑环境管理战略转型》，

《环境保护》2012 年第 24 期。
122. 肖锋：《我国环境科技领域的财政政策变迁及分析》，《经济与科技》2009 年第 3 期。
123. 谢和均、李雅琳：《民族地区新型农村养老保险政策实施评估——以云南省开远市为例》，《价值工程》2013 年第 14 期。
124. 薛菁：《促进企业自主创新的政府采购研究》，《中共山西省委党校学报》2008 年第 4 期。
125. 严良、陈瑶：《西部与国外落后地区矿产资源开发利用比较研究》，《矿产研究与开发》2008 年第 5 期。
126. 杨骏等：《武陵山片区民族优惠政策比较研究——以湘西州和周边恩施、黔江、铜仁为例》，《民族论坛》2013 年第 8 期。
127. 杨霞、单德朋：《转型期中国民族地区产业结构与就业结构演化实证研究》，《经济问题探索》2013 年第 2 期。
128. 杨怡等：《新世纪以来少数民族高考照顾政策的回顾与展望》，《民族教育研究》2013 年第 3 期。
129. 姚慧琴、徐璋勇：《中国西部发展报告 2013》，社会科学文献出版社，2013。
130. 詹姆斯·A. 莫里斯：《福利、政府激励与税收》，中国人民大学出版社，2011。
131. 张艾力：《民族发展扶持政策与社会主义和谐民族关系建构——以民族教育发展扶持政策为例》，《满族研究》2013 年第 2 期。
132. 张冬梅：《民族地区生态补偿政策存在的问题与对策研究》，《内蒙古社会科学》2012 年第 4 期。
133. 张冬梅：《中国民族地区经济政策的演变与调整》，中国经济出版社，2010。
134. 张瑞敏：《湖北省武陵山民族地区扶贫政策绩效调查——以恩施土家族苗族自治州为例》，《社科纵横》2013 年第 5 期。
135. 张文驹：《我国矿产资源财产权利制度的演化和发展方向》，《中国地质矿产经济》2000 年第 1 期。
136. 张永平：《矿业经济可持续发展的财政政策体系设计》，《商业时代》

2009 年第 9 期。

137. 赵德兴等：《社会转型期西北少数民族居民价值观嬗变》，人民出版社，2007。
138. 赵舜一：《中国资源税改革的环境效应分析》，《经济研究导刊》2012 年第 22 期。
139. 赵亚楠、颜伟荣：《少数民族地区金融支持政策探讨——以甘肃省临夏回族自治州为例》，《经济视角》（下）2013 年第 4 期。
140. 中华人民共和国 2012 年国民经济与社会发展统计公报。
141. 中华人民共和国统计局：《中国统计年鉴 2012》，中国统计出版社，2012。
142. 中华人民共和国统计局：《中国统计年鉴 2013》，中国统计出版社，2013。
143. 周生贤：《科技支撑 推动环保事业发展》，《中国科技投资》2012 年第 25 期。
144. 周五七、聂鸣：《促进低碳技术创新的公共政策实践与启示》，《中国科技论坛》2011 年第 7 期。

中篇 推进民族地区矿产资源开发补偿与生态环境保护的财政政策研究

摘 要

本研究通过探讨矿产资源开发补偿与生态环境保护的财政政策的科学基础，结合民族地区实际深入剖析促进矿产资源开发补偿与生态环境保护的财政政策存在的问题及调整思路，探索能够保障有效实施的财政政策体系，并提出相应的可操作的具体实施策略。本研究主要解决三个问题：为什么要对民族地区矿产资源开发补偿与生态环境保护加大财政政策支持力度？现行的相关财政政策存在哪些问题？如何健全促进民族地区矿产资源开发补偿与生态环境保护的财政政策体系？

针对第一个问题，本研究从矿产资源产权界定、生态环境属于公共产品及经济基础决定财政能力等理论方面回答推进民族地区矿产资源开发补偿与生态环境保护的财政政策的科学基础。针对第二个问题，从财政收入与支出两条线索进行剖析，一方面，通过对国内国际矿产资源费税政策对比与分析，深入剖析我国现行矿产资源费税政策存在的问题；另一方面，由于矿产资源开发中的生态补偿主要依赖政府财政，生态补偿资金主要来源于财政纵向转移支付，借鉴国际成功经验与结合我国民族地区实践经验，深入研究民族地区财政生态补偿存在的主要问题。针对第三个问题，提出明晰矿产资源产权，协调矿产资源开发利益相关主体之间的关系，优化资源配置；明晰环境产权，明确界定政府环保责任；建立长效的促进民族地区矿产资源开发补偿与生态环境保护的财政政策体系。具体措施包括：改革矿产资源费税政策体系；建立促进生态环境保护的绿色税收政策体系；建立财政转移支付民族地区生态补偿的长效机制；加大促进环保科技创新的财政支出政策力度。

系统地推进民族地区矿产资源开发补偿与生态环境保护的财政政策的完善与实施，有利于民族地区在矿产资源开发全过程中注重生态效益，实现资源优化配置，保护生态环境，从而提高民族地区以至全社会的生态福利，甚至增进全社会的整体福利。

导 论

一 选题的理论意义与实际意义

胡锦涛在中国共产党第十八次全国代表大会上的报告中指出，我国发展中不平衡、不协调、不可持续问题依然突出；资源环境约束加剧；因此要大力推进生态文明建设，建设生态文明，是关系人民福祉、关乎民族未来的长远大计。面对资源约束趋紧、环境污染严重、生态系统退化的严峻形势，必须加大自然生态系统和环境保护力度。本研究通过构建相对完善的财政政策体系努力解决民族地区矿产资源开发补偿与生态环境保护问题，进而提高民族地区的经济福利与生态福利，甚至全社会的整体福利。具体理论意义与实际意义如下。

（1）关于民族地区矿产资源开发中的产权与补偿问题，即民族利益实现问题的解决极为迫切，本研究有利于国家做出科学合理的矿产资源权益分配安排。矿产资源最基本的特征是初始禀赋的有限性与消耗的不可逆性，具有稀缺性。因其为国家所有，所有权在实践过程中是通过具体的使用权、利益分享权、转让权等体现的。目前我国矿产资源产权制度与开发管理体制远未完善，尤其在民族地区，矿产资源开发利益共享权缺失。同时，在现有矿产资源有偿使用制度下，更多关注的相关利益主体包括国家、政府及相关部门、探矿权人和采矿权人；然而矿产资源开发所在地居民的利益却少有人关注。开发地居民对所在地资源的自然依赖并不因为国家拥有所有权而改变，开发利益的分配秩序要考虑开发地居民优先受惠，体现开发地居民与资源的自然关系及衍生的资源使用权。

（2）本研究有利于从资源费税系统角度调整矿产资源专门费税政策，并建立促进生态环境保护的绿色税收政策体系。我国矿产资源专门费税主要包括矿产资源补偿费、矿业权使用费、矿业权价款、石油特别收益金及资源税；从征收目标及管理方式来看，"费"与"税"的边界不明，"费"类似"税"，"税"又体现"费"。矿产资源专门费税在生态环境保护方面的约束作用均相对较弱，而我国还没有开征环境税。因此，理清矿产资源费税政策，建立从中央到地方的绿色税收政策体系，有利于均衡民族地区矿产资源开发利益相关主体的利益及环境保护责任。

（3）本研究有利于中央政府制定长效的财政生态补偿机制。生态环境具有非竞争性与非排他性，属于公共产品。公共产品的提供存在市场失灵的情况，需要政府介入弥补市场缺陷。财政政策是实现政府经济目标的主要政策手段，同时也是政府履行其职能的物质基础。民族地区在生态环境建设方面，地方财政供给不足，外加中央和发达地区政府财政对生态环境建设的纵向与横向财政转移支付极为欠缺，使得财政供给机制缺位，因此，加强财政政策对民族地区的生态补偿显得更为重要。

（4）本研究特别重点提出要加大对环保科技创新的支持力度，以便引起中央及各级地方政府的重视。科学技术是第一生产力，民族地区是相对落后地区，更需要科技创新的支撑与带动才能实现经济发展方式转型。矿产资源开发的负外部性，即环境污染，仅有大量的财政资金并不能改变环境现状，只有依靠先进技术在矿产资源开发全过程中的应用与推广，才能实现节能、降耗、减排、生态修复及环境保护，才能体现发展的质量与效益。没有应用先进技术的矿产资源开发，会造成大量的浪费与破坏，因此技术创新与政策创新同样重要。

综上，本篇以财政收入政策与财政支出政策为线索，研究促进民族地区矿产资源权益合理安排与生态环境保护的财政政策体系，为促进区域和谐及人与自然的和谐而努力。

二 本课题研究的主要观点与主要内容

1. 主要观点

系统地推进民族地区矿产资源开发补偿与生态环境保护的财政政策的完善与实施，有利于民族地区在矿产资源开发的全过程中实现资源优化配置及生态环境保护。财政政策是提高民族地区在矿产资源开发中经济福利与生态福利最直接最有效的经济手段，只有兼顾效率与公平的经济政策的创新性安排，才能使提高福利长期规划进入均衡路径，从而增进全社会的生态福利以至整体福利。

2. 主要内容

本研究通过探寻民族地区矿产资源开发补偿与生态环境保护的财政政策的科学基础，通过结合民族地区具体实践与借鉴国际成功经验，深入剖析现行相关财政收入与支出政策存在的主要问题，探索建立长效的推进民族地区矿产资源开发补偿与生态环境保护政策体系，并提出相应的可操作的具体实施策略，包括矿产资源专门费税政策体系的改革建议；建立促进生态环境保护的绿色税收政策体系；建立财政转移支付民族地区生态补偿的长效机制；加大促进环保科技创新的支持力度。本篇包括如下四部分内容。

科学基础

（1）生态环境是公共产品，民族地区生态环境是全国生态屏障，属于全国性公共产品；矿产资源开发具有负外部性，即造成生态恶化与环境污染，因此全国各地各级政府为民族地区生态环境建设提供成本责无旁贷；完善的财政政策体系有利于实现公共服务均等化目标。

（2）自然资源产权界定突显民族地区生态环境保护的权利与义务不对等；民族地区丰富的矿产资源绝大多数属于资源性国有资产，法律规定国家拥有所有权；资源有偿使用制度体现所有权，矿产资源开发权益安排是利益相关者间的博弈均衡，而开发地居民对自然资源依赖的法权关系少有体现，甚至权益缺失；完善的财政政策体系有利于实现民族地区矿产资源优化配置。

（3）经济基础决定的财政能力约束民族地区政府生态环境建设进程，惠及民族地区与特殊扶持的财政政策是民族地区发展的制度资源。制度资源的充分利用是民族地区实现矿产资源开发利益的保障，因此要注重推进民族地区矿产资源开发补偿与生态环境保护的财政政策的目标与手段的耦合，确保政策落到实处。

现行财政政策存在的主要问题与国际借鉴

（1）财政收入政策，即矿产资源专门费税政策存在的问题。世界上大多数国家都建立起以权利金制度为主体的矿产资源有偿使用制度，矿产资源专门费税政策主要包括权利金、资源租金税、红利、矿业权出让金、耗竭补贴等。我国目前矿产资源专门费税政策主要包括矿产资源补偿费、矿业权使用费、矿业权价款、石油特别收益金及资源税。矿产资源专门"费"体现财产权利，"税"体现政治权力，现行专门费税政策体系存在征收目标不明、管理方式含混等问题。

（2）国际上采用征收排放税（费）、建立基金制度和许可证制度及保证金制度为治理环境筹集资金，资金来源相对稳定；而我国尤其在民族地区生态补偿资金极为缺乏。仅靠民族地区相对较少的排污费、矿产资源补偿费与资源税远远不能达到生态恢复与治理环境的目的。

（3）财政支出政策，即财政生态补偿政策存在的问题。矿产资源开发补偿包括政府财政补偿与市场补偿，两补偿的边界不明，在民族地区生态补偿主要是政府财政补偿，即财政转移支付生态补偿，民族地区矿产资源开发生态补偿存在补偿客体、补偿标准与方式的界定等问题；纵向转移支付落实不完全，横向转移支付缺失，民族地区转移支付资金缺乏，没有建立完善的财政生态补偿体系。

相关财政政策调整思路

（1）明晰矿产资源产权，优化资源配置。通过矿产资源权利束分解，均衡矿产资源开发相关利益主体之间的关系，努力尝试做出合理的矿产资源权益安排，确保民族地区利益的实现。

（2）明晰环境产权，界定政府财政环保责任。政府环境产权的初始配置既体现效率，又体现公平；矿业企业究竟有多少环境产权（即排污权）？矿产资源开发地居民甚至全社会公民究竟有多少环境产权（享有清洁环境的权利）？换言之，政府财政究竟要承担多少生态环境供给职责？在环境的保护和使用上政府如何达到经济福利与生态福利的均衡，排污权交易市场的完善程度是市场解决生态环境保护的基础范围；政府集结了个人偏好的有关生态环境保护的公共政策选择有利于环境产权的创新性安排，是提高全社会生态效益、经济效益及社会效益的制度保障。

（3）建立长效的民族地区矿产资源开发补偿与生态环境保护的财政政策体系。生态环境建设具有长期性，提供生态福利必须具有长期规划，要建立激励相容的民族地区矿产资源开发补偿与生态环境保护的创新机制，才能够形成对生态环境供给者的长效激励机制。同时，无论从"破坏者付费，使用者付费，受益者付费，受损者得到补偿，保护者得到补偿"的角度，还是从公共服务均等化的角度，矿产资源开发地区都要得到补偿，因此要进一步完善财政转移支付民族地区生态补偿政策体系。

具体实施策略

（1）矿产资源费税政策体系的改革建议。调整原矿产资源费税政策体系中的矿产资源补偿费与资源税，使得专门"费"体现财产权利，确保矿产资源有偿使用；"税"体现政治权力，专门"税"是矿业企业一般税的有益补充。新费税政策体系在充分体现国家拥有所有权的基础上，保障地方政府及居民对矿产资源开发的收益分享权。在矿产资源开发全过程中，均衡各利益相关主体的利益。

（2）建立促进生态环境保护的绿色税收政策体系。设置相对较完善的环境保护税政策体系，完善其他税种如消费税、关税、出口退税等在促进保护环境方面的激励措施；对促进节能降耗与环境保护的技术研发与应用推广给予税收优惠，对绿色产品、绿色产业与循环经济的发展给予税收优惠政策等。

（3）建立民族地区财政生态补偿的长效机制。建立纵横交错的财政转移支付民族地区生态补偿机制，一方面要增强纵向财政转移支付力度，包括从税收返还、一般性转移支付及专项转移支付三方面增加纵向转移支付生态补偿的资金总量；另一方面建立规范的横向财政转移支付制度，以此体现向良好生态服务付费的效率目标。值得注意的是，健全的有法律保障的财政转移支付民族地区生态补偿监督体系，能提高资金的使用效益。

（4）加大对促进环保科技创新的财政支出政策的支持力度。生态恢复与污染治理的根本解决依赖科技创新，政府为提供良好的生态环境与科技创新的公共产品，要努力提供环保科技创新的制度环境，包括优化财政支出结构，把环保科技支出作为财政支出的重点领域之一；提高环保科技支出占财政支出的比重，建立健全环境保护专项基金；加大环保科技产品的政府采购力度，加速环保科技的推广与应用。

三 主要研究方法与创新

1. 研究方法

（1）理论分析法。以公共产品理论与产权理论为依据，探讨民族地区矿产资源开发补偿与生态环境保护的财政政策的科学基础与调整思路。

（2）归纳总结法。通过对现行矿产资源开发与环境保护相关的财税政策梳理，总结矿产资源费税系统存在的主要问题及民族地区环境保护财政政策存在的主要问题。

（3）比较分析法。通过与国际矿产资源费税政策的比较，结合我国民族地区实际，研究我国矿产资源费税政策改革建议及惠及民族地区的财政政策体系。

2. 主要创新

（1）本研究的领域是财政学、区域经济学与环境经济学的结合，与当今国家宏观经济政策相结合，遵从十八大精神，探讨了推进民族地区矿产资源开发补偿与生态环境保护的财政政策的科学基础。

（2）本研究针对促进民族地区矿产资源开发补偿与生态环境保护的财政政策存在的问题，提出调整思路。首先，明确矿产资源产权，优化资源配置，是遵循市场经济资源有偿使用制度，体现效率目标；其次，明晰环境产权，界定政府财政环境保护责任，主要是体现公平目标；再次，只有建立长效的促进民族地区矿产资源开发补偿与生态环境保护的财政政策体系，才能体现效率与公平的均衡，才能保障民族地区良好生态环境供给，进而增进全社会的生态福利甚至整体福利。具体措施有利于民族地区，又不局限于民族地区，财政收入与支出政策创新性安排有利于民族地区在矿产资源开发全过程中保护生态环境。

（3）本研究通过收入政策（包括矿产资源费税政策与促进环境保护的绿色税收政策）与支出政策（财政生态补偿政策与环保科技支出政策）完善民族地区矿产资源开发中生态补偿与环境保护的财政政策体系，同时注意科技创新与政策创新并重，所以在财政政策带动制度创新安排的同时，要加大对环保科技创新的支持力度。

第一章 推进民族地区矿产资源开发补偿与生态环境保护的财政政策的科学基础

民族地区作为集生态环境天然脆弱、矿产资源丰富与生态功能特殊等特性于一体的重要地区，其生态环境保护影响全国生态建设进程；然而，民族地区政府财政能力有限，矿产资源开发引起的生态补偿与环境保护问题，无论是从公共政策选择方面，还是从福利制度构建方面，均未进入均衡路径。财政政策是有利于提高民族地区矿产资源开发补偿与生态环境保护的重要经济政策保障，是提高全社会的生态福利甚至整体福利的重要制度保障，也是达到区域和谐及人与自然和谐目标的重要路径。本研究的财政政策主要是指与矿产资源开发补偿及生态环境保护相关的财政收入政策与支出政策的总和。

一 政府应对属于全国性公共产品的民族地区生态环境提供成本

1. 生态环境具有非竞争性与非排他性，属于公共产品，竞争性的市场不可能达到公共产品的帕累托最优配置。非竞争性出现边际成本为零，导致免费供给；非排他性导致"搭便车"现象，因此良好的生态环境应由政府提供。作为地区性公共产品，民族地区政府有义务负责当地生态环境建设，防御当地生态环境公共风险，运用地方财政手段解决生态环境供给；生态环境的外部性及地理区位使得民族地区成为全国的生态屏障区，因此民族地区生态环境又属于全国性公共产品。

2. 生态恶化与环境污染问题在民族地区表现得更为严峻，如"土"问题，表现为湿地破坏、土地荒漠化、土壤酸化与盐渍化;"水"问题，表现为河流断流、地下水位下降、湖泊水库水减少、冰川后退雪线上升;"绿化"问题，表现为草原退化、森林衰减;"生物"问题，表现为野生动植物明显减少。需要倍加关注的是工业化推进过程中，特别是矿产资源开发中生态恶化与环境污染不仅影响少数民族群众的生活质量及民族地区可持续发展，而且影响全国的生态环境保护与建设的步伐。

3. 国家主体功能区规划加重民族地区生态保护责任。主体功能区是指根据不同区域的资源环境承载能力、现有开发密度和发展潜力等，按区域分工和协调发展的原则划定的具有某种特定主体功能定位的空间单元。"十一五"规划纲要将我国国土空间划分为优化开发、重点开发、限制开发与禁止开发四类。① 大多数民族地区属于限制开发与禁止开发区域，主要承载生态服务功能，有提供生态环境服务的重大责任。民族地区为实现生态服务的主体功能，必然对妨碍功能实现的相关产业进行限制和禁止，然而这些产业（如资源开采及其加工等）是民族地区经济发展阶段获利相对较高的产业，也是增加地方财政收入的产业，因此这两类功能区将会丧失参与高利润产业竞争的机会，是对其发展机会的制约；同时，民族地区要为生态恢复和建设承担相应的成本，要防止水土流失，保护森林植被，甚至要封山育林及生态移民，这些成本不仅有可计量的经济成本，而且有难以计量的发展机会成本，甚至有无法计量的心理成本。

二 自然资源产权界定突显民族地区生态环境保护的权利与义务不对等

1. 相比非民族地区，民族地区具有自然资源优势。我国民族地区土地总面积占全国的 63.72%；水利资源蓄藏量占全国的 65.93%；草原面积占全国的 75.07%；牧区、半农半牧区草原面积占全国的 75%；森林面

---

① 此处的"开发"是指大规模、高强度的工业化和城镇化开发，而不是一般意义上的资源开发。

积占全国的42.2%，森林蓄储量占全国的51.8%；[1] 尤其具有矿产资源优势，主要矿产资源有煤、铁矿石、磷矿石及钾盐等，保有量分别占全国的37.1%、24.4%、40.7%、95.9%，其中内蒙古的地下矿产有60种以上，新疆的矿产资源有118种，宁夏矿产近50种，广西地下稀有金属藏有量居全国前几位，西藏矿产资源达40余种。[2]

2. 民族地区丰富的矿产资源绝大多数属于资源性国有资产。[3] 矿产资源产权法律规定国家拥有所有权，矿产资源开发更多关注的相关利益主体包括国家、政府及相关部门、探矿权人和采矿权人；然而开发地居民的利益却少有人关注。事实上，相比较而言，矿产资源开发中民族地区政府获利并不多，因此，民族地区利益分享权益严重缺失。另外，开发地居民对所在地资源的自然依赖并不因为国家拥有所有权而改变，开发利益的分配秩序没有体现开发地居民与资源的自然法权关系及衍生的资源使用权。

3. 矿业企业矿产资源开发的环境成本没有内部化，导致民族地区矿产资源开发中投资者的收益与保护环境责任不对等。因大型企业注册地问题，税收从民族地区流失，反而把因矿产资源开发所带来的生态恶化与环境污染等问题留在民族地区，矿业企业基本很少承担对周边生态环境进行保护的责任，因此这些责任也就相应地转到民族地区政府身上，当地政府要花大量成本进行治理，有的可能会给后代留下难以克服的隐患和灾难，民族地区为国家的生态平衡和环境保护做出了巨大的贡献。

三 经济基础决定的财政能力约束民族地区政府生态环境建设的进程

1. 相比较而言，民族地区经济基础相对薄弱，地方财政收入较低。就

---

[1] 中华人民共和国国家统计局编《中国统计年鉴2011》，中国统计出版社，2011，第30页。
[2] 国家民族事务委员会经济发展司、国家统计局国民经济综合司：《中国民族统计年鉴2007》，民族出版社，2008，第327页。
[3] 资源性国有资产是指国家拥有的土地、森林、矿藏等资源，法律上确定其为国家所有，并为国家提供经济和社会效益的各种经济资源的总和。

2010 年全国范围人均 GDP 数值比较而言,全国平均水平是 29992 元/人,东部地区是 46354 元/人,中部地区是 24242 元/人,东北地区是 34303 元/人,西部地区是 22476 元/人,民族地区是 22061 元/人[1],民族地区是最低的。以人均地方财政收入比较,全国平均水平是 3028.8 元/人,东部地区是 4540.8 元/人,中部地区是 1784.9 元/人,东北地区是 3069.7 元/人,西部地区是 2182.9 元/人,民族地区是 1761.1 元/人。若从外贸、工业、人民生活水平等方面分析,民族地区与非民族地区财政能力差距还有进一步扩大的趋势。

2. 民族地区财政支出对中央财政依赖程度[2]较高。就 2010 年人均财政支出数值比较,民族地区财政支出并不低,全国平均水平是 5510.0 元/人,东部地区是 5957.4 元/人,中部地区是 4219.5 元/人,东北地区是 6605.6 元/人,西部地区是 5934.0 元/人,民族地区是 5683.7 元/人。由此可见,民族地区财政支出与收入差额较大,对中央财政依赖程度高,1979 年民族地区财政依赖程度高达 61.35%,意味着民族地区财政支出中有 60% 以上来自中央政府的财政转移支付;1992 年这一指标为 42.86%;2001 年这一指标又回升到 66.12%;之后每年都超过 65%[3];2010 年这一指标上升到 69.02%。[4] 可见,中央财政每年向民族地区加大转移支付,促进民族地区经济发展,抑制区域经济发展差距。

3. 民族地区财政支出用于环境保护的相对比率看似较高,但是绝对数量少。在 2010 年所列 21 项财政支出科目[5]中,地方环境保护支出占地方

---

[1] 中华人民共和国统计局:《中国统计年鉴2011》,中国统计出版社,2011,第 19 页、第 33 页。

[2] 这里把民族地区支出与收入的差额称为财政依赖,对民族地区财政依赖及程度的衡量,用公式表示为:民族地区财政依赖程度 =(民族地区财政支出 - 民族地区财政收入)/民族地区财政支出 ×100%。

[3] 根据国家民族事务委员会经济发展司、国家统计局国民经济综合司:《中国民族统计年鉴2007》,民族出版社,2008,第 412 页及《中国统计年鉴 2008》第 24 页数据计算整理而得。

[4] 根据《中国统计年鉴 2011》第 33 页数据计算而得。

[5] 包括:一般公共服务、国防、公共安全、教育、科学技术、文化体育与传媒、社会保障和就业、医疗卫生、环境保护、城乡社区事务、农林水事务、交通运输、资源勘探电力信息等事务、商业服务业等事务、金融监管等事务支出、地震灾后恢复重建支出、国土资源气象等事务、住房保障支出、粮油物资储备管理事务、国债还本付息支出、其他支出。

一般预算支出比例指标，全国31个省区市（不含港澳台）中宁夏居最高位，为5.52%，但是总额很低，只有30.79亿元；上海最低，所占比例为1.43%，但是总额为47.31亿元。相邻两省数据比较，广西所占比例为3.19%，总额为63.99亿元；广东所占比例为4.41%，总额为239.16亿元，差距显著。全国范围两数据指标排序比较，所占比例从高到低排序前五位的分别是宁夏5.52%、青海4.86%、内蒙古4.75%、甘肃4.65%、山西4.27%；但是总额从高到低排序前五位的分别是广东239.16亿元、江苏139.89亿元、河北115.16亿元、四川112.99亿元、山东112.93亿元。① 民族地区环境保护支出应该更多，但是数据说明并非如此。

无论从经济学的效率与公平角度，还是从法学的权利与义务角度，都要对民族地区加大财政政策支持力度。

---

① 《中国统计年鉴2011》，第284~285页，计算而得。

第二章　矿产资源开发补偿与生态环境保护的财政政策存在的主要问题

一　财政收入政策——矿产资源费税政策[①]现状与存在的主要问题

与矿产资源相关的费税政策不仅关系到利益分配问题，而且关系到政府矿政管理的一系列问题和国家资源政策；不仅影响矿产资源有偿使用制度建设，而且会影响矿产资源开发中生态环境保护的制度安排，因此矿产资源费税政策必须引起各相关部门及领导的重视。

1. 国内现行矿产资源专门"费""税"政策

我国现行矿产资源专门"费""税"政策体系主要包括：矿产资源补偿费、矿业权使用费、矿业权价款、矿区使用费[②]、石油特别收益金及资源税。

（1）矿产资源补偿费。现仍执行的《矿产资源补偿费征收管理规定》，第四条明确规定"矿产资源补偿费由采矿权人缴纳"；第三条规定"按照矿产品销售收入的一定比例计征"，其中"所称矿产品是指矿产资源经过开采或者采选后，脱离自然赋存状态的产品"。第一条明确规定矿产资源补偿费的目的是"维护国家对矿产资源的财产权益"。[③] 在《矿产资源补偿

---

① 这里矿产资源费税政策包括专门费税政策与一般意义上的费税政策。

② 2011年9月，继中华人民共和国国务院令第605号《国务院关于修改〈中华人民共和国资源税暂行条例〉的决定》之后，发布中华人民共和国国务院令第606号《国务院关于修改〈中华人民共和国对外合作开采陆上石油资源条例〉的决定》与中华人民共和国国务院令第607号《国务院关于修改〈中华人民共和国对外合作开采海洋石油资源条例〉的决定》，自2011年11月1日起施行，1989年1月1日经国务院批准财政部发布的《开采海洋石油资源缴纳矿区使用费的规定》同时废止。

③ 1994年2月发布国务院第150号令《矿产资源补偿费征收管理规定》，1997年7月发布国务院第222号令《国务院关于修改〈矿产资源补偿费征收管理规定〉的决定》。

费使用管理暂行办法》中，也明确说明"矿产资源补偿费是国家对矿产资源的财产权益，是国有资产的合法收益"。① 第六条规定，矿产资源补偿费按照所规定的费率征收，费率范围0.5%~4%；② 第十条规定，中央与省、直辖市的分成比例为5∶5，而中央与自治区的分成比例为4∶6，将更多的矿产资源补偿费收入留给了民族地区；第十一条规定，"矿产资源补偿费纳入国家预算，实行专项管理，主要用于矿产资源勘查"。

（2）矿业权使用费，具体包括探矿权使用费和采矿权使用费。我国现行《中华人民共和国矿产资源法》第五条明确规定，"国家对矿产资源的勘查、开采实行许可证制度"；第六条分别对探矿权人与采矿权人进行明确规定。对由国家投资勘查形成的矿产地，矿业权有偿取得的费用有两部分，即矿业权使用费和矿业权价款。《矿产资源勘查区块登记管理办法》③第十二条明确规定，"国家实行探矿权有偿取得的制度"。"探矿权使用费以勘查年度计算，逐年缴纳，标准为：第一至第三个勘查年度，每平方公里每年缴纳100元；从第四个勘查年度起，每平方公里增加100元，但是最高不得超过每平方公里500元。"《矿产资源开采登记管理办法》④ 第九条规定，"国家实行采矿权有偿取得的制度"；"采矿权使用费按照矿区范围的面积逐年缴纳，标准是每平方公里每年1000元"。两管理办法明确规定探矿权使用费和采矿权使用费全部纳入国家预算管理。

（3）矿业权价款，具体包括探矿权价款和采矿权价款。国务院第240号令和第241号令分别规定了缴纳探矿权价款和采矿权价款的条件，《矿产资源勘查区块登记管理办法》第十三条规定，"探矿权申请人除按规定缴纳探矿权使用费外，还应当缴纳经评估确认的国家出资形成的探矿权价款；可以一次缴纳，也可以分期缴纳"。即对非国家投资勘查形成的矿产地，无须缴纳探矿权价款。《矿产资源勘查区块登记管理办法》第十条规定，"申请国家出资勘查并已探明矿产地采矿权的，采矿权申请人除缴纳

---

① 赵小平：《行政事业性收费标准管理暂行办法解读》，中国市场出版社，2006，第165~170页。
② 矿产资源补偿费率见《矿产资源补偿费征收管理规定》附录。
③ 1998年2月国务院第240号令《矿产资源勘查区块登记管理办法》，第十二条。
④ 1998年2月国务院第241号令《矿产资源开采登记管理办法》，第九条。

采矿权使用费外,还应当缴纳经评估确认的国家出资勘查形成的采矿权价款;可以一次性缴纳,也可以分期缴纳"。而《探矿权采矿权价款招标拍卖挂牌管理办法(试行)》规定了缴纳矿产资源采(探)矿权价款采用一次性缴纳或分期缴纳的方式[①]。两管理办法规定探矿权价款和采矿权价款全部纳入国家预算管理。探矿权、采矿权价款实质是国家作为矿产资源的投资人在出让其矿产资源进一步的探矿权或采矿权时,按规定向受让方收取的价款,其目的在于将国家的前期投入及其收益收回。

矿业权使用费与矿业权价款的一个重要区别在于,不论矿产地是否是由国家投资勘查形成,都需缴纳矿业权使用费。另一个重要区别在于,矿业权使用费是逐年缴纳的,而不是像矿业权价款那样一次缴纳或分期缴纳。

(4)矿区使用费。原矿区使用费只对开采海洋油气资源的企业和在我国境内从事合作开采陆上石油、天然气资源的国内企业和外国企业征收。计费依据为油气产量,开采原油、天然气的矿区使用费率为 0~12.5%。[②]矿区使用费体现的是油气资源的所有权人同矿业权人之间的财产权关系。因此,我国矿区使用费仅仅针对开采海洋油气资源的企业和合作开采国内油气资源的国内外企业,所以并不适用所有的矿产资源。自 2011 年 11 月 1 日起,施行国务院修订的《中华人民共和国对外合作开采陆上石油资源条例》与《中华人民共和国对外合作开采海洋石油资源条例》,[③] 中外合作开采陆上与海洋石油资源的中国企业和外国企业依法缴纳资源税,不再缴纳矿区使用费。

---

① 朱学义:《矿产资源权益理论与应用研究》,社会科学文献出版社,2008,第 266~275 页。见《探矿权采矿权价款招标拍卖挂牌管理办法(试行)》。
② 1990 年 1 月财政部发布了关于《中外合作开采陆上石油资源缴纳矿区使用费暂行规定》,转引自 1995 年修订及全国人大常委会法制工作委员会:《中华人民共和国现行法律行政法规汇编(2002)》,人民出版社,2002,第 1116~1117 页。财政部条法司:《中华人民共和国现行财政法规汇编》,经济科学出版社,2008,第 946~948 页。
③ 中华人民共和国国务院令第 606 号与 607 号,即《国务院关于修改〈中华人民共和国对外合作开采陆上石油资源条例〉的决定》与《国务院关于修改〈中华人民共和国对外合作开采海洋石油资源条例〉的决定》,在两决定施行前已依法订立的中外合作开采陆上与海洋石油资源的合同,在已约定的合同有效期内,继续依照当时国家有关规定缴纳矿区使用费,不缴纳资源税;合同期满后,依法缴纳资源税。

（5）石油特别收益金。《石油特别收益金征收管理办法》规定，石油特别收益金是指国家对石油开采企业销售国产原油因价格超过一定水平所获得的超额收入按比例征收的收益金。石油特别收益金实行5级超额累进从价定率计征。按石油开采企业销售原油的月加权平均价格确定，征收比率为20%～40%。[①] 2011年财政部《关于提高石油特别收益金起征点的通知》将起征点提高到55美元/桶。

（6）资源税。资源税采用从价比例和从量定额两种税率。从量定额征税根据不同的资源产品及资源条件的差异和相关产品流转税负担的变化，按照调节资源级差收入的要求，区别不同的应税产品品种和主要开采者，确定高低不同的适用税额。税目与税率依照《国务院关于修改〈中华人民共和国资源税暂行条例〉的决定》[②]，如原油、天然气的适用税率是销售额的5%～10%；煤炭、其他非金属矿原矿、黑色金属矿原矿、有色金属矿原矿、盐等适用从量定额征收，如焦煤为每吨8～20元，黑色金属矿原矿为每吨2～30元，稀土矿为每吨0.4～60元，固体盐为每吨10～60元等。[③]

在民族地区主要是新疆及整个西部地区资源税改革的主要内容如下。一是对原油、天然气资源税实行从价计征，资源税税率为5%。二是取消对中外合作开采陆上油气的企业征收的矿区使用费，统一征收资源税。为保持政策的连续性，不影响已签订油气生产合同的执行，改革实施前已签订的老合同继续缴纳矿区使用费，改革实施后签订的新合同缴纳资源税。三是对开采难度大、开采成本高的部分油气产品实施资源税的优惠政策，如对在油田范围内运输稠油过程中用于加热的原油、天然气，予以免征；对稠油、高凝油和高含硫天然气资源税减征40%；对三次采油的原油资源税减征30%；对低丰度油（气）田的原油、天然气暂减征20%。

---

① 2006年《石油特别收益金征收管理办法》及财政部企业司：《2008年企业财务会计报告编制手册》，中国财政经济出版社，2008，第156～157页。

② 中华人民共和国国务院令第605号，《国务院关于修改〈中华人民共和国资源税暂行条例〉的决定》已经2011年9月21日国务院第173次常务会议通过，自2011年11月1日起施行。

③ 《国务院关于修改〈中华人民共和国资源税暂行条例〉的决定》中所附的《资源税税目税额幅度表》；胡怡建：《税收学》，上海财经大学出版社，2011，第253页。

资源税改革在新疆及西部地区先行的主要考虑是：其一，新疆油气资源丰富，在新疆率先推行资源税改革有利于增加地方财政收入，改善民生，将当地资源优势转化为经济优势和财政优势，也有利于协调区域发展，促进民族团结和社会稳定。其二，西部地区是我国能源、矿产资源的富集地区，全国28%的石油、71%的天然气和38%的煤炭产量集中在西部地区，黑色金属、有色金属和非金属矿也主要集中在西部地区。但是西部地区经济发展落后，资源税存在的各种问题在西部地区表现更为突出，改革现行资源税制度，对于西部地区更具有必要性和紧迫性。在西部地区先行资源税改革，是党中央、国务院为深入落实西部大开发战略而做出的重要决定，有利于增加资源地财政收入，建立西部地区财政收入稳定增长机制，增强基本公共服务能力，促进区域经济协调发展。[1]

2. 我国现行矿产资源"费"与"税"政策体系存在的主要问题

我国现行矿产资源"费"与"税"政策均存在征收的目标与管理方式含混不明确的问题，并且"费"与"税"的征收数量均相对较低。

（1）现行矿产资源专门"费"与"税"对征收目标体现不明确。

①现行主要矿产资源"费"是体现国家对矿产资源的财产权利。我国财政收入有多种形式，如税收收入、国有资产权益收入[2]、债务收入、政府收费等。这里所述的矿产资源专门"费"主要是指国有资产权益收入，如专门对矿产资源征收的矿产资源补偿费、矿业权使用费、矿业权价款、石油特别收益金、矿区使用费；而政府一般意义上的收费在此处不详述，如对矿业企业征收排污费、规费等。罗森（Rosen，1985）把一笔使用费定义为一个价格，该价格是由一个政府生产的某种商品或劳务的收费标准。使用费可以被理解为公共部门中的单位通过销售自己所生产的商品或劳务，用有偿交换来取得收入的形式。只要商品或劳务可以销售，使用费就可以成为公共部门获得收入的一种手段，其特点正好与税收相反，具有自愿性与有偿性。因为政府部门所提供的商品和劳务，大多不能销售或不

---

[1] 中华人民共和国财政部：《中国财政年鉴2011》，中国财政杂志社，2011，第116页。
[2] 国有资产权益收入是国家凭借国有资产所有权，参与国有企业利润分配，所应获取的经营利润、租金、股息（红利）、资金占用费等收入的总称。

适宜销售，所以使用费只是取得收入的一种辅助手段。①

我国《宪法》和《矿产资源法》规定矿产资源属于国家所有，从法律上确定国务院代表国家对矿产资源产权实行管理。矿产资源是一种具有实物形态的财产，是以实物性财产所有权为基础的一组财产权利。《中华人民共和国民法通则》第七十一条表述如下："财产所有权是指所有人依法对自己的财产享有占有、使用、收益和处分的权利。"经济资源对所有权人而言，是能为所有权人带来利益的物品或权利，当所有权人直接利用经济资源进行生产经营活动时，那么收益就是经营收入或利润，如果不进行直接的生产经营活动，其所有权经济上的实现就将以租的形式体现②。矿产资源所有权与使用权分离产生矿业权，所有权与矿业权结合体现使用权，进而产生收益权。探矿权、采矿权是一种与矿产资源所有权有关的财产权，我国实行探矿权与采矿权有偿使用制度；由此衍生的各种"费"体现资源有偿使用；可见矿产资源专门的"费"体现的是财产权利。而我国矿区使用费、石油特别收益金等体现的是"税"的目标。

②"税"体现政治权力。"税"是国家为了实现其职能，按照法律事先规定的标准，强制地、无偿地获得收入的形式。税收具有强制性、无偿性和固定性三大特征。税收的强制性是指政府征税凭借的是国家政治权力，通过法律形式对社会产品实行强制征收，即国家凭借政治权力通过税收参与社会产品分配；税收的无偿性是指税收是国家向纳税人进行的无须直接偿还的征收，是指政府获得税收无须向纳税人直接付出任何报酬，且政府征到的税收不再直接返还给纳税人本人；税收的固定性是指国家通过法律形式预先规定了征税对象、税基及税率等要素，征纳双方必须按税法的规定征税和纳税。矿产资源专门的"税"主要是指资源税；对矿业企业征收的一般意义上的税包括：增值税、企业所得税、城市维护建设税、城镇土地使用税等。

---

① 转引自胡岱光、高鸿业：《西方经济学大辞典》，经济科学出版社，2000，第522页；原文出处〔美〕哈维·S. 罗森（Harvey S. Rosen）：《财政学》，中国人民大学出版社，2000。
② 陈文东：《租金理论及其对资源税的影响》，《中央财经大学学报》2007年第6期，第1~5，第29页。

资源税是对各种自然资源开发、使用征收的一种特别税。① 资源税的特点之一是对特定资源产品征税;② 之二是对资源的绝对收益和级差收益征税。资源税的征收是普遍征收与级差调节相结合,既对应税资源产品实行普遍征税,相当于对资源产品的绝对收益征税,又对不同资源实行差别税率,相当于对资源产品的级差收益征税,这在内涵上类似于"级差租",使其具有价格或收费的特征,因此,资源税蕴涵着"费"。资源税属于收益税,体现在是否有收益及收益大小来决定是否征税及征多少税,所以有些国家不征收资源税,只征收企业所得税。

(2)矿产资源"费"与"税"征收管理方式含混不明确。

①矿产资源补偿费。《矿产资源补偿费征收管理规定》第四条规定,矿产资源补偿费由采矿人缴纳;第三条规定,补偿费按照矿产品销售收入的一定比例计征;第五条规定,补偿费的计算方式:征收矿产资源补偿费金额=矿产品销售收入×补偿费费率×开采回采率系数。③ 矿产资源补偿费费率见表2-1。

表2-1 矿产资源补偿费费率

单位:%

矿　种	费　率
石油	1
天然气	1
煤炭、煤层气	1
铀、钍	3
石煤、油砂	1
天然沥青	2
地热	3
油页岩	2
铁、锰、铬、钒、钛	2

---

① 广义资源税包括资源税、土地使用税和耕地占用税,是对在中国境内开采应税矿产品、占用国家土地,以及把农业耕地转为非农业使用所征收的一类税;此处主要是狭义资源税。
② 我国现行资源税只限于对矿产品、盐和土地资源征税。这里主要指矿产品。
③ 开采回采率系数=核定开采回采率/实际开采回采率。

续表

矿　种	费　率
铜、铅、锌、铝土矿、镍、钴、钨、锡、铋、钼、汞、锑、镁	2
金、银、铂、钯、钌、锇、铱、铑	4
铌、钽、铍、锂、锆、锶、铷、铯	3
镧、铈、镨、钕、钐、铕、钇、钆、铽、镝、钬、铒、铥、镱、镥	3
离子型稀土	4
钪、锗、镓、铟、铊、铼、镉、硒、碲	3
宝石、玉石、宝石级金刚石	4
石墨、磷、自然硫、硫铁矿、钾盐、硼、水晶等	2

资料来源：国务院令第150号《矿产资源补偿费征收管理规定》。

②石油特别收益金，征收范围包括凡在中华人民共和国陆地领域和所辖海域独立开采并销售原油的企业，以及在上述领域以合资、合作等方式开采并销售原油的其他企业（以下简称合资合作企业）。经国务院批准，财政部决定从2011年11月1日起，将石油特别收益金起征点提高至55美元。①起征点提高后，石油特别收益金征收仍实行5级超额累进从价定率计征，按月计算、按季缴纳。具体征收比率及速算扣除数见表2-2。

表2-2　石油特别收益金征收比率

原油价格（美元/桶）	征收比率（%）	速算扣除数（美元/桶）
55～60（含）	20	0
60～65（含）	25	0.25
65～70（含）	30	0.75
70～75（含）	35	1.5
75以上	40	2.5

资料来源：财企〔2011〕480号与《财政部关于印发〈石油特别收益金征收管理办法〉的通知》（财企〔2006〕72号）的有关规定。

---

① 财企〔2011〕480号，石油特别收益金起征点提高后，其他征收管理的有关问题，仍按照《财政部关于印发〈石油特别收益金征收管理办法〉的通知》（财企〔2006〕72号）的有关规定执行。

石油特别收益金从征收管理方式上属于"税",国外将其称为"暴利税"等。

③矿区使用费,矿区使用费的征收从 2011 年 11 月 1 日废止,但是已签订合同期限未满则仍旧按原合同规定执行。这里仍旧列举矿区使用费费率以示费税征收管理不明,及资源费税总体上征收率较低。1995 年修订后的《中外合作开采陆上石油资源缴纳矿区使用费暂行规定》第三条规定,矿区使用费按照每个油、气田日历年度原油或者天然气总产量分别计征。矿区使用费费率见表 2-3。

表 2-3 中外合作开采陆上原油、天然气资源缴纳矿区使用费率

	青海、西藏、新疆三省区及浅海地区	其他省、自治区、直辖市
原油（每个油田日历年度原油总产量）	不超过 100 万吨的部分　免征	不超过 50 万吨的部分　免征
		50 万吨至 100 万吨的部分　2%
	超过 100 万吨至 150 万吨的部分　4%	超过 100 万吨至 150 万吨的部分　4%
	超过 150 万吨至 200 万吨的部分　6%	超过 150 万吨至 200 万吨的部分　6%
	超过 200 万吨至 300 万吨的部分　8%	超过 200 万吨至 300 万吨的部分　8%
	超过 300 万吨至 400 万吨的部分　10%	超过 300 万吨至 400 万吨的部分　10%
	超过 400 万吨的部分　12.5%	超过 400 万吨的部分　12.5%
天然气（每个气田日历年度天然气总产量）	不超过 20 亿标立方米的部分　免征	不超过 10 亿标立方米的部分　免征
	20 亿标立方米至 35 亿标立方米的部分　1%	10 亿标立方米至 25 亿标立方米的部分　1%
	超过 35 亿标立方米至 50 亿标立方米的部分　2%	超过 25 亿标立方米至 50 亿标立方米的部分　2%
	超过 50 亿标立方米的部分　3%	超过 50 亿标立方米的部分　3%

资料来源:http://www.chinatax.gov.cn/view.jsp?code=200309241009067703。

征收矿区使用费的暂不征收资源税,说明矿区使用费在性质与功能上与资源税相同。矿区使用费按照每个油、气田日历年度原油或者天然气总产量计征,矿区使用费费率从 1% 至 12.5% 不等,分类缴纳,原油和天然气的矿区使用费由税务机关负责征收管理;中外合作油、气田的矿区使用费,由油、气田的作业者代扣,交由中国海洋石油总公司负责代缴。

从比较分析可以看出,民族地区的矿产资源专门费税优惠使得民族地

区政府从中获益相对而言并不多。

④资源税。矿产资源税税率见表2-4。

表2-4 矿产资源税税率

税 目		税 率
原油		销售额的5%~10%
天然气		销售额的5%~10%
煤炭	焦煤	每吨8~20元
	其他煤炭	每吨0.3~5元
其他非金属矿原矿	普通非金属矿原矿	每吨或每立方米0.5~20元
	贵重非金属矿原矿	每千克或每克拉0.5~20元
黑色金属矿原矿		每吨2~30元
有色金属矿原矿	稀土矿	每吨0.4~60元
	其他有色金属矿原矿	每吨0.4~30元

资料来源：中华人民共和国国务院令第605号；胡建怡：《税收学》，上海财经大学出版社，2011，第253页。

相比较而言，矿区使用费的费率与石油特别收益金的征收比率更能体现调节收益分配的累进税；而资源税税率税额更能体现耗竭资源的补偿，并且费税两者的计征管理方式，均有重复的部分，使得矿产资源"费"与"税"征收管理含混不明。

(3) 矿产资源专门费税率比较低，且矿产资源开发中相关生态环境费税资金总量少，专门环境税类尚未开征，开发地政府难以承担生态补偿与环境保护的责任。以油气资源为例，我国现行的矿产资源补偿费率加上资源税率仅在5%左右，而国外油气资源的权利金率一般在10%以上。目前在我国的矿产资源开发中征收的生态环境费税主要以收费为主、以税收为辅，收费项目主要包括排污费、土地复垦费、水资源补偿费、矿山环境恢复治理保证金等；税收包括城市维护建设税、土地使用税、车辆购置税等；而我国还没有开征专门环境税。调研数据说明在民族地区的矿产资源费税收入总量难以补偿生态环境恢复与治理的费用总和。我国学者李国平(2011) 采用直接市场法计算山西省煤炭资源开采中的生态环境外部成本并与应交的生态环境费税进行比较，结论是煤炭自身价值损耗和生态环境价值损失未能得到充分补偿；开采单位煤炭应交的生态环境保护费用（24.9 元/吨）低于开采单位煤炭的生态环境恢复治理成本（38.81 元/吨），补偿率仅为 64.16%[①]。

二 财政支出政策——财政生态补偿政策存在的主要问题

矿产资源开发补偿属于利益相关者补偿，主要包括矿产资源开发受益者对矿产资源开发造成的生态系统和自然资源的破坏及环境污染的经济补偿、恢复和治理；还包括对开发地居民因资源开发与环境保护而丧失发展机会的经济和技术上的补偿，即生态补偿；实际上还应该包括实现生态环境受益者对生态环境建设贡献者的补偿。随着矿产资源开发的不断加剧，民族地区政府所负担的生态补偿出现的问题越来越多，负担越来越重，因此，民族地区矿产资源开发中的生态补偿主要依靠国家财政政策，资金主要来源于财政转移支付。财政转移支付矿产资源开发补偿主要存在以下问题急需解决。

1. 矿产资源开发补偿包括市场型补偿与政府财政政策型补偿，两种补偿的边界不明，即财政转移支付生态补偿的范围界定不清

市场型补偿是指市场交易主体在各类生态环境标准、法律法规、政策规范的调控范围内，利用经济手段在市场上参与环境产权交易，参与生态环境改善活动的总称；它是一种市场激励型的矿产资源开发补偿制度，通过市场交易手段建立污染权利（排污权）交易制度。矿产资源开发的市场型补偿主要是指破坏者承担补偿责任，具体指对于能够明确破坏主体的矿山损害，完全由破坏者承担补偿，其有责任将损害的矿山环境恢复治理到一定的生态环境标准，如新建矿山和正在生产的矿业企业，对其开采完毕的矿山具有环境保护的责任。

政府财政政策型补偿是指政府通过公共购买或制定环境标准、法律法规、优惠政策等规制性手段进行的生态补偿。矿产资源开发中政府财

---

① 李国平、张海莹：《煤炭开采中的外部成本与应交税费比较》，《经济学家》2011 年第 1 期，第 63~69 页。

政政策型的生态补偿主要是指对于不能明确破坏主体的矿山环境治理责任由政府承担，是市场型补偿的补充；例如，设立目的在于减少资源消耗行为或是增加从事生态建设行为的财政基金项目来激励经济主体参与生态建设等。

因此明确两种补偿的边界在于"生态环境标准"，这种非市场物品的测量涉及污染者（矿业企业）与政府在拥有不同数量的信息、技术及污染控制水平条件下的博弈。一方面，开采矿产资源必然具有环境污染的外部性，采矿权人究竟可以在多大程度上污染环境，即明确污染的权利——生态环境标准之一。另一方面，开发地居民甚至是全社会居民应该享有的环境产权的界定，政府把对生态环境的个人偏好变成集体偏好的公共选择，换言之，政府提供多少良好生态环境这一公共产品——生态环境标准之二。生态环境"两标准"间的差距需要政府财政政策解决，如何界定"两标准"才能均衡公平与效率这两目标，焦点直指矿产资源产权、环境产权、生态环境指标的技术测度与财政政策选择。

2. 矿产资源开发政府财政政策型补偿的客体如何界定，即接受财政转移支付的标的模糊

具体应该包括两方面：一方面是作为有机状态背景而存在的生态环境系统，即生态环境价值的损失补偿；另一方面是矿产资源开发地居民的直接财产损失、矿产资源开发地居民因资源开采而丧失的发展机会和健康损失。[①] 前者标的模糊在于针对生态环境价值的损失补偿给谁，补给进行生态恢复与环境治理的私人部门企业，还是补给开发地地方政府进行生态恢复与环境治理的管理机构，还是矿产资源开发地居民？具体承担矿产资源开发生态环境恢复与治理的责任人究竟是谁？后者的标的模糊在于受损居民的界定，是开发地的所有居民还是部分居民？如何界定哪些是直接财产受损的居民？如何界定哪些是丧失发展机会或健康受损的居民？这一问题涉及个人偏好显示不对称与搭便车问题。

---

① 宋蕾：《矿产资源开发的生态补偿研究》，中国经济出版社，2012，第70页。还有一方面是作为资产状态的自然资源客体，即矿产资源自身价值，尽管该补偿标的是否应该属于矿产资源开发补偿的内容一直存在争议，但是我国征收的矿产资源税和矿产资源补偿费属于对该部分的补偿。矿产资源费税文中另有专门论述。

3. 矿产资源开发政府财政政策型补偿方式与标准的确定，即财政转移支付矿产资源开发生态补偿方式与标准的合理定位

①生态环境价值系统难以货币化。生态环境价值系统难以用货币衡量，使得财政转移支付生态补偿具体操作有难度，生态环境价值是一个相对的概念，不同的时间、地点，不同的人员有不同的计算方法，怎样折算生态环境价值这个问题涉及多个部门，需要运用多个学科的知识；尤其重要的是生态环境价值往往体现在市场之外，难以定量化到每一个社会主体身上，如环境补贴的补贴率、转移支付的确切数额等的确定都面临技术难题，政府为获取这些信息要支付相当高的成本。②开发地居民损失很难用货币度量，尤其是矿产资源开发地区因资源开采居民丧失的发展机会和健康损失。目前民族地区生态补偿定价机制主要是政府制定，补偿方式与标准过于单一，实践中民族地区生态补偿方式主要是通过货币补偿，资金主要来源于财政转移支付。然而，生态保护与修复的技术支持问题不容忽视，试想如果不能在生态修复中根据本地的自然、经济条件选择适当的环境保护措施，缺乏相关技术支撑，保护措施选择错位，即使财政转移支付资金再到位，生态补偿资金再充足，也不会取得好的生态效益和社会效益。

4. 对民族地区财政转移支付资金缺乏，用于生态补偿与环境保护的财政资金显然会更少

一方面，我国纵向转移支付制度还没有体现对生态补偿因素的重视，对民族地区生态转移支付资金投入没有纳入一般预算，与生态补偿相关的转移支付预算是专项转移支付中的环境保护项目，2010 年这一专项转移支付预算仅占中央对地方税收返还与转移支付总额的 3.89%；[①] 2010 年国家财政按功能性质分类的环境保护支出占全年总财政支出的 2.72%，[②] 可想而知用于民族地区生态补偿的转移支付资金会少之又少。生态环境保护是一个循序渐进的长期过程，生态恢复更表现为长期性，不列入一般预算恐

---

① 根据中华人民共和国财政部：《中国财政年鉴 2010》，中国财政经济出版社，2010，第 36 页数据计算。
② 根据中华人民共和国财政部：《中国财政年鉴 2011》，中国财政经济出版社，2012，第 455 页数据计算。

怕很难从根本上解决问题。另一方面，对民族地区生态补偿的横向转移支付制度缺失。与生态补偿的纵向转移支付相比，对民族地区生态补偿的横向转移支付几乎没有，只有少数发达省份如广东、浙江等在本省范围内进行了实施和探索。从全国范围来看，生态服务基本是免费的，使得民族地区生态环境保护动力不足，生态恶化与环境污染难以遏制，影响了公平与资源配置效率。

第三章 国际矿产资源开发补偿与生态环境保护的财政政策借鉴

一 国际矿产资源专门"费""税"政策体系

世界上大多数国家都建立起了以权利金制度为主体的矿产资源有偿使用制度，围绕着权利金，结合其他的矿业费税，形成了当代西方市场经济国家现行的矿业费税政策体系。① 矿产资源专门费税政策体系主要包括：权利金、资源租金税、红利、矿业权出让金；耗竭补贴等。

1. 权利金

权利金是不可再生资源所有权人向矿业权人（采矿权人）因开采不可再生资源所收取的费用，它调整的是不可再生资源所有权人同矿业权人之间的法律关系和经济关系。无论资源条件优劣，矿业权人都必须缴纳这笔费用。①权利金是一种财产性收费，是矿产开采人向资源所有人因开采不可再生资源的支付；换言之，是矿业权人向矿产资源所有人因开采矿产资源而支付的赔偿，是所有者经济权利的体现②，是一种绝对地租或纯地租。②权利金的相关法律。由于权利金的计征方式和原则有其特殊性，各国权利金一般是由各国《矿业法》（或《矿产资源法》）来规定而不是由《税法》规定；为了保证权利金的征收，各国在《矿业法》中都做了一系列规定，其中最主要的一条是，缴纳权利金是矿业权人一项最重要的必须履行的义务（其他还有保护环境、汇交资料、最低工作承诺等），逾期不缴或少缴权利金的矿业权人将被吊销矿业权。③权利金的征收管理。由于财税部门往往对矿

---

① 李国平等：《基于矿产资源租的国内外矿产资源有偿使用制度比较》，《中国人口·资源与环境》2011年第2期。

② 李显东：《中国矿业立法研究》，中国人民公安大学出版社，2006。

业的特点和特殊规律性缺乏了解，权利金一般不由国家财税部门，而是由代表所有权人利益的政府矿业主管部门征收管理。征收的权利金，一部分作为国家财政收入，一部分作为矿山所在地地方政府的财政收入，还有一部分作为矿产资源勘查、开发管理以及资源环境保护的基金。④权利金率。对于权利金，各国采用了不同的计征方式，如从量法、从价法、净收入法等，或者将几种方式结合使用。①各国权利金费率各不相同，多数在3%~8%之间，一般为5%。一些国家具体矿产资源权利金率见表3－1。

2. 资源租金税

资源租金税，又称"资源超额利润税""超权利金""特别收益税""暴利税"等②。资源租金税调节级差收益，是对矿业企业超过基本的投资收益水平以上的利润征收的税，因此又称"资源超额利润税"；其目的在于通过国家的干预，调节不同矿业企业因资源丰度等自然条件不同而造成的收益上的显著差距，促使采矿权人在同等条件下公平竞争。因为资源租金税反映的也是一种基于所有权的经济关系，所以又被称为"超权利金"；其征收部门同样也是矿业主管部门。

3. 矿业权出让金

矿业权出让金，又称矿地租金、矿业权租金、矿业权使用费、矿业权有偿使用费，是矿业权人为保有矿业权而向矿产所有者支付的费用。矿产资源是赋存于地表或地下的，对矿产勘探与开发的同时也意味着对所依附土地的使用；矿地在其他可能的用途中所能获得的最高收益就是使用矿地的机会成本，矿业权人必须将其交给土地所有者，这就是矿业权出让金的征收依据，目前大多数国家都征收矿业权出让金。

4. 红利

红利，是一种同矿业权的取得有关的费。从产生的过程上来讲，红利是在矿业权招标、拍卖过程中形成的矿业权出让费，由中标人向矿产资源所有权人一次性支付或分期支付。就征收目的而言，红利也是针对开采丰度好、品位高或外部条件（位置、交通等）优越的矿产资源所产生的超额

---

① 赵仕玲：《中国与外国矿业税费比较的思考》，《资源与产业》2007年第5期。
② 吴文洁、胡健：《我国石油税费制度及其国际比较分析》，《西安石油大学学报》（社会科学版）2007年第16（1）期，第5~13页。

表 3－1　一些国家（地区）矿产资源的权利金率

国家	黑色金属（铁、锰、铬、钒、钛）	有色金属	稀有金属	贵金属	放射性矿产品	宝石、金刚石等	化工矿产	建材	其他非金属	石油和天然气	煤炭	油页岩
菲律宾	5%（最近降到2%）	5%（2%）	5%	5%	—	2%	2%	2%	2%	—	从量	—
伊朗	4%	4%	4%	4%	4%	4%	4%	5%	—	—	4%	—
博茨瓦纳	3%	3%	3%	5%	5%	5%~10%	3%	3%	3%	10%	5%	—
坦桑尼亚	锰、金红石5%	5%	5%	1.5%~5%	3%	15%	—	—	2.5%~5%	—	—	5%
墨西哥	铁、锰5%（最近取消）	5%	5%	7%	5%	5%	5%~7%	5%	5%	—	5%	—
美国（联邦土地）	铁5%	5%	—	10%	15%	10%	硫12.5%，磷5%，钾2%	从量	从量	12.5%	露采12.5%，井采8%	从量
澳大利亚（西澳洲）	铁、锰7.5%其他5%	2.5%~7.5%	2.5%~5%	金、银及其他2.5%	5%	7.5%	5%	5%	5%	10%	7.5%	5%
印度尼西亚	—	铜3.75%	—	1%~2%	—	—	—	—	—	20%	13.5%	—
泰国	—	铅2%~15%锌2%~10%钨0.5%~20%随价格变	—	10%	—	—	—	—	—	5%~15%	—	—
马来西亚	—	锡1%~2%，随价格变	—	5%	—	—	—	—	—	10%	—	—

资料来源：转引自高小萍《价、费、税、租联动：矿产资源分配体制改革的思考》，《财政与发展》2007年第5期，第14页。

表 3-2　一些国家的探矿权与采矿权费率

国家或地区	探矿权租费	采矿权租费
澳大利亚西澳洲	80 澳元/区块，每区块约 3 平方公里	9.9 澳元/公顷
澳大利亚北部地方	第 1~2 年每区块 10 澳元，第 3 年 20 澳元，第 4 年 40 澳元，第 5 年 80 澳元，第 6 年 160 澳元，每区块约 3 平方公里	10 澳元/公顷
澳大利亚昆士兰州	81.25 澳元/区块	31.4 澳元/公顷
澳大利亚新南威尔士州	21 澳元/区块	
澳大利亚南澳洲	3 澳元/平方公里	21 澳元/公顷
澳大利亚维多利亚州		21 澳元/公顷
澳大利亚塔斯马尼亚州	第 1~5 年 15 澳元/平方公里，第 6~10 年 6~10 澳元/平方公里	10 澳元/公顷
美国	第 1~5 年 2.5 美元/英亩，第 6~25 年 5 美元/英亩	同左
泰国	6 铢/泰亩（合 0.4 英亩）	20 铢/泰亩
缅甸	20 美元/平方公里	
巴基斯坦	250 卢比/平方公里，逐年增加，到第 9 年为 3000 卢比	3000 卢比/平方公里

资料来源：转引自高小萍《价、税、费、租联动：矿产资源分配体制改革的思考》，《财政与发展》2007 年第 5 期，第 12 页。

利润而向矿业权人征收的；它体现的是一种与采矿权人无关的级差收益，将其收归所有权人是符合公平竞争原则的；开采未达工业品位的矿产资源则可以减免该部分费[①]。

5. 资源耗竭补贴

资源耗竭补贴，在每个纳税年度，从净利润中扣除一部分给矿业权人用于勘探新矿体。权利金是补偿给矿产资源所有权人的，而耗竭补贴是补偿矿业权人的，可以说耗竭补贴与权利金是截然相反的；因此，耗竭补贴被视为一种负权利金，它与权利金的差别仅在于给付双

---

① 李国平、张云：《矿产资源的价值补偿模式及国际经验》，《资源科学》2005 年第 5 期，第 70~76 页。

方是相反的,可以将其视为一种负的稀缺租和级差收益。设置耗竭补贴的目的在于鼓励矿业权人从事矿产资源勘查开发工作,有效地降低采矿权人所承受的税负。① 美国、加拿大、印度尼西亚、津巴布韦、马来西亚等重要的矿产生产国均有这种耗竭补贴制度,详细资源耗竭补贴情况见表 3-3。

表 3-3 部分国家矿产资源耗竭补贴条款

国家	美国	加拿大	印度尼西亚	津巴布韦	马来西亚
资源耗竭补贴	销售收入扣除各种费用及税金后余额的 50%	矿产资源开发利润的 25%	根据产量单位法计算采矿成本的补贴,除油气工业外,每年不能超过 20%	所生产矿产毛销售值的 5%	将期末资本支出的残值除以这一时期开始时矿山的剩余年限

资料来源:转引自宋梅《我国矿业税费制度改革的国际比较及建议》,《中国矿业》2006 年第 2 期。

笔者观点与学者李国平的观点相近,但又略有差异,认为目前我国对矿产资源征收的资源税内涵部分与矿产资源补偿费相当于国外的权利金;资源税相当于国外的部分权利金与资源租金税;石油特别收益金是国外的资源租金税;在具有完善的矿业权市场的前提下,矿业权价款相当于国外的红利,实际上我国的矿业权价款是红利的一部分;我国对矿业企业的税收优惠相当于国外的资源耗竭补贴。具体对应关系见图 3-1。

实际上国内外矿产资源费税关系并不能简单对照,所以有必要理清矿产资源"费"与"税"的关系。

二 国际上惠及矿产资源开发过程中生态环境保护的政策措施

矿产资源开发的另一焦点集中在环境保护问题上,主要包括空气污染、水污染、有毒物质排放及生态系统健康等方面。世界各国均对环境问

---

① 有的国家是直接补偿,有的国家是从权利金支付中扣除,还有的国家从所得税中扣除。

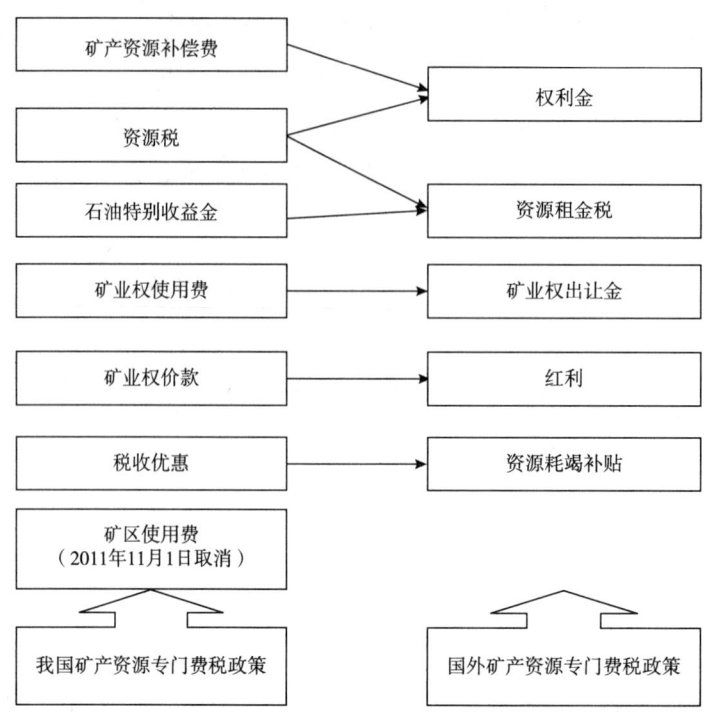

图 3-1　国内外矿产资源税费对应关系

题给予高度重视，并努力使用经济激励使污染者为每单位排放量付费。"污染者付费"的原则意味着污染者应该为环境破坏、环境控制及环境部门的管理付费。然而这一原则并不总是被遵循，在实际操作上更多的是政府补贴治理污染，或者是为污染控制的投资提供经费。① 国际上针对矿产资源开发的环境管制方法及生态环境保护的政策措施更多地体现在如下方面。

1. 排放收费与征收排放税

（1）经济合作与发展组织（OECD）在其成员国内（大多数发达国家）进行了几次关于经济手段调查的结论是：在欧洲，排放收费是主要的经济手段。② 在欧盟的大多数国家，大量收费与污染泄漏有关；但是，这

---

① Kramer, Ludwig, *Focus on European Environmental Law* (Sweet and Maxwell, London, 1992).
② OECD, *Environmental Taxes in OECD Countries*, Organization for Economic Cooperation and Development, Paris (1995).

些收费大多数太低以至于不能提供降低污染的足够动机。欧盟最明确的经济手段之一是德国的水污染收费制度；之二是荷兰关于有机物质进入地下水系统的排放收费。(2) 俄罗斯集中征收排放税，东欧的许多国家也采用这种方法。排放税最初的政策目标是为环境基金融资，主要有两种层次的税，一种是基础税，是针对设备方面的排放标准设定的；另一种是假如排放超过了限制，则要缴纳六倍的税，然而执行却成为税收系统的主要问题。但是税收水平还是很低，且大大低于最轻微污染控制的边际成本。几份关于排放税的系统的研究报告指出，税收水平太低以至于不能为污染控制提供有效的激励。[1]

2. 基金制度

（1）复垦基金。比较典型的是美国建立的土地复垦基金（Abandoned Mine Land Fund, AML Fund），又被称为"联邦政府的超级基金"，属于美国国库账中的一项，主要由四部分构成：其一是向企业征收废弃矿山修复费，这部分费用由露天开采办公室每季度按开采矿吨数向开采者们征收，纳入土地复垦基金，由联邦政府统一规划使用；其二是矿山开采违规行为罚金；其三是新建矿业企业申请开采许可证、土地复垦许可证等费用；其四是复垦基金的利息收益等。

复垦基金50%交国库后拨内政部掌握使用，50%留在州政府专款专用。土地复垦基金的使用范围主要有：其一，保护公众的健康、安全和福利、财产，使之免受资源（主要是煤炭）开采的极端危害及一般性不良影响；其二，对已受到资源开采不良影响的土地、水资源和环境进行恢复；其三，与露天采矿复垦技术的发展、水质控制计划的制订方式及控制技术有关的各种研究和示范工程；其四，保护、修复、重建或增建各种受到资源开采作业不良影响的公用设施；其五，开发受到采矿业不良影响的公有的向公众开放的土地，包括那些为了休养、保护历史古迹、

---

[1] Kozeltssev 和 Markandya（1997）引用了关于俄罗斯排放税激励效应的研究。研究指出，估计需要收取4倍的费用才能为降低污染提供有效动机。Kozeltssev, Michael and Anil, Markandya, "Pollution Charges in Russia: The Experience of 1990 – 1995," in R. Bluffstone and B. A. Larson（Eds.）, *Controlling Pollution in Transition Economies: Theories and Methods*（Edward Elgar, Cheltenham, England, 1997）.

保留恢复环境目的而购得的土地及其他为了向公众提供空地、空间而购得的土地。①

（2）环境基金。俄罗斯环境管制的一个重要做法是使用"环境基金"。环境基金（主要来源于排放税）是一种用来帮助清洁环境和为污染控制筹资的主要资金来源。基金主要用于如下方面：为清洁环境事故和其他责任不容易认定的问题付费；污水和饮用水处理等公共环境项目；为环境损害做出补偿；直接的污染控制项目及补助贷款等。

3. 许可证制度

（1）复垦许可证。美国的开采者除了获得开采许可证之外，还要持有州的管理机构或内政部颁发的复垦许可证。复垦许可证申请的内容包括开采许可证、环境评价、开采区地图、法律文书及矿区使用计划；其中后者是获得复垦许可证的关键，其书写必须由矿区以外的专业评估专家或专业咨询机构完成，并成为矿区开采者缴纳相应保证金的主要凭证。

（2）排放许可证。这一措施确切地说是市场化手段，早在1990年，美国为削减一半的二氧化硫排放量，建立了一个市场化的排放许可系统，即一个成功的可交易的排放许可证制度；之后又衍生出排污权交易等各种相关项目。

4. 保证金制度

保证金制度始于美国东部和中西部②，设立的目的是约束采矿权人按照规定的标准进行土地复垦。一般是复垦许可证申请批准但是尚未正式颁发以前，申请人先交纳复垦保证金，保证金数额由环境保护局的矿山资源处决定。在确定复垦保证金数额时遵循如下原则：其一，保证金应该充分考虑矿山种类、受影响面积、矿山地质状况、被提议的矿山使用目标和基本的复垦要求、许可证年限、预期的复垦方法和进度以及其他水文等标准；其二，保证金数额基于但不限于申请者估算的复垦成本；其三，保证金数额应足以保证在采矿权人不执行复垦任务时，管理机关对其罚没能完

---

① Government Accountability Office. Hardrock Mining: BLM Needs to Better Manage Financial Assurances to Guarantee Coverage of Reclamation Costs [R]. Government Report, 2005.
② 美国东部和中西部的7个州，分别是印第安纳州、肯塔基州、密苏里州、俄亥俄州、宾夕法尼亚州、弗吉尼亚州和马里兰州。

成复垦任务；其四，任何复垦采矿区域均有最低保证金数额；其五，保证金数额可以根据采矿计划、开采后土地用途或其他任何可能增加或降低复垦成本的因素的变化而加以调整；其六，闭矿后两年内采矿人应持续提供担保金，其目的是确保复垦的彻底完成和复垦质量达到标准。[①] 保证金数额的计算要满足决定最大限度的复垦要求，包括估算直接复垦成本（构成物的拆迁和拆除、掘土、再植、其他复垦成本等因素）和间接成本（重新设计费用、利润和日常开支、合同管理费用等）。

值得关注的是，国际上的各种环境保护政策均有相应的法律保障，如英国1863年的《安凯利法》与1956年的《清洁空气法》；美国1965年的《水质量法》、1970年的《清洁空气法（修正案）》和1978年的《全面环境反应、补偿与责任法》等。

---

① International Council on Mining and Metals. Financial Assurance for Metal Operation. Summary Paper [R]. UK：London, 2004. 转引自宋蕾《矿产资源开发的生态补偿研究》，中国经济出版社，2012，第101~102页。

第四章 推进矿产资源开发补偿与生态环境保护的财政政策的调整思路

一 明晰矿产资源产权优化资源配置

矿产资源是由地质作用形成的、具有可利用价值的稀缺的自然资源，其最基本的特征是初始禀赋的有限性和消耗的不可逆性。现代社会的生产和生活均离不开矿产资源的开发与利用，因此，明晰的矿产资源产权是资源优化配置的重要基础与前提条件。科斯并没有对产权下定义，德姆塞茨将产权定义为"一个人受益或受损的权利"，"产权是社会的工具"，[①] 强调了产权的行为性和产权的社会关系的性质。诺斯给产权的定义："产权本质上是一种排他性权利。"[②] 菲吕博腾和佩杰维奇认为"产权不是指人和物的关系，而是指由于物的存在及对它的使用所产生的人们之间的相互认可的行为关系。所以，产权安排规定了每个人在与其他人交往过程中必须遵守的行为准则，或者承担不遵守的成本，社会通行的产权制度则确立了每个成员相对于稀缺资源使用时的地位及人与人之间的社会、经济关系"。[③]矿产资源产权也是由所有权及其派生的一系列权利的总和，具体包括所有权、占有权、使用权、收益权、处置权、管理权、转让权等。因此，矿产资源产权界定明晰有利于促进资源优化配置。

---

① 德姆塞茨：《关于产权的理论、财产权利和制度变迁》，陈郁译，上海三联书店，1991，第91~104页。
② 诺斯：《经济史中的结构和变迁》，陈郁、罗华平等译，上海三联书店，1991，第21页。
③ 菲吕博腾、佩杰维奇：《产权与经济理论：近期文献的一个综述》（中译本），陈郁译《财产权利与制度变迁》，上海三联书店，1991，第204页。

1. 矿产资源产权权利束分解

（1）产权的基础和核心是所有权，矿产资源所有权是指作为所有者的国家依法对矿产资源享有占有、使用、收益和处分的权利①。国家是矿产资源所有权的唯一主体；对其所有领土范围和管辖海域范围内的矿产资源都享有主权权利。国家凭借矿产资源所有者的地位，将矿业权依法授予矿业权人并向其收取相关费用的制度，体现为矿产资源国家所有权在经济价值上的实现。

（2）矿产资源占有权是指国家对矿产资源的实际控制权。国家对矿产资源的占有是名义上的占有或称之为法律上的占有。

（3）矿产资源使用权是指国家依据矿产资源的性质和用途对其加以开发利用的权利，以此权利来实现国家利益。国家作为特殊的民事主体，不便也不可能全部亲自使用矿产资源，可以通过建立矿产资源勘查、开采审批登记制度，达到使用矿产资源的目的。所有权和使用权相分离的理论是建立探矿权、采矿权法律制度的基础。

（4）矿产资源收益权是指国家基于使用矿产资源而取得收益的权利。国家一般不直接占有、使用矿产资源，而是通过国土资源管理部门授权其他民事主体占有和使用，所得的利益必须向国家缴纳一部分作为所有权人基于矿产资源国家所有权所实现的收益权。矿产资源所有权与矿业权结合，共同构成矿产资源资产，二者互相依附，互为条件；但是二者权益性质不同，前者是天然形成的自然资源的权益；后者是资本投入形成的资本权益；前者的主体是国家垄断、独占，通过资源税、矿产资源补偿费实现其权益；后者的主体则是多元的，谁投资，谁受益；通过矿业权价款实现其权益。

（5）矿产资源处分权是指国家在事实上或法律上决定对矿产资源支配的权利。处分权是体现所有权的根本标志，国家对矿产资源的处分权反映为国家国土资源管理部门对探矿权、采矿权的设置、变更、终止等。②

（6）矿产资源管理权。这是我国法律在矿产资源所有权中没有提及的

---

① 《中华人民共和国民法通则》第七十一条。
② 封吉昌：《国土资源实用词典》，中国地质大学出版社，2011，第 494～495 页。

属于的产权派生权利之一，实际上这一权利是矿产资源产权中比较重要的权利之一。中央政府即国务院是国家的代表者，地方政府依据法律和中央政府的授权或委托对本辖区的矿产资源进行管理，在这个过程中，中央政府和地方政府享有管理权和收益权。

2. 矿产资源开发的利益相关主体之间的关系

就矿产资源权利束分解而言，所有权体现国家的利益；所有权与矿业权结合形成的使用权体现国家与矿业企业的利益；管理权与收益权具体表现为探矿权与采矿权，是体现政府与矿业企业利益的。就此矿产资源开发的利益相关主体是国家、中央政府、地方政府、矿业企业，而没有直接明确涉及矿产资源开发地的居民。在市场经济体制下的矿产资源开发过程中，由于各自利益不同，就产生了经济利益方面的冲突，利益相关者之间的经济关系也随之变得复杂，各方的权利义务需要通过契约的形式加以规范。笔者认为居住在矿产资源所在地的居民不能被忽视，所以矿产资源开发利益的相关主体包括：国家、政府（包括中央政府与地方政府）、矿业企业及开发地居民。

（1）国家与矿业企业之间的经济关系，表现为国家作为一方民事主体，与另一方民事主体矿业权人之间的平等的民事法律关系，即双方的权利与义务对等。国家将矿产资源的部分所有权即使用权让渡给矿业权人，应得到相应的补偿；而矿业权人为了获得矿产资源的使用权，应付出代价即支付相关矿产资源"费"。

（2）政府与矿业企业之间的关系，同其他经营者与政府的关系一样，是一种管理与被管理的关系，适用于行政规范；同时，政府代表国家以投资人身份向矿业企业投资，政府和矿业企业之间的关系是一种投资者和被投资者的关系，也是一种平等的法律关系，此时投资者不是一般的法人或自然人而是政府；政府也要分享矿业企业在矿产资源开发中获得的收益。

（3）矿业企业之间的关系，即矿产资源使用者相互之间的经济关系是普通的民事法律关系。当矿产资源的使用权在他们之间发生转移时，纯粹是商品交换关系，双方是平等的市场主体。此外，矿业权人之间在交易矿业权时，还要接受监督，如是否具备法律规定的资质条件、进行评估结果确认等。矿产资源使用者之间让渡的仅仅是矿产资源的使用权。

（4）开发地居民与上述各主体之间的关系。从矿产资源开发及外部效应直接影响开发地居民生活环境及生产方式的改变，甚至对其生理和心理有影响。与矿产资源开发其他利益相关主体相比，开发地居民最先受到利益的损失，所以首先应该得到补偿。《宪法》第 10 条规定，国家为了公共利益的需要，可以依照法律规定对土地实行征收或者征用并给予补偿。新修订的《民族区域自治法》第 65 条和第 66 条的规定可以说是对前述《宪法》规定的落实，其中包括：国家采取措施对输出自然资源的民族地区给予一定的利益补偿；政府财政的目标是效率与公平，政府有责任保障受损居民的福利，以体现公平。还有矿业企业，即使环境成本已经完全内部化，但在开采过程中占用开发地居民具有土地使用权的土地，从土地使用权价值角度，也应该对开发地居民进行补偿。

不同权利主体对空间层次不同的矿产资源同时享有权利而产生的利益矛盾不可避免，相对于其他利益相关主体，开发地居民从矿产资源开发中的获益微乎其微。在矿产资源开发各利益相关主体的博弈中，开发地居民是综合博弈能力最弱者，若没有收益分享权的制度保障——优先受惠权，实际上的开发地居民利益很难实现。

3. 矿产资源权益分配安排[①]

我国法律规定国务院代表国家对矿产资源产权实行管理，主要是通过立法或授权管理部门决定如何出让矿产资源的探矿权与采矿权、出让方式、出让收益，以及收益分配。要充分开发利用矿产资源，创造经济效益，国务院还应将相应的使用权和收益权分解到各级政府和部门，各级政府和部门再通过审批方式转让给矿业企业。在矿业权一级出让市场上，政府既是市场活动的主体，又是行政管理者。作为国家委托的矿产资源代理人，是参与市场交易活动的一方；作为行政管理者，负有维护市场秩序和社会公正的责任。在矿业权二级转让市场上，矿业权人将矿业权进行出售、作价出资、分立、合并、合作、重组改制等经济活动，政府不参与二级市场交易，而是作为行政管理者制定市场秩序、监管市场运行。

（1）国家作为所有者的权益安排。在我国目前的矿产资源管理体制

---

① 陈洁、龚光明：《我国矿产资源权益分配制度研究》，《理论探讨》2010 年第 5 期。

下，多数矿业企业都是大型国有企业。首先，国家作为所有者让渡矿产资源的使用权，相当于矿业企业租用国家矿产资源，因此国家要获得"租金"[①]。矿产资源租由稀缺租与级差租构成，世界上多数国家收取权利金体现矿产资源的稀缺租，而在一国之内同一矿种的不同矿山之间也存在权利金率不同现象，体现级差租。其次，国家作为投资者应在矿产资源开发中获得收益。由于矿产资源是消耗性资源，根据霍特林的资源耗竭理论，国家可视作矿产资源开发的投资者，其投资本金按照价值理论也应享有一部分资本收益，其所获得的收益包含两部分：一是在矿产资源价格中的自然价值部分得到正常的补偿，这是对矿产资源内在价值的补偿；二是在形成勘探成果及增加矿产资源的外在价值时，享有收益分享权，可以以红利方式参与矿业企业收益分配。

（2）政府作为行政管理者的权益安排。政府作为行政管理者凭借政治权力参与矿产资源开发收益分配。政府需要管理和维护矿产资源勘查和开采秩序，在管理过程中需要对矿业企业进行监督，这种管理监督是强制的，由于提供了服务，行政管理者有理由从矿产品收入中取得补偿，一般应该以"费"[②]的形式收取，以维持其不断提供服务的财力、物力等。同时政府凭借政治权力应以"税"的形式收取，主要目的是促进矿产资源开发的公平竞争。政府征收的"费"与"税"属于财政性收入，政府财政支出包括对矿产资源和矿业活动的管理支出，以及用于补偿矿业活动所带来的社会成本。在实施管理过程中，中央政府和地方共同实施了管理，按照权益安排，这部分的"费"与"税"应属于中央政府与地方政府共享收入，共享的比例由财政部门和地勘部门进行合理的安排。

（3）矿业企业的权益安排。矿产资源开发者主要包括探矿权人和采矿权人。矿业企业获得矿产资源的使用权之后，要具体进行勘探开采，既要出资，又要投入劳动。矿业企业的权益应包括两个方面：一是投入资本所获得的报酬；另一是对付出劳动（包括管理型劳动）获得的报酬，资本报酬和劳动报酬两者从勘探开采活动获得的利润中给付。实际上，矿业企业

---

① 此处租金是指矿产资源专门的费税。
② 此处的费是政府行政性收费，区别于矿产资源专门的费。

的收益与矿业权市场的完善程度有关，在引入矿产资源使用权竞争机制的基础上，培育矿产资源使用权与收益权的再转让市场，有利于形成国家、政府与矿业企业之间矿产资源收益权博弈的均衡。

（4）开发地居民的权益安排。从权利与义务对等的法学角度而言，矿产资源开发的受益者皆要对受损者进行补偿。首先，矿业企业获得矿业权的同时也获得了土地使用权，相当于世代居住在开发地的居民让渡了土地使用权，应该对居民进行补偿。其次，矿产资源开采过程中会对开发地居民长期居住的生态环境及身体健康有负面影响，居民在某种程度上让渡享有的环境产权，要对这一损失进行度量并补偿。再次，与非开发地居民相区别，开发地居民是国家①的特殊组成部分，拥有矿产资源先天禀赋的居民应该相应地享受其资源带来的福利，在矿产资源开发中开发地居民应该享有收益分享权。在矿产资源开发的各利益相关者中，开发地居民的特殊性在于最先受到损失，因此，在分享利益时应最先安排开发地居民得到补偿。实际上，矿产资源开发对生态环境及开发地居民健康的影响更为重要和久远，应该放在最重要的位置上对待才能体现"以人为本"的理念；而且这一影响是难以用货币价值来衡量的。在本研究报告中将其放置最后，并不意味着权益分配优先秩序的最后，反而是更应该引起关注与思考的。

开采矿产资源对生态环境会产生不同程度的破坏，为恢复生态环境所消耗的人力、物力的价值为环境损失价值，即环境成本。矿业企业污染者拥有多少排污权，开发地居民甚至全社会居民在拥有良好的生态环境方面享有多少权利，都涉及环境产权问题。只有明晰环境产权，科学设置生态环境修复指标，准确衡量环境成本，合理征收矿产资源费税，才有利于求得矿业企业与政府污染治理的博弈均衡。

二 明晰环境产权，界定政府财政环保责任

环境产权是一种特殊的产权，实际上是对公众所拥有的生态资源及对

---

① 国家是指一种抽象的形式，是统治阶级将其统治区域固化的形式，是由利益共同体和意识共同体统一后形成的空间、地域、人口、文化、资源封闭区间，具有对其他国家天然排斥的特性。

这些资源使用程度的界定。从归属上看，它理当归属于公众和社会，每个社会成员在环境产权的占有上具有同等的权利；但是从可支配性上看，环境产权的拥有者和使用者又处于绝对的地位。在一国范围内，由于社会中分散的任何个体都不具备保护连续的整体环境的能力，因此国家对环境资源所拥有的权力具有独立性。① 要对环境产权进行明确的法律界定是相当困难的，随着环境资源稀缺程度的不断提高，相对价格不断上升，明晰环境产权的收益越来越大，污染者寻租的动力也会越来越大。因此，决定环境产权界定的因素不仅是环境资源价值，而且包括环境资源对特定破坏者（寻租者）的价值减去环境资源的搜寻成本（寻租成本）。

1. 政府环境产权的初始配置既体现公平又体现效率

（1）环境产权具有政府公共产权与市场交易产权的双重结构。生态环境作为公共物品，其消费特征决定它只能通过非市场方法解决供给问题；而环境消费的外部性又使它必须通过产权方法解决。非市场方法要求通过政府制度公共选择，市场方法通过市场制度私人选择，因此，环境产权成为政府公共产权与市场交易产权的双重结构，公共产权实现环境的生产和供给，交易产权成为环境的消费。

（2）环境产权市场是政府控制下的市场。由于生态环境的原始产权或最终所有权属于全体国民，政府拥有环境管理权，因此环境产权交易首先是在代表环境主体的国家与厂商之间进行的，交易市场的形成是以政府安排许可为空间，因此是政府控制下的市场。

（3）体现公平与效率的环境产权安排是产权的分割与交易。著名产权经济学家巴泽尔（Y. Barzel）认为产权界定越明确，财富被无偿占有的可能性越小，因此产权的价值就越大。通过分割某些生态环境的使用权，并利用价格机制反映出其被使用的社会成本，实现负外部性内部化，如排污费税，实现"污染者付费"。然而生态环境公共物品的不可分割性及过高的分隔成本使得矿业企业生产的生态恢复与环境治理成本难以界定。例如，若要求新进入矿业企业的环保责任是使生产过程中的环境达到政府规定的质量指标，则已进入企业会出现污染环境的搭便车行为，这样新进入

---

① 郝俊英、黄桐城：《环境资源产权理论综述》，《经济问题》2004 年第 6 期。

企业则为已进入企业治污付费。因此政府要提高环境供给效率必须按照市场规则进行环境产权交易。

2. 排污权交易市场的完善程度是市场解决生态环境保护的基础范围

环境所有权属于国家所有，政府代表国家可以采取适当形式，如限定的环境使用权（如排污权）拍卖，即向厂商出让排污权，这种排污权的限定相对而言是比较有效率的控制污染排放的措施，排污权交易在一定程度上对环保责任起到明确的激励作用。排污权交易的基本内容是：在满足社会公众对环境质量要求的前提下，通过把污染分割成一些标准的单位，确立一种新的合法的污染物排放权利即污染权，并允许这种权利在市场进行交易。政府允许在负外部性制造者之间对污染权进行竞购，一些能用最少费用来处理污染问题的企业会愿意自行解决使之内部化，同时将自己节约的污染权转售给需要的企业，以此实现对污染总量的控制。①

排污权交易系统为企业提供了符合排放限制（或目标）且具有灵活性的成本效益系统；如果一个企业的污染物排放总量超过排放水平，将被罚款或追究其责任，所以排污权交易只有当参与者之间同时存在减排机会时才有可能发生。在国家规定体系下，排污权交易的执行是为了实现本国的减排目标，其特点是充分利用市场机制的力量来治理环境污染，达到环境容量的优化配置，其本质是一个环境容量产权明晰的制度变迁过程，而政府政策手段对排污权交易效果起到至关重要的作用。

3. 政府保护生态环境的公共政策选择——技术与政策并重

政府能够对造成负外部性的环境产权的实施加以限制，可以减少甚至消除外部性的产生，实践表现为政府通过行政命令的方式对环境进行直接管制，如通过对生产商的排污权（如排放标准和技术标准）加以限定，确保产品的生产与消费环节对环境资源的使用程度不超过生态环境承载力。因此，政府在制定环境政策时面临两个问题：一是在环境的保护和使用上如何达到适当的平衡；二是政府如何吸引经济主体在合理的情况下使用环境。矿产资源开发和环境保护会在不同程度上影响人们的经济福利与生态

---

① 金雪涛、荣朝和：《论环境资源负外部性与混合产权机制》，《经济问题探索》2009年第1期。

福利，如何把多种关于环境的偏好汇总成一种全社会的公共选择，重点在于要寻找做出社会决策的途径。

（1）政府建立提升生态环境价值的环境产权保护制度。

随着人们生活水平的提高，越来越重视享有良好生态环境的权利，这一权利究竟有多大，政府应该提供什么指标的空气、水、阳光，甚至生态景观，这涉及生态环境价值的衡量，国际上通行的对生态价值的评估主要是使用生态环境经济评价技术，这一技术手段对生态环境相关的物品或服务进行定量评价，并且通常以货币的形式表现出来，以此反映出生态价值量的规模大小。为建立环境产权保护制度，就要均衡环境外部不经济的制造者、外部经济的贡献者与受益者之间的利益。

环境产权保护制度要做好三项制度安排：首先，凡是对生态环境造成损害的经济主体，要付出相应的经济补偿；其次，凡是为创造良好的生态环境做出贡献的经济主体，要获得环境产权的收益；最后，凡是享受到了生态环境正外部性的经济主体要对环境产权所有者支付相应的费用。此处最重要的就是建立环境产权利益补偿机制，包括横向的损害者、贡献者与受益者之间的补偿，也包括国家提供的纵向经济补偿。

（2）政府有效提供生态环境策略在于技术与政策并重。

在矿产资源开发补偿政策中涉及节能降耗技术、生态环境评价技术、污染减排技术等；在生态环境保护政策中涉及生态恢复技术、环境保护技术，甚至清洁能源技术、循环产业技术创新等。实际上在课题的每部分研究中均在凸显技术的关键作用。试想，财政资金的无效投入即使再多，也不会解决环境问题，只有治理环境的技术提高与政府环境管制的有效结合，才能使环境问题逐步得到解决。从国内外的实践分析，矿业企业很难承担起矿产资源开发中的全部生态补偿责任，一些生态问题较为简单，土地和植被的破坏经过矿业企业边开采边复垦，将恢复一定的生产能力和生态功能，称这种生态环境的补偿为"即期修复需要"；但是大气、水体等生态环境一旦遭受破坏，其污染控制和治理将很难由一个企业独自在短期内完成，称这种生态环境的补偿为"远期修复需要"。[①] 生态环境治理与保

---

① 宋蕾：《矿产资源开发的生态补偿研究》，中国经济出版社，2012，第70~71页。

护不仅是资金与技术的问题，而且是宏观经济发展规划与战略问题。政府充分利用环境管制中的激励，注重生态环境保护技术与政策并用，促进环保科技的开发、应用与推广；财政政策支持节能减排、治理污染、生态修复等重大技术和示范工程；民族地区会更好更快地实现经济发展的转型。

三 建立长效的民族地区矿产资源开发补偿与生态环境保护的财政政策体系

1. 建立激励相容的民族地区矿产资源开发补偿与生态环境保护的创新机制

生态环境保护的具体实施涉及不同的行政管辖区、不同级次的财政、各地方的经济与生态环境禀赋等多方面，需要中央政府在宏观层面上进行必要的协调并提供配套的制度支撑，还需要各地方政府达成共识并联合行动；因此，引进相容的激励机制有利于形成对生态供给者的长效激励机制，也有利于形成对生态受益者与破坏者的约束机制。

（1）提高矿产资源收益权与生态环境收益权分享比例，使得民族地区生态职责的财权与事权相统一。

首先，实行更有利于民族地区的矿产资源专门费税分享比例，矿产资源补偿费民族地区分享六成，矿业权价款地方分享八成[①]；资源税属于地方税，收入归地方，但是2011年9月的《中华人民共和国资源税暂行条例》的修改主要是针对原油天然气的从价计征，提高焦煤与稀土矿的税额上限标准，对民族地区财政收入确实有提高，但是在激励民族地区政府保护环境积极性方面的作用有限。可以考虑适度下放矿产资源的使用权及其衍生的经营权给民族地区政府，甚至遵循环境保护契约的当地居民，获得的收益专款用于矿产资源开发中的生态环境保护。

其次，在环境使用权安排中引入竞争与监督机制，改变环境使用权无偿获得的产权制度安排。完善排污权交易市场制度，解决环境所有权与使

---

① 2006年9月1日，国家出资形成的探矿权、采矿权价款按固定收入比例进行分成，20%归中央，80%归地方。

用权权益不对等问题，必须实行使用者支付制度，按照排污浓度和总量实行累进式收费，以使排污权使用的机会成本能够得到应有的补偿，增加对排污企业的限制和治污经费的来源，应把排污费全部用于政府排污综合治理和排污权管理，提高环境监测水平。

良好的生态环境供给是一项相当复杂的系统工程，实现民族地区生态供给这一事权，需要相应的财权保障，努力使民族地区财权与事权相对称，只有与事权相匹配的财权，民族地区政府才有动力、有能力完成生态环境保护与建设的职责。

（2）准确定位民族地区政府政绩评价体系，突出生态环境保护的目标，生态效益与经济效益并重。

单纯追求经济效益的 GDP 指标有失公平，治理环境污染与保护生态环境的成本没有给予扣除，对民族地区政府的政绩评价体系中应倍加关注生态环境指标。国家主体功能区规划要求各地的经济发展和规划应当与生态功能区划相吻合，既然民族地区具有明确的生态功能定位，就应该弱化经济定位，把对民族地区政府官员政绩考核的重点放在生态功能建设上，因此，其政绩评价理应以此为主要考核指标，经济方面的各项指标均可适当放松。首先，应采用更科学的凸显生态建设的政绩评价和考核制度来评价和任用民族地区干部。其次，用绿色 GDP[①] 来补充和修正现行的 GDP 核算制度，有利于约束一些民族地区干部只重经济增长数量、不顾经济发展质量的急功近利行为。最后，生态恢复与建设具有长期性，政府政绩评价体系中要体现长期的激励与约束，即具有长期严格的问责制。

2. 建立长效的民族地区财政生态补偿机制

（1）政府通过财政政策确保民族地区生态补偿资金。

①民族地区生态补偿资金主要来自财政资金，建立多渠道的融资机制，高效利用财政生态补偿资金，积极拓展市场手段进行生态补偿就显得尤为重要。首先，以生态修复与环境保护为目的的矿产资源开发相关费税及新开征生态环境保护税，是生态补偿资金的重要保障。其次，财政转移

[①] 绿色 GDP 是对 GDP 指标的一种调整，是扣除环境污染的损失和保护环境资源支出后的国内生产总值。

支付生态补偿，政府财政确保生态补偿资金，最重要与最直接的就是转移支付，转移支付分为纵向转移支付和横向转移支付两类，需要建立纵向与横向综合的财政转移支付制度。最后，拓展生态补偿基金功能。在现有的生态补偿项目的基础上新增用于民族地区污水处理、矿区修复、生物多样性保护、大气污染治理等生态功能区建设的项目，同时还可用于民族地区生态建设项目的信贷担保和贴息等。

②政府财政政策引导企业确保资金支持。民族地区市场化程度还不高，生态补偿机制仍需要政府主导，但这并不排除利用市场作为生态补偿的资金来源。财政政策设计要积极调动市场资源参与生态补偿机制建设，考虑对投资者的合理利润设计，吸引商业资本及社会各种投资主体投入。首先，通过生态成本内置，利用企业财务制度改革，在企业成本中增加生态成本，在企业内部形成生态补偿资金的来源，如矿区内的生态补偿；矿区周边地区的一些生态破坏等问题也需要通过企业财务体制改革，把生态效应的外部性内化到企业成本中，在企业成本中形成类似折旧基金的生态补偿基金，专项用于生态建设或生态恢复。其次，在政府的引导下，企业还可以通过参与生态补偿项目，形成来自市场的生态补偿资金，如引导金融部门通过贴息等办法参与企业的一些生态建设项目。最后，鼓励企业捐赠。改革现行的财务制度，鼓励企业列支捐赠等公益性支出，促进企业为生态恢复做贡献。总之，通过深化企业财务制度，在企业履行社会责任的管理上，从数量控制转化为质量控制，可以很好地引导企业为生态补偿服务。

③充分发挥政府与市场的双重作用，多渠道筹集生态补偿资金。

政府要采取积极的财政政策措施，充分利用市场机制，调动各部门、各地区、各社会阶层的力量，走多渠道、多层次、多方位筹集资金的道路。首先，在市场经济体制下，政府完全可以利用各种经济杠杆和手段，如政府经营、管制和补助等，合理配置生态建设的各类资源。其次，通过财政补贴等手段激励企业和居民参与生态建设；并且重点奖励对生态效应生产地的企业和居民有帮助的单位，促进企业和个人参与到生态补偿机制建设之中。最后，鼓励积极寻求国外非政府组织的捐助支持等，促使补偿主体多元化、补偿方式多样化。

（2）建成部门与区域间生态补偿组织、管理与协调的统一体。

①建议由政府相关部门（财政、环保、水利、林业等）与代表生态效应生产地及受益地的专家学者成立跨部门跨地区的全流域管理机构。中国现有的管理体制中财政、金融、国土资源、林业、水利等多部门对生态补偿都有自己的一套程序和方法，因此要集中管理，增强生态保护费税间的协调性，避免相互之间重复，强化生态环境资源费税的效率和效益。在实际工作中避免以部门的生态保护责任为目的进行相应的政策设计，避免以国家有关法律法规的形式将这些部门性的政策固化，避免出现部门利益化和利益部门化的问题。

②要建立流域内各省区市之间平等对话的平台，形成以民族地区生态建设为目标的对口支援，建立有效抑制流域污染源的机制。不同区域间缺乏协调的生态治理机制，如要实现各区域间的生态安全，必须建立全流域生态系统、经济系统、社会系统协调机制。

③建立上游、中游与下游之间的区域合作与利益协调机制，逐步形成全流域生态协调发展的局面。对上游地区的生态保护要进行利益补偿，制定出合理的区域间利益补偿机制，使得上、中、下游地区的经济社会发展与生态保护建设能够协调一致。流域之间的内部联系是十分紧密而且生态关联性很高的有机整体，在流域的管理上，避免被人为地按行政区域割裂开来。按市场的法则，收益与投入要对称，特别是在部门与区域重复交叉的民族地区，避免生态补偿政策的落实与实施陷入窘境。

（3）健全确保财政生态补偿资金落实的法律体系。

①需要制定专项自然生态环境保护法，对自然资源开发与管理，生态环境保护与建设，生态环境投入与补偿的方针、政策、制度和措施进行明确规定，我国已出台的关于生态建设补偿的法律法规中，以建立森林生态效益补偿制度的法律法规最多，相对较完善；其他与生态效益补偿有关的法律要逐步完善。

②生态环境补偿机制应建立在法制化的基础上，需要加强生态保护立法，为建立生态环境补偿机制提供法律依据。明确生态补偿各利益相关者的权利、义务、责任界定，对补偿内容及方式等及时落实生态补偿政策。

③需要通过立法确立生态环境税的统一征收、管理及使用范围。加强

对《环境保护法》的修订，对民族地区的生态环境建设做出长期性、全局性的战略部署，用法律制度保障相关群众的生存权和发展权。

民族地区生态补偿政策的制定与实施是一项复杂的政策创新过程，在研究生态补偿机制的政策设计中，必须把预防生态破坏、生态保护、生态补偿和生态开发等几方面综合起来考虑，才能真正实现生态补偿政策的目标。财政生态补偿政策的长效机制是确保民族地区开发地居民利益的制度保障。在民族地区矿产资源开发中实施生态补偿，实施的主体主要是政府，从法律角度分析具有双重角色，即作为"资源经济价值的所有人主体"和作为"资源生态服务功能行政管理主体"，有责任与义务解决外部性及公共产品提供等问题，所以完善矿产资源开发补偿的财政政策体系是生态补偿与环境保护的一项重要的制度保障。

第五章 推进民族地区矿产资源开发补偿与生态环境保护的财政政策的具体实施策略

通过费税政策体系的视角对矿产资源专门费税进行调整,建立绿色的税收政策体系,建立长效的财政生态补偿机制,加大财政投入促进环保科技创新的支出,体现矿产资源有偿使用制度,保护民族地区生态环境,提高民族地区甚至全社会的生态福利,创建资源节约型与环境友好型的和谐社会。

一 矿产资源费税政策体系的改革建议

矿产资源专门费税体系从设置性质与功能定位等方面主要围绕矿产资源有偿使用、矿产资源级差收益、合理的矿业企业费税负担及可持续发展等目标。完善的矿产资源专门费税体系,更有利于多目标的实现,对矿业经济的调节作用更有效。

1. 明确矿产资源专门"费"与"税"的课征目标与依据

在体现矿产资源国家所有的权益时,政府代表国家作为所有权人向具有开采矿产资源权限的矿业企业收取的费税分别为矿产资源补偿费、矿业权使用费(包括探矿权使用费与采矿权使用费)、矿业权价款(包括探矿权价款与采矿权价款)、石油特别收益金、资源税,其中国家参与矿产资源收益再分配收取的专门税为资源税。关于矿产资源专门费税政策改革,不同学者意见不同,笔者认为在明确界定"费"与"税"内涵与边界基础上再分别定位,理清矿产资源专门"费"与"税"课征目标与依据的关系后,"新"的矿产资源费税政策体系有两大部分[①]:体现财产权利的"费",具体包括"新"矿产资源补偿费、"新"矿业权使用费与"新"矿业权价款;体现政治权力的"税",即"新"资源(超额利润)税。

(1)"新"矿产资源补偿费。

"新"矿产资源补偿费是主要体现国家财产权利的、体现国家作为矿产资源所有者利益的费之一,包括原矿产资源补偿费与部分原资源税。因为矿产资源属于国家所有,矿业企业获得使用权,有两层含义,其一是租用矿产资源要缴租金,租金包括绝对租金和级差租金;其二是使用的矿产资源会逐渐减少,矿业企业要对国家财产损失进行补偿,具有赔偿性质。

我国原资源税具有普遍征收和级差调节的双重功能,双重功能体现为绝对租金和级差租金,代表了国家作为所有者的财产权利,将原资源税体现政治权力的部分进行分离,使"新"资源税只体现政治权力;原矿产资源补偿费具有对国家损失补偿的含义,因而将体现矿产资源财产权利的"租"与"补偿"归并到"新"矿产资源补偿费中,这相当于国外的"权利金"。

(2)"新"资源(超额利润)税。[②]

"新"资源(超额利润)税包括部分原资源税与石油特别收益金。原资源税中体现财产权利的内容被剥离出去,"新"资源税只体现政治权力,以示区别,可将"新"资源税称为"资源超额利润税"。原资源税的调节级差收益功能中的部分功能是对超额利润进行调节,促进公平竞争。矿产资源开发过程中的超额利润并不仅限于石油领域,煤炭或金属矿种等也会存在,所以应该在各征税的矿产资源范围内,均开征"新"资源超额利润税。

---

① 为区别调整前后费税的具体名称,调整后称为"新"费税,调整前称为原费税。
② 矿区使用费也体现财产权利,但在征收管理上属于税的性质。由于中华人民共和国国务院令第 606 号关于修改《中华人民共和国对外合作开采陆上石油资源条例》及第 607 号关于修改《中华人民共和国对外合作开采海洋石油资源条例》的决定自 2011 年 11 月 1 日起施行;1989 年 1 月 1 日经国务院批准财政部发布的《开采海洋石油资源缴纳矿区使用费的规定》同时废止。这是继 2011 年 9 月 21 日国务院第 173 次常务会议通过中华人民共和国国务院令第 605 号《国务院关于修改〈中华人民共和国资源税暂行条例〉的决定》后的决定。

石油特别收益金实质上相当于调节级差收益的超额利润税,所以将石油特别收益金归并到"新"资源(超额利润)税中,在制定"新"资源(超额利润)税时提高石油税率。这相当于国外的"资源租金税"或称"资源超额利润税"。

(3)"新"矿业权使用费与"新"矿业权价款。

"新"矿业权使用费就是原矿业权使用费。国家把矿产资源的使用权转让给矿业企业,实际上相当于矿业企业租用国家拥有的矿产资源所属土地,所以要交租金——矿业权使用费,实际上相当于矿地租金,相当于国外的"矿业权租金",也称为"矿业权出让金"。

"新"矿业权价款是在原矿业权价款基础上有所增加,应该包括国家分享采矿权人开采矿产资源全过程的收益,相当于国外的"红利",可以通过完善的矿业权交易市场招标实现;原探矿权价款是探矿权申请人依法缴纳探矿权使用费外,应当缴纳经评估确认的国家出资勘查形成的探矿权价款;[1] 原采矿权价款是采矿权人依法缴纳采矿权使用费外,还应缴纳经评估确认的国家出资勘查形成的采矿权价款。[2] 原矿业权价款只是将国家作为矿产资源的投资人在出让进一步的探矿权和采矿权时,向受让方收取的对价,即仅仅是将国家前期投入及其收益收回,这部分仅相当于国外"红利"的一部分,即小于红利。

2. 完善我国矿产资源"费"政策体系体现资源有偿使用

国际上的权利金制度把矿产资源作为资产,以体现财产权利的权利金为核心的矿产资源费税政策体系要比以体现政治权力的税为核心的矿产资源费税政策体系对促进资源有偿使用制度建设更为合理。这需要完善做好三方面的工作。

(1)"新"矿产资源补偿费在原矿产资源补偿费的基础上进行适度调整。一是征管方式,改原"按照矿产品销售收入的一定比例"变为"矿产品开采数量的核定货币价值的一定比例",这是因为矿产资源开采后已经

---

[1] 《矿产资源勘查区块登记管理办法》第十三条。
[2] 《矿产资源开发登记管理办法》第十条,还规定国家出资勘查形成的采矿权价款,由国务院地质矿产主管部门会同国务院国有资产管理部门认定的评估机构进行评估;评估结果由国务院地质矿产主管部门确认。

不能回到矿山本体；二是费率适当提高到5%~8%；三是在分配与使用方面，上缴的"新"矿产资源补偿费纳入国家预算，实行专项管理，提高地方分成比例，优惠民族地区甚至分享九成，这是因为"新"矿产资源补偿费包括属于地方税的原资源税部分，目的是通过提高分成比例后不因为调整原资源税而减少地方财政收入。

（2）"新"矿业权使用费在原矿业权使用费的基础上进行适度调整。一是改变原矿业权使用费按统一标准缴纳方式，对属于不同矿产地采用"级差租金"的形式，设置浮动矿业权使用费率，具体费率由《矿产资源勘查区块登记管理办法》第十三条与《矿产资源开采登记管理办法》第十条规定，因为租金是根据租用资源优劣及市场供需决定，所以应该是有变化的；二是彻底改变原矿业权采用行政手段授予方式，均通过招标与投标的方式有偿取得。

（3）"新"矿业权价款是在相对比较完善的矿业权市场上利益相关者博弈均衡的结果。进一步完善矿业权市场，通过扩大招标投标方式的运用，或者通过拍卖形式，使得国家与矿业权人均能够得到利益保障。可以考虑进一步放开与规范矿业权二级市场，国家不作为交易主体在二级市场上出现，但是可以通过征税调节转让方获得的利润。诚然，矿业权交易是在满足《探矿权采矿权转让管理办法》的条件下进行的。

3. 完善我国矿产资源"税"政策体系确保矿业企业合理税负水平

（1）避免"新"资源（超额利润）税与企业所得税的重复征收。由于我国25%的企业所得税是中央与地方的共享税，而不像美国等国家实行的15%~40%的累进税率，对矿业企业征收超额利润税是有必要的。"新"资源（超额利润）税就是对矿业企业超过基本投资利润水平以上的利润征税，调节不同矿业企业因不同矿产资源而造成利润上的显著差距，促使公平竞争。同时，由于矿业企业的矿产资源差异所产生的利润差别在一定程度上已经通过征收所得税加以调整，因此在设置矿产资源超额利润税时要与所得税协调，避免重复征收。另外，开征资源（超额利润）税的主要考虑是我国的矿产资源属于稀缺资源，关系到国家的经济安全，避免矿业企业因存在超额利润而过度耗竭这一战略资源。

（2）针对矿业企业所得税设置税负合理的专门减让。在设置矿业企业所得税时，设置一些专门减让。①矿业权获得的相关成本的处理，可采取部分费用资本化，可采取成本扣减，或用余额递减法以一定的速度摊销；②勘查支出费用的处理，可用做前期支出扣减，或资本化，或采取当期扣减，或移后扣减，或采用余额递减法以一定的速度摊销；③生产前期开发支出费用的处理，可采取全部扣减或资本化或摊销，或规定年度内扣减，或在服务年限内扣减，或用余额递减法以一定的速度摊销；④应计折旧资产成本的处理，采用加速折旧，实际上，这也是一项税收优惠政策。这些优惠在降低矿业企业税负方面都起着积极作用。

（3）建立矿业企业的税收优惠政策。考虑对矿业企业研发新技术的成本进行成倍减让；考虑建立矿产资源耗竭补贴，这是专门对矿业企业独有的补贴，是指每个纳税年度从净利润中扣除一部分给矿产资源的经营者，用于寻找新矿体，以替代正在耗竭的矿体；对我国急需矿产品开采进行一定程度的增值税减免；等等。

二 建立促进生态环境保护的绿色税收政策体系

绿色税收的概念最早由英国著名经济学家庇古于1920年在他的《福利经济学》一书中提出，应该根据污染造成的危害对排污者征税，用税收来平衡私人成本与社会成本之间的关系。随着社会的发展，绿色税收的概念越来越广泛，只要是政府为实现环境资源的合理利用及特定环境目的，对导致环境污染的经济主体征收的各种特别税收和采取的各种税收调节手段均属于绿色税收范畴。

1. 设置环境保护税政策体系

我国目前尚未形成独立的环境税体系，主要是通过征收排污费来治理环境污染问题，有关环境保护的税收措施分散于资源税、消费税、车船税等税种中。从国际实践来看，环境税更加明确环境利益与责任的对等原则。环境税是指政府为实现特定的环保目标和强化纳税人的环保行为，而对一切开发、利用环境资源的单位和个人，就其对环境资源的开发、利用、污染及破坏程度征收的一种目的税，[①] 主要包括直接污染税和间接污染税。

---

① 毛夏鸾、张晓阳、朱淑珍：《试论我国绿色税收体系的构建》，《税务研究》2008年第3期。

（1）直接污染税。直接污染税是以污染排放量为计税依据，以"污染者付费"为原则的税收。建立以污染物为计税依据的直接污染税，其作用在于对超过排污标准的企业课以重税，从而使环境污染的外部成本内部化，迫使这些纳税人治理污染，保护环境。实际上可以考虑把"三废"部分适合征税的排污费改为排污税，最适宜税率应等于资源优化配置下每单位污染物造成的边际污染成本。其一，开征水污染税，对排放废水的经济主体征收水污染税，以实际排放量为计税依据；对于排放量难以确定的，可根据纳税人的设备生产能力或实际产量等相关指标测算其排放量。其二，开征大气污染税，对排放烟尘和有害气体的经济主体征税，以烟尘和有害气体的排放量为计税依据，可以考虑对排放烟尘及有害气体的浓度设计累进性定额税率，目前我国对二氧化硫征收的排污费就适合征收二氧化硫税。其三，开征固体废物税，对排放固体废弃物的经济主体征税，考虑以排放量为计税依据，实行从量课征；对含有毒害物质的废弃物应该严格限定排污标准，超过标准取消企业的排污权。直接污染税在减少污染排放与保护环境方面必然会起到重要作用。

（2）间接污染税。间接污染税也称产品环境税，所谓产品环境税，是对导致环境严重污染的消费品和其他造成污染的产品征收的各种特定税，如在车辆购置税、车船税、烟叶税等税种中增加环境保护的内容；税率设计考虑应根据污染程度确定，通过征收间接污染税提高污染产品价格，达到消费者减少对污染产品消费的目的，鼓励消费者选择无污染或低污染的产品，"抑制"对高资源耗费与高污染产品的需求。

（3）促进环境保护的其他税收政策措施。其一，完善消费税，增加对环境有害物品如电池、汽油等征收较高税率的消费税。其二，完善关税，对造成环境严重污染的进口原料产品等征收高额关税，对消耗国内大量材料的出口产品征税，如有色金属原材料等；对进出口环保设施和材料采用低税率。其三，完善出口退税，取消高消耗、高排放、高环境风险行业的矿产品的出口退税政策。

2. 对促进节能降耗与环境保护的技术研发与应用推广给予税收优惠政策支持

科学技术是第一生产力，在矿产资源开发的全过程中采用先进的技术会提高开采率,在净化污染、回收废物等各方面均会取得更好的效果。因此,税收政策应该鼓励节能降耗和环境保护技术的发展。

(1) 对节能降耗和环境保护技术的技术研发环节给予税收优惠政策。对企业的研究开发费用,未形成无形资产的,允许在据实扣除的基础上,再按实际发生额的高于50%加计扣除;当年形成无形资产的,可以按无形资产原值高于150%进行摊销。鼓励研发矿产品深加工技术、新能源技术、新材料技术、节能技术、节材技术、节水技术、降耗技术等,提高资源利用效率;鼓励研发新型金属、新型非金属及常规矿物原料的替代品,降低经济社会对常规矿物原料的依赖程度;鼓励研发清洁能源技术。

(2) 对节能降耗和环境保护技术产品的生产与销售环节给予税收优惠政策。对生产节能降耗产品的企业,考虑提高科技人员所占比例,考虑适当降低科技人员的个人所得税税率;对企业所得税减免按10% ~ 15%征收;企业购进并实际使用专用设备①规定的专用设备投资额高于10%的考虑从企业当年的应纳税额中抵免,当年不足抵免的,可以在5个纳税年度内结转抵免;企业采用节能降耗或者环境保护设备的可采取加速折旧办法,为鼓励使用国产设备,可加大相应的加速折旧政策的优惠力度。

(3) 企业从事符合条件的环境保护、节能节水项目的所得实行优于三免三减半征收企业所得税的政策。企业从事包括公共污水处理、沼气综合开发利用、节能减排技术改造等符合条件的环境保护、节能节水项目,自项目取得第一笔生产经营收入所属纳税年度起,第1年至第3年免征企业所得税,第4年至第6年减半征收企业所得税,可以考虑继续延长减免年份。

3. 对绿色产品、绿色产业与循环经济的发展给予税收优惠政策支持

把环保理念贯穿在产品生产、流通、分配、消费的全过程,对于倡导绿色消费方式,实行环境标志、环境认证等的生产者给予税收优惠政策支持;对清洁生产、节能降耗、低消耗、少污染的现代产业给予税收优惠政策支持;对提高资源循环利用的技术和设备的转让等减免征收营业税、印

---

① 《环境保护专用设备企业所得税优惠目录》《节能节水专用设备企业所得税优惠目录》和《安全生产专用设备企业所得税优惠目录》中的设备。

花税、所得税等。采取多种税收优惠形式加大对矿产资源开发后续产业如从事循环经济和绿色产业的投资项目的优惠；鼓励和促进环保产业和资源再生产业的发展，减轻环保产业和资源再生产业的税收负担。

三 建立财政转移支付民族地区生态补偿的长效机制

早在 1993 年国务院第六次常务会议通过的《矿产资源补偿征收管理规定》中就有对民族地区生态补偿的规定，近些年来，中央政府对民族地区生态补偿的财政转移支付政策从多方面展开，包括加大财政转移支付力度、生态恢复补助、生态工程建设①、矿产资源开发补偿、基础测绘专项补助及其他专项等。为确保民族地区矿产资源开发生态补偿的财政转移支付资金，努力做到如下方面。

1. 增强纵向转移支付民族地区生态补偿的力度

民族地区生态补偿的转移支付资金绝大多数来自中央财政，基于民族地区生态功能的特殊性，应加大各种形式的纵向转移支付力度。

（1）税收返还。从增加民族地区税收返还收入方面增强民族地区财政能力，就必须从计算税收返还的各环节入手，1994 年分税制改革以法定形式确定中央与地方的税收分享比例，充分利用税收优惠的政策，争取民族地区获得更多的税收返还，具体建议如以下几方面。①消费税、增值税税收返还，现实行的税收返还制度是以 1993 年为基数，按照分税制改革规定中央从地方净上划的收入份额（即消费税 + 75% 增值税 - 中央下划收入）如数返还给地方。1994 年以后，税收返还在 1993 年基数上递增，递增率按两税增长的 1∶0.3 的系数确定，要考虑提高民族地区返还递增系数，如为 0.5 或以上。②所得税基数返还，现行是以 2001 年为基期，对按改革方案确定的分享范围和比例计算出的地方分享所得税收入，小于地方实际所得税收入的差额部分，由中央作为基数返还给地方，可考虑将民族地区企业所得税分享比例提高至 50% 或以上。③新开征环境税（或碳税）的让

---

① 主要包括天然林保护工程、退耕还林还草工程、防沙治沙工程、自然保护区工程、三北防护林工程等。

渡，考虑未来在民族地区获得的环境税（或碳税），全部留给民族地区专款专用于生态恢复与建设。

（2）一般性转移支付。首先，在一般性转移支付项目的一般预算中，"均衡性转移支付"或"民族地区转移支付"中专列民族地区生态补偿项目，保障资金来源稳定。其次，进一步提高均衡性转移支付的规模和比重，充分发挥均衡性转移支付在均衡民族地区财政能力方面的作用，改变目前均衡性转移支付所占规模较小的现状。再次，加大民族地区转移支付，并适当提高资金绝对数额及所占比例。基于生态补偿因素进一步提高均衡性转移支付与民族地区转移支付系数，进一步细化标准和测算方法，增加一般性转移支付对民族地区生态补偿的力度。

（3）专项转移支付。进一步提高专项转移支付对民族地区的倾斜力度，专项转移支付的资金来源主要是一般预算专项拨款，多采用配套与非配套拨款形式，就民族地区生态项目而言，建议采用非配套拨款，并确保生态项目资金具有长期性保障。同时，建议将民族地区专项补助进一步分解为项目专项补助和公式专项补助，对公式专项补助的拨款，按因素法分配资金，增加民族因素，进一步加强对民族地区专项转移支付生态补偿的力度。

2. 建立民族地区生态补偿的横向转移支付制度

通过建立一个规范的民族地区生态补偿的横向转移支付制度，使民族地区与生态建设相关项目具有制度保障，包括资金、技术服务与咨询等。

（1）建立与民族地区生态关系密切的跨区际生态基金模式的横向转移支付制度。在与民族地区生态关系密切的各级政府间，建立区际生态转移支付基金，即通过各级政府之间的相互协作，共享生态服务的成本与收益。区际生态转移支付基金一般由特定区域内多方政府提供，资金数额在综合考虑地区间经济发展、各地方政府财政能力、生态效益提供成本与外溢程度等因素确定。相关地方政府按谈判均衡结果将相应财政资金存入生态基金，并保证按此比例及时进行补充。

（2）科学制定横向生态转移支付资金的管理程序。①横向转移支付生态补偿标准的确定，首先要量化保护地所要达到的生态指标；其次主要依据生态保护者的投入、生态受益者的获利、生态破坏的恢复成本以及生态环境服务价值；具体标准数值可以依据受益者的经济承受能力、实际支付意愿和保护者的需求通过协商确定，最低标准的下限应为生态保护者适度的投入及生态破坏适度的恢复成本。②横向生态转移支付资金必须用于生态项目，包括对区域内重大环保工程或项目共同进行可行性论证，聘请有资质的中介环评机构对绿色项目做环境影响评价，制定严格、规范的基金缴纳、使用和绩效评价制度，建立顺畅的区域环境合作对话机制和信息系统等。③采取多种形式的横向财政转移支付方式，除资金形式外，可以考虑采用横向转移支付生态补偿资金支付如绿色技术及带动民族地区发展无污染的生态产业；再如教育援助项目，以环保教育提高当地居民的环保意识，帮助他们掌握实用的环保知识和技能等。

3. 健全具有法律保障的生态转移支付监督体系

健全具有法律保障的生态转移支付监督体系是实现转移支付意图及确保转移支付资金有效落实的基本要求。2009年底出台了《国家重点生态功能区转移支付（试点）办法》，从资金初始分配、省级再分配、资金使用效果评估、相应的激励约束机制等方面进行全过程规范；2010年已经形成《国家重点生态功能区县域生态环境保护考核评价指标体系》；2011年7月财政部出台《国家重点生态功能区转移支付办法》，对转移支付分配办法、监督考评、激励约束等分别做了规定。但是，这仅限于中央财政纵向转移支付项下设立的国家重点生态功能区，不能推广到所有民族地区各种生态转移支付；要加强建立具有法律保障的横向生态转移支付监督体系，重点监察基金的实际用途及资金的使用效率，资金使用后生态项目的生态效益与社会效益是否达标，必须建立严格的责任追究制度。把政府间横向转移支付生态补偿的基本原则、具体方式、计算依据及监管办法、预算和决算等内容用法律形式确定，形成横向转移支付制度的监督约束机制，从而确保横向转移支付制度的有效实施。

在民族地区适用的，一定要严格遵照执行；不适用的，还要对转移支付对象范围的确定、资金分配方法、因素的选择等环节进行严格规定。参照此指标体系，进一步完善民族地区环境监测体系，提高数据的完整性和权威性，为民族地区生态转移支付绩效评价提供客观依据，使民族地区生态转移支付资金相关的一切决策做到科学、民主与透明。

四 加大促进环保科技创新的财政支出政策力度

在矿产资源开发的全过程中，无论在资源节约与高效利用方面，还是生态恢复与环境保护方面，都要突显环保科技的重要作用。可见，环保科技在建立资源节约型与环境友好型社会过程中肩负着重要的使命。生态恢复与环境保护问题的解决依赖环保科技创新与应用。2011年7月14日，科技部发布《国家"十二五"科学和技术发展规划》称，未来五年实现科技进步贡献率达到55%，中央和地方财政将建立专项资金，重点扶持科技创新。2011年12月国务院召开的第七次全国环境保护大会强调"科学技术是解决环境问题的利器，要加强科技支撑，把科技创新放在突出的位置"。2012年3月，环境保护部召开了第二次全国环保科技大会，印发了《关于加快完善环保科技标准体系的意见》，会议精神突出面向环境管理、强化协同创新、优化科技资源、激励人才发展、营造有利环境，以环保标准体系建设为统领，加快环境科技创新体系、环境技术管理体系、环保产业培育体系和科技支撑保障体系建设，引领和支撑环境管理战略转型。[①] 科技创新投入大，获得的收益却具有不确定性，而科技创新产品具有公共产品的特征，因此科技创新活动的风险和不确定性很高，属于市场失灵领域，政府要努力提供环保科技创新的制度环境，财政努力保障环保科技创新具有长期稳定的资金来源。

1. 优化财政支出结构，把环保科技支出作为财政支出的重点领域之一

据统计，"十一五"以来环境保护部各直属单位承担国家各类科研项目500多项，中央财政支持总额超过26亿元，改善了环保科技经费投入不足的状况，事实证明科技引领环保的作用显著。重金属污染防治、重点流域水域污染防治、地下水污染防治均成为重要研究领域。《基于资源环境承载力的全国重点行业类型区划及其准入方案研究》提出了环保重点行业的区域差别化环境准入原则和技术要求，中国环境科学研究院开展的环境

---

① 吴晓青：《推进环保科技创新，积极引领和支撑环境管理战略转型》，《环境保护》2012年第2期。

质量标准和污染物排放标准制定及实施方法则研究进一步优化我国环保标准体系的技术路线。① 国家宏观战略定位决定环保科技支出无疑是财政支出的重点领域。

2. 提高环保科技支出占财政支出的比重，建立健全环境保护专项基金

全国财政支出中环境保护支出所占比重逐年略有增加，2010 年这一数据指标为 2.72%，② 环境科技支出比重的加大体现了政府加大环境保护的力度与决心。建议建立健全各种政府环境保护专项基金，具体包括以下几个方面。

（1）节能降耗技术专项资金。专项资金的具体应用包括支持节能降耗重点工程、节能产品和节能新机的推广，节能管理能力建设，还包括对不能达到国家标准的企业进行技术改造、人员培训、淘汰落后产能等产业升级改造及相关奖励等。如拓展《节能技术改造财政奖励资金管理办法》③ 中资金的数量与应用范围，若在矿产资源开发中均采用国家重点推广的节能技术，会大大提高资源开发效率。

（2）主要污染物减排专项资金。专项资金的具体应用包括对污染物排放减排工程的支持，减排产品与技术的推广与应用、污染物减排监管体系建设及相关奖励等。目的在于污染预防与污染治理。如拓展《中央财政主要污染物减排专项资金管理暂行办法》④ 中的资金数量与应用范围。

（3）可持续发展资金。专项资金主要用于生态环境修复治理技术及可持续发展技术的研发等。

各项资金的建立要求中央及各级政府在财政预算中安排一定资金并逐年适度提高，采取申报审批、补助、奖励等多种方式鼓励不同层次的经济行为主体主动采取节能降耗、污染减排、生态环境保护等技术研发及应用推广。

3. 加大环保科技产品的政府采购力度，加速环保科技的推广与应用

环保科技的研究开发与推广应用并重，发达国家的科技成果转化率在

---

① 吴晓青：《推进环保科技创新 积极引领和支撑环境管理战略转型》，《环境保护》2012 年第 24 期。
② 根据《中国财政年鉴 2011》第 359 与 363 页数据计算得出。
③ 2007 年 8 月由财政部、国家发展与改革委员会联合发布。
④ 2007 年 4 月财政部、环保总局联合印发。

显著提高，到 20 世纪 80 年代提高到 60% ~ 80%。[①] 为促进环保科技成果转化和环保科技成果的推广应用，财政应对扶持的领域和对象把握得更为及时准确，充分发挥政府采购对环保科技创新的支持。为创造环保科技创新的环境，保护研发主体的自主知识产权，政府对科技创新的环境产品与服务应采取政府采购计划。

（1）加大环保科技创新的产品与服务的认证力度，是做好政府采购的前提。环保科技创新产品与服务是指符合一定的质量、安全、科技创新与环境保护等方面的标准要求，并且在国内外与同类或相似的产品与服务相比处于先进水平的产品与服务。《政府采购法》中已经有了关于促进技术创新的政府采购制度的相关规定，根据《中华人民共和国节约能源法》的有关规定推出的节能产品认证制度，以及结合政府绿色采购的相关规定，制定环保科技创新产品与服务的认证标准，为相关产品与服务进入市场与政府采购做好技术准备。

（2）继续完善环保科技创新产品与服务的政府采购目录。为做好环保科技产品与服务的政府采购，专列环保科技创新产品与服务目录。首先，要做好环境市场上产品的调研及技术的可行性分析，解决当前环境保护所急需的产品；其次，对于企业开发的许多先进、实用，具有推广价值的污染治理和污染预防技术进行政府采购，如对各种类型的高效除尘技术、污水资源净化技术、废水处理工艺技术、有毒有害废物处理技术、脱硫与回收工艺、固体废弃物的处理与资源化技术等，可通过组建环境产业信息咨询服务系统，提供灵活多样的技术信息服务，在科技成果提供商和生产厂家之间建立起有效的信息沟通渠道；最后，扩增环境保护产品与服务，要求各级国家机关、事业单位和团体组织用财政性资金优先采购环境标志产品及环境保护服务。

政府采购分为集中采购与分散采购，前者是以采购产品目录为标准，后者是以目录以外的采购限额为标准，所以政府采购目录对于实现节约资金、环境保护与科技创新等多重目标具有重要的激励作用。

---

① 夏亮辉：《优化科技投入结构，促进科技成果转化》，《研究与发展管理》2000 年第 3 期，第 37~38 页。

(3) 完善环保科技创新产品与服务的政府采购程序。要求在政府采购活动中，采购人或其委托的采购代理机构应当在政府采购招标文件中载明对产品与服务的环保要求、合格供应商和产品与服务的技术条件，以及优先采购的评审标准。采购人或其委托的采购代理机构未按上述要求采购的，有关部门要按照相关法律、法规和规章予以处理。

除以上直接的财政支出支持环保科技创新的方式外，还有财政贷款贴息、政府信用担保风险投入等多种方式，在确保资金数量的同时，更重要的是注重并提高资金的使用效率，提高环保科技创新的资金管理效率。

需要引起重视的是，民族地区矿产资源开发补偿与生态环境保护的财政政策的有效落实应建立在法制化的基础上，需要加强生态保护立法，为建立生态环境补偿机制提供法律依据。结合《矿产资源法》《税法》与《环境保护法》综合制定矿产资源开发补偿的范围、对象、方式、标准等；加强对《环境保护法》的修订，对民族地区的生态环境建设做出长期性、全局性的战略部署。

总　结

本研究的主旨在于构建推进民族地区矿产资源开发补偿与生态环境保护的财政政策体系，努力解决民族地区经济发展与生态环境保护问题，从本源上深入解决问题，有利于实现财政政策的效率与公平，有利于区域和谐发展，有利于人与自然的和谐发展，有利于"两型"社会的实现。通过深入研究，得出如下结论。

1. 与其他地区相比，民族地区矿产资源丰富，然而却未显见资源优势给民族地区带来的经济优势，需要矿产资源权益的创新性安排与矿产资源费税政策体系的创新性安排来保障资源优化配置及民族地区经济利益的实现。

2. 矿产资源开发必然存在生态破坏与环境污染的负外部效应，生态恢复与治理环境问题的解决涉及环境产权的权益安排。政府对环境产权的初始配置既要体现效率又要体现公平，在环境的保护和使用上政府如何达到经济福利与生态福利的均衡，均衡路径是以市场方式解决的排污权交易市场的完善与政府财政生态补偿制度的完善。

3. 民族地区是特殊的生态功能区，其生态环境是全国的生态屏障，其生态环境建设影响全国的生态环境建设进程，然而民族地区政府有限的财政能力约束了环境保护的积极性。有利于民族地区生态补偿的公共政策选择是提高生态福利的重要保障，财政转移支付民族地区生态补偿是最直接有效的经济政策，有利于使生态福利甚至整体福利提高的长期规划进入均衡发展路径。

4. 为保障民族地区生态环境，健全绿色税收政策体系是生态环境保护政策的重要路径之一。包括设置环境保护税，对环保科技的研发与应用推广给予税收优惠政策支持，对绿色产品、绿色产业与循环经济发展给予税收优惠政策支持。

　　民族地区的经济发展战略要转型，重视质量与效益并重的发展方式是最优选择，科学技术是第一生产力，政策是生产力发展的软环境，技术与政策并重。民族地区经济与社会的同步快速发展必然要依靠科技创新与政策创新。

参考文献

1. 白鹤天等：《公共财政支持科技创新的对策建议》，《财会研究》2011年第16期。
2. 白彦锋、徐晟：《中国政府采购促进自主创新的角色分析》，《首都经济贸易大学学报》2012年第2期。
3. 鲍晓倩：《以科技创新促环保产业发展》，《经济日报》2012年8月19日第3版。
4. 财政部条法司：《中华人民共和国现行财政法规汇编》，经济科学出版社，2008。
5. 晁坤：《构建我国新的矿产资源有偿使用制度》，《经济体制改革》2004年第1期。
6. 陈洁、龚光明：《我国矿产资源权益分配制度研究》，《理论探讨》2010年第5期。
7. 陈文东：《租金理论及其对资源税的影响》，《中央财经大学学报》2007年第6期。
8. 陈新平：《低碳经济发展模式下的财政政策》，《宏观经济管理》2010年第4期。
9. 诺斯：《经济史中的结构和变迁》，陈郁、罗华平等译，上海三联书店，1991。
10. 德姆塞茨：《关于产权的理论、财产权利和制度变迁》，陈郁译，上海三联书店，1991。
11. 董为民：《政府采购与科技创新》，《经济研究参考》2012年第46期。
12. 范振林：《浅论矿产资源资产资本"三位一体"管理》，《中国矿业》2011年第4期。

13. 菲吕博腾、佩杰维奇：《产权与经济理论：近期文献的一个综述》，陈郁译《财产权利与制度变迁》（中译本），上海三联书店，1991。
14. 封吉昌：《国土资源实用词典》，中国地质大学出版社，2011。
15. 盖静：《中国矿产资源税费金制度研究综述》，《经济研究导论》2010年第18期。
16. 干飞：《国际矿业发展趋势与资源战略》，《现代矿业》2010年第8期。
17. 高凤勤：《环境正义视角下的我国环境税制改革》，《税务研究》2011年第7期。
18. 高萍：《关于山西资源型经济综改试验区财税政策改革的思考》，《经济问题》2012年第5期。
19. 高珊珊、孙超：《我国矿业税费制度研究》，《中外能源》第2009年第3期。
20. 高小萍：《价、税、费、租联动：矿产资源分配体制改革的思考》，《财政与发展》2007年第5期。
21. 郭濂等：《中国经济面临的矿产资源能源约束与对策——基于工业化中期的思考》，清华大学出版社，2011。
22. 郭艳红：《我国矿产资源税费制度探讨》，《资源与产业》2009年第3期。
23. 国家民族事务委员会经济发展司、国家统计局国民经济综合司：《中国民族统计年鉴2007》，民族出版社，2008。
24. 韩莉：《促进企业自主创新的财政政策研究》，《科技管理研究》2010年第24期。
25. 侯成成、赵雪雁等：《生态补偿对区域发展的影响》，《自然资源学报》2012年第1期。
26. 胡岱光、高鸿业：《西方经济学大辞典》，经济科学出版社，2000。
27. 胡德胜：《我国矿产资源税费制度的问题识别与改革建议》，《法学评论》2011年第4期。
28. 胡东滨、罗莉霞：《环境保护对大型金属矿产资源基地可持续发展能力影响的评价方法研究》，《软科学》2011年第5期。
29. 胡怡建：《税收学》（第三版），上海财经大学出版社，2011。
30. 黄庆文、周彧：《中国矿业税费制度改革探讨》，《云南大学学报》（法学版）2009 年第 1 期。

31. 姜爱华、王斐：《典型国家和地区利用政府采购政策促进科技创新的实践及经验》，《中国政府采购》2011 年第 6 期。
32. 姜鑫民：《我国矿产资源产权制度改革：理论与实践》，中国经济出版社，2012。
33. 景普秋、杜彦其、赵玉娟：《矿产开发中资源生态环境补偿的理论基础评述》，《产经评论》2010 年第 4 期。
34. 李国平、李恒炜：《基于矿产资源租的国内外矿产资源有偿使用制度比较》，《中国人口·资源与环境》2011 年第 2 期。
35. 李国平、张海莹：《煤炭资源开采中的外部成本与应交税费比较》，《经济学家》2011 年第 1 期。
36. 李国平、张云：《矿产资源的价值补偿模式及国际经验》，《资源科学》2005 年第 5 期。
37. 李猛：《能源结构约束下的技术创新与中国低碳经济困境》，《江苏社会科学》2011 年第 2 期。
38. 李男、孟磊：《我国矿产资源权利金制度构建研究——谈美国矿产资源权利金制度对我国的启发与借鉴》，《经济师》2008 年第 12 期。
39. 李蕊、周平：《政府行为与自主创新：基于供求视角的分析框架》，《中国科技论坛》2012 年第 3 期。
40. 李显东：《中国矿业立法研究》，中国人民公安大学出版社，2006。
41. 李燕花：《美国矿业管理体制及税费政策研究》，《中国国土资源经济》2006 年第 6 期。
42. 刘小川：《促进企业科技创新的政府采购政策研究》，《学海》2008 年第 5 期。
43. 刘洋、王成虎：《绿色税收制度研究》，《经济师》2011 年第 12 期。
44. 吕广丰、张新安：《国外与矿业活动有关的专门税费情况综述》，《中国地质矿产经济》1997 年第 4 期。
45. 吕雁琴、李旭东、宋岭：《试论矿产资源开发生态补偿机制与资源税费制度改革》，《税务与经济》2010 年第 1 期。
46. 毛明芳：《加拿大环境产发展对我国的启示》，《中国环保产业》2009

年第 5 期。

47. 毛夏鸾、张晓阳、朱淑珍：《试论我国绿色税收体系的构建》，《税务研究》2008 年第 3 期。
48. 秦静等：《国外矿产资源勘查开发税费制度比较及借鉴》，《中国矿业》2012 年 8 月。
49. 全国人大常委会法制工作委员会：《中华人民共和国现行法律行政法规汇编（2002）》，人民出版社，2002。
50. 邵长龙：《我国矿产资源开发经济补偿制度的重构》，《资源与产业》2010 年第 S1 期。
51. 盛新鹏：《排污权交易的理论综述》，《价格月刊》2011 年第 4 期。
52. 宋蕾：《矿产资源开发的生态补偿研究》，中国经济出版社，2012。
53. 宋梅、王立杰、张彦平：《我国矿业税费制度改革的国际比较及建议》，《中国矿业》2006 年第 2 期。
54. 孙红霞、张志超：《西部矿产资源生态补偿的利益之争》，《当代财经》2012 年第 4 期。
55. 万红梅、汪应宏、许晨：《对矿产资源补偿费计征模式的探讨》，《资源与人居环境》2011 年第 5 期。
56. 王红涛：《促进科技创新的财政政策之思考》，《当代经济管理》2010 年第 3 期。
57. 王军生、李佳：《我国西部矿产资源开发的生态补偿机制研究》，《西安财经学院学报》2012 年第 3 期。
58. 王希凯：《论矿产资源作为市场要素的权益所得——不能用资源税替代资源权益补偿》，《中国国土资源经济》2011 年第 5 期。
59. 吴文洁、胡健：《我国石油税费制度及其国际比较分析》，《西安石油大学学报》（社会科学版）2007 年第 1 期。
60. 吴晓青：《推进环保科技创新积极引领和支撑环境管理战略转型》，《环境保护》2012 年第 24 期。
61. 肖锋：《我国环境科技领域的财政政策变迁及分析》，《经济与科技》2009 年第 3 期。
62. 薛菁：《促进企业自主创新的政府采购研究》，《中共山西省委党校学报》2008 年第 4 期。

63. 严良、陈瑶：《西部与国外落后地区矿产资源开发利用比较研究》，《矿产研究与开发》2008 年第 5 期。

64. 于惠惠：《〈物权法〉背景下的矿业权有偿使用制度》，《知识经济》2011 年第 20 期。

65. 张冬梅：《中国民族地区经济政策的演变与调整》，中国经济出版社，2010。

66. 张清华、杨松利、樊玲：《矿产资源要素价格改革的探索》，《经济问题探索》2010 年第 5 期。

67. 张文驹：《我国矿产资源财产权利制度的演化和发展方向》，《中国地质矿产经济》2000 年第 1 期。

68. 张永平：《矿业经济可持续发展的财政政策体系设计》，《商业时代》2009 年第 9 期。

69. 赵仕玲：《中国与外国矿业税费比较的思考》，《资源与产业》2007 年第 5 期。

70. 赵舜一：《中国资源税改革的环境效应分析》，《经济研究导刊》2012 年第 22 期。

71. 赵小平：《行政事业性收费标准管理暂行办法解读》，中国市场出版社，2006。

72. 中华人民共和国财政部：《中国财政年鉴 2011》，中国财政杂志社，2011。

73. 中华人民共和国国家统计局：《中国统计年鉴 2008》，中国统计出版社，2009。

74. 中华人民共和国国家统计局：《中国统计年鉴 2011》，中国统计出版社，2011。

75. 周五七、聂鸣：《促进低碳技术创新的公共政策实践与启示》，《中国科技论坛》2011 年第 7 期。

76. 朱学义：《矿产资源权益理论与应用研究》，社会科学文献出版社，2008。

77. 朱志国：《我国矿产资源有偿使用制度探讨》，《改革与开发》2010 年第 4 期。

下篇　基于机制设计理论的民族地区财政支出效率研究

摘 要

　　本研究通过运用机制设计理论探讨民族地区财政支出效率问题，结合中央政府与民族地区政府财政支出实践，深入剖析民族地区财政支出现状及财政支出效率提升路径，利用 DEA 方法对民族地区及其他地区财政支出效率进行测度并进行比较，借鉴 Tobit 模型分析影响财政支出效率的因素，探索能够确保高效实施民族地区财政支出政策及提升民族地区财政支出效率的可操作的具体实施策略。本研究主要解决三个问题：为什么基于机制设计理论研究提升财政支出效率问题？民族地区财政支出效率现状如何？怎样提升民族地区财政支出效率？

　　针对第一个问题，对机制设计理论在财政领域的应用进行研究，该理论研究的核心是如何在信息分散和信息不对称的条件下设计激励相容的机制来实现资源的有效配置，机制设计理论中的激励相容、显示原理和执行理论在财政支出领域中都非常重要。中央政府能否通过中央财政支出目标设置，使得民族地区政府在自由选择的情况下主动实施中央政府的财政支出政策。针对第二个问题，对民族地区与非民族地区财政支出现状与效率进行量化对比分析，一方面，利用 2010 年的数据对财政支出规模增长、人均财政支出及财政支出结构在全国 31 个省、直辖市、自治区进行对比；另一方面，利用 DEA 模型对民族地区与非民族地区财政支出效率进行测度，总结民族地区财政支出效率的相关问题。针对第三个问题，通过构建 Tobit 模型分析财政支出效率的因素，提出提高民族地区财政支出效率的对策与建议。建立民族地区财政支出高效率的经济体制是财政体制不断创新的动态过程，也是中央政府与民族地区政府长期动态的博弈过程。只有地方政府的信号对称地显示与传递，中央政府才能建立激励相容的政策安排；反过来，只有中央政府建立激励相容的政策安排，才能使地方政府的信号对称地显示与传递。

机制创新性安排要有一套对民族地区财政支出效率的科学评价标准、评价体系、测评系统、奖惩措施与法律保障。提升民族地区财政支出效率要建立健全有利于有效配置资源、有效利用信息以及激励相容的制度安排。

导 论

一 研究的意义

1. 为构建和谐社会，中央政府非常重视民族地区的经济发展，自新中国成立以来，对民族地区施行了特殊扶持的财政政策，主要有财政支出政策，包括财政转移支付（专项财政转移支付、民族优惠政策转移支付）、专项资金（少数民族发展资金，建立之初称为"新增发展资金"，原来的"少数民族贫困地区温饱资金"）、专项补助（如边境建设事业补助费、少数民族发展教育补助费）及税式支出（各种税收优惠），与此同时近几年政策力度不断加大，然而，民族地区与其他地区的发展差距在扩大，不得不深思民族地区的财政支出效率问题。

2. 民族地区有别于非民族地区，一是民族地区在决定经济发展的重要的五个方面（区位、资源、文化、制度、体制）具有民族特色，不同于其他地区；二是民族地区行政划分属于自治区，具有自治权；三是民族地区政治性更强，计划色彩更浓，市场经济更期待完善。从全国角度，或者从区域角度（多数是东、中、西及东北部地区）的研究远不能说明民族地区的问题，所以对民族地区的财政支出效率进行研究很有价值，也很有必要。

3. 民族地区政府也是理性经济人，是中央政府政策执行的代理人，当地方政府利益与中央政府利益相矛盾时，两者是非合作博弈（实际上经常是非合作博弈），追求自身效益最大化也是理性选择。要达到中央政府的政策目标，民族地区政府必须对称显示其偏好；中央政府设计政策必须首先考虑地方政府的目标，才能使双方形成良性互动，建立长期动态的合作博弈。机制设计理论中信息成本与激励相容正是探求中央政府与民族地区政府博弈均衡结果的最有效途径。

4. 民族地区财政支出效率问题的解决,无疑有利于民族地区经济发展,从而实现国家经济政策目标,同时有利于化解民族矛盾,改善民族关系,最终达到各民族同发展、共繁荣的目标。

二 本课题研究的主要内容

1. 问题的提出。

(1) 民族地区财政支出效率的界定。民族地区界定为少数民族自治地方,既具有一定的区域概念,又具有政治的内涵,包括少数民族自治区、自治州、自治县和自治乡等省级、地级、县级和乡级自治地方。民族地区财政支出是指民族地区政府为履行职能而花费的开支或消耗的资源,其来源不仅是地方财政收入,还有上级政府(主要是中央政府)的转移支付。2001年以来,民族地区财政对中央财政的依赖程度均高于65%以上。民族地区财政支出效率是指民族地区政府通过运用财政支出手段,使经济活动中各生产要素达到合理配置的程度以及促进经济社会发展的程度。

(2) 机制设计理论在提高政府财政支出效率中的应用。新中国成立以来,中央政府对少数民族和民族地区的扶持力度逐年加大,然而数据表明,民族地区经济发展与中央政策目标尚有一定距离,说明民族地区财政支出效率存在很大的提升空间。笔者认为在影响财政支出效率的诸多要素中,更应该关注"人"的要素,即财政支出的执行者是民族地区政府。如何才能提高效率,需要"激励相容"的制度设计。机制设计理论讨论了信息不完全带来的信息无效和激励不足问题。基于机制设计理论的研究,在信息不完全、决策分散化、自愿选择和交换条件下,设计出一套经济机制,减少信息不完全与制度不完善造成的民族地区财政支出效率损失,实现资源优化利用、经济稳定发展等既定社会目标。

2. 利用数据包络分析(DEA)方法对民族地区财政支出效率进行测度。DEA是处理多目标决策问题的非常完备的非参数方法,是具有多个输入,特别是具有多个输出的"生产前沿面"的有力工具,财政支出效率是多目标决策问题,不仅追求经济效益,还有社会效益和生态效益,因此采用此方法对财政支出效率进行测度。首先，确定财政支出效率的"输入"与"输出"变量，输入变量采用人均财政支出，财政依赖程度、财政支出与财政收入比三个绝对数变量与相对数变量；输出变量采用农村农民人均纯收入，城镇居民人均可支配收入、人均GDP、GDP增大率的绝对数变量和相对数变量。其次，求出DEA效率系数。最后，利用综合数据（包括横截面数据与时间序列数据）对民族地区财政支出效率的时空变化进行综合分析。

3. 借鉴Tobit模型回归分析影响民族地区财政支出效率的变量及其贡献率（或者相关强度）。为找出当今影响民族地区财政支出效率的经济要素，扩展现有研究成果，首先，笔者认为民族地区文化与制度要素是区别于非民族地区且更为重要的变量。其次，通过实证结果深入探寻民族地区财政支出高效率的依据与方法。最后，探寻提高民族地区财政支出效率的合理配置方式与趋势。

4. 基于机制设计理论的民族地区财政支出效率模型的构建。评价某种经济机制优劣的基本标准有三：资源的有效配置、信息的有效利用以及激励相容。因此，利用动态优化方法构建提高民族地区财政支出效率的模型，重要约束有三：其一，在财政支出规模一定的前提下，要注意民族地区政府效用目标；其二，有效利用信息，要求机制运行的信息成本最小，在模型中信息空间的设计要注意维数越小越好；其三，激励相容要求民族地区政府目标与中央政府目标一致。在中央政策目标确定的情况下，若民族地区政府如实报告自己的私人信息是占优策略均衡，则该机制就是相容的；在存在参与约束的条件下，若设计的机制能使民族地区政府在面临参与约束时达到总体福利水平最大，就满足了激励相容约束。

5. 提高民族地区财政支出效率的对策与建议。建立民族地区财政支出高效率的经济体制是财政体制不断创新的动态过程，也是中央政府与民族地区政府长期动态的博弈过程。只有地方政府的信号对称地显示与传递，中央政府才能建立激励相容的政策安排；反过来，只有中央政府建立激励相容的政策安排，才能使地方政府的信号对称地显示与传递。首先，要充分考虑民族性，即民族文化，人自身是某种文化的载体，信息传递需要人的参与，族群意识即是族群参与互动的结果；体现民族文化的价值观、伦理道德、风俗习惯、意识形态等非正式制度不仅影响少数民族的行为，也影响政府行为。因此，民族文化决定民族偏好，民族偏好决定价值判断，价值判断决定效用，效用决定民族行为。其次，明确政府职能边界，建立健全权力制衡机制，主要包括：交流与反馈机制、自我调适机制、约束监督机制与动态平衡机制。最后，机制创新性安排要有一套对民族地区财政支出效率的科学评价标准、评价体系、测评系统、奖惩措施与法律保障。

三　本课题的研究方法与主要创新

1. 研究方法

通过对民族地区财政支出效率的测度与模型构建，寻找提高民族地区财政支出效率的制度设计体系。

（1）利用计量经济模型分析方法对民族地区财政支出效率进行测度，测度的数据变量采用绝对量与相对量数据。采用数据包络分析（DEA模型）进行测度。

（2）利用多元回归分析方法找出影响民族地区财政支出效率因素的贡献度，并对各要素进行关联分析；利用动态优化方法建立民族地区财政支出效率模型，在各种经济要素约束的条件下，探寻达到财政支出效率最优的路径。

（3）利用博弈论与信息经济学的方法对提高民族地区财政支出效率的激励机制进行设计，探寻使得地方政府信息显示成本最低，并且有利于中央政府设计激励相容的民族地区财政支出策略。

2. 主要创新

通过对民族地区财政支出效率的测度，在民族地区财政支出效率的提升空间中准确定位。相比其他类要素的贡献率，制度类要素对民族地区财政支出效率的作用应更强。基于机制设计理论的提高民族地区财政支出效率的激励相容机制设计，有利于重要要素作用的发挥，有利于从本原上提高财政支出效率，带动民族地区的制度创新。主要创新之处有以下几个方面。

（1）将DEA方法应用于民族地区财政支出效率测度，数据指标体系的构建与变量的选取具有实际意义与应用价值。

（2）Tobit 模型在民族地区财政支出效率中的应用与扩展，利用回归分析民族地区财政支出效率各影响要素的贡献率。

（3）以机制设计理论为依据，提出民族地区财政支出效率的激励相容机制设计，解决以中央政策目标为标准的民族地区财政支出效率问题。在各种要素约束（尤其是民族约束）条件下，利用动态优化方法探求民族地区财政支出效率的最优解。

第一章　机制设计理论在提高民族地区财政支出效率的应用

民族地区界定为少数民族自治地方，既具有一定的区域概念，又具有政治的内涵，包括少数民族自治区、自治州、自治县和自治乡等省级、地级、县级和乡级自治地方。民族地区财政支出是指民族地区政府为履行职能而花费的开支或消耗的资源，其来源不仅是地方财政收入，还有上级政府（主要是中央政府）的转移支付。自 2001 年以来，民族地区财政对中央财政的依赖程度均高于 65%。民族地区财政支出效率是指民族地区政府通过运用财政支出手段，使经济活动中各生产要素达到合理配置的程度以及促进经济社会发展的程度。

一　民族地区财政支出效率的界定

1. 民族地区的界定

在本研究中民族地区即少数民族地区的简称，专指少数民族自治地方。少数民族人口大多集中在西南、西北、东北、华北各省市、自治区，华东地区分布很少。除北京外，云南省民族种类最多，全省聚居着 51 个少数民族；而西藏则是单一少数民族人口数量比重最高的省区，藏族人口占全区总人口的 96.83%。[①] 我国少数民族人口分布很广，全国每个县级行政区域内都有少数民族居住，但分布很不均匀。民族地区界定为少数民族自治地方，既具有一定的区域概念，又具有政治内涵。这种界定正与

[①] 根据国家民族事务委员会经济发展司、国家统计局国民经济综合统计司：《中国民族统计年鉴（2007）》，民族出版社，2008，第 389 页。

我国现行的行政区划相一致，少数民族自治地方，包括少数民族自治区、自治州、自治县和自治乡等省级、地级、县级和乡级自治地方。我国省级自治地方5个，地级自治地方77个，县级自治地方702个，乡级自治地方7796个。[①] 这种界定更能体现出我国"民族平等、民族团结"的民族政策指导思想。

2. 民族地区财政支出效率的内涵

财政支出是各级政府在财政年度内的支出总和。财政支出效率是一个特殊的效率范畴，是效率在财政支出中的体现，是指政府通过合理地运用财政支出手段调节经济运行，使经济活动中各生产要素能够通过合理的配置达到最佳的经济效果。国内财政学专家吴俊培教授（2001）把财政支出效率划分为资源配置效率和 x – 效率（生产效率），认为财政支出效率不是一个纯技术问题，本质上是政治民主制度的安排问题；学者刘蕾（2008）指出财政支出效率分为财政支出规模效率、财政支出结构效率和财政支出制度效率。无论划分依据与方法为何，笔者认为，经济学所谓的效率为资源配置的帕累托状态，对于财政支出效率，应该从财政职能的角度进行理解。

民族地区财政支出效率就是指财政支出（包括中央财政支出与地方财政支出）的安排是否实现民族地区资源的有效配置、收入的合理分配及经济的稳定增长三大职能，或者将民族地区财政支出效率界定为财政支出在用于市场失灵的公共领域过程中所实现的财政职能的程度。

二 机制设计理论为提高民族地区财政支出效率提供理论基础

2007年诺贝尔经济学奖授予三位美国经济学家利奥尼德·赫维茨、埃里克·马斯金和罗杰·迈尔森，以表彰他们在创立和发展"机制设计理论"方面所做出的杰出贡献。其中，利奥尼德·赫维茨最早提出机制设计理论，该理论研究核心是如何在信息分散和信息不对称的条件下设计激励

[①] 中华人民共和国国家统计局：《中国统计年鉴2013》，中国统计出版社，2013，第30页；及根据国家民族事务委员会经济发展司、国家统计局国民经济综合统计司：《中国民族统计年鉴（2007）》，民族出版社，2008，第313页。

相容的机制来实现资源的有效配置。机制设计理论中的激励相容、显示原理和执行理论在财政支出领域中都非常重要。赫维茨把机制设计理论定义为：对于任意给定的一个目标，在自由选择、自愿交换的分散化决策条件下，能否并且怎样设计一个合理机制（即制定什么样的方式、法则、政策条令、资源配置等规则），使得经济活动参与者的个人利益和设计者既定的目标相一致。

1. 激励相容与民族地区财政支出制度安排

利奥尼德·赫维茨提出了激励相容的概念，将其表述为：如果每个参与者真实报告其私人信息是占优策略，那么这个机制是激励相容的。此外，还要施加一个参与约束：没有人因参与这个机制而使其境况变坏。在一些弱假设下，赫维茨证明了如下相反的结论：在一个标准的交换经济中，满足参与约束条件的激励相容机制不能产生帕累托最优结果。换言之，私人信息无法实现完全有效性。于是，在制度或规则的设计者不了解所有个人信息的情况下，设计者所要掌握的一个基本原则，就是所制定的机制能够给每个参与者一个激励，使参与者在最大化个人利益的同时也达到了所制定的目标，这就是机制设计理论中最为重要的激励相容问题。[①] 机制的设计是整个过程的核心，在这一过程中要考虑激励相容、直接显示和实施的可行性，这将直接决定机制性能的优劣。

我国"十二五"规划与"十八大"精神均强调区域和谐，各民族共同繁荣。由经济基础决定的民族地区财政能力较弱，中央政府为扶持民族地区发展加大财政转移支付的力度，因而民族地区人均财政支出并不低。实质上，民族地区财政支出制度的安排就是机制设计问题，民族地区具体财政支出政策的运行是机制运行不断修正达到均衡的过程。通过财政支出政策所遵循的原则、政策供给的目标设计、多手段协调配合、目标与手段的机制耦合及财政支出政策机制创新等方面的内容，优化民族地区经济政策供给的创新性安排。值得关注的是，为保证民族地区政府有效运行财政支出政策，要理顺中央政府与民族地区政府的关系，并从宏观层面上规划并实施好重点项目、重点领域等方面的财政支出政策。

---

① Hurwicz I., "On Informationally Decentralized System" [R]. *Decision and Organization*, 1972.

2. 显示原理与民族地区财政支出目标设计

赫维茨构建的机制设计理论框架可能存在也可能不存在，在存在的情况下，也许有很多能够实现目标的机制，但直到显示原理的出现，才彻底解决如何寻找最优机制的问题。吉巴提出的显示原理认为，一个社会选择规则如果能够被一个特定机制的博弈均衡实现，那么它就是激励相容的，即能通过一个直接机制实现。[①] 根据显示原理，人们在寻求可能的最优机制时，可以通过直接机制简化问题，这大大减少了机制设计的复杂性。在这里，每个参与者发出的信息的真假取决于是否能使其收益最大化，这样的一个框架，能够把不同的机制基于一种共同平台进行比较。如果假设人们是按照博弈论所刻画的方式行为的，并且设定按照社会选择理论对各种情形都有一个社会目标，那么机制设计就是考虑构造什么样的博弈形式，使得这个博弈的解就是那个社会目标，或者说落在社会目标的集合里，或者无限接近那个社会目标。在机制设计中，设计者没有也不可能了解所有信息，那么在信息不完全的情况下，如何设计出有效的机制便是机制设计要解决的问题。

民族地区财政支出目标的设计也是一个机制设计的问题，其基本思想是在民族地区特定资源环境下实现社会目标，即研究如何设计一个财政支出政策，使得民族地区（少数民族）在自利行为驱动下采取行动，使预定目标得以实现。这恰是机制设计理论在中国实践的应用，即"中央政府做什么，才能让民族地区政府做中央政府想做的事"。显然，只有民族地区政府选择中央政府所希望的行动得到的期望效用不小于选择其他行动得到的期望效用时，民族地区政府才会有积极性选择中央政府所期望的行动。中央政府财政支出目标的最优设计依赖民族地区政府对称地显示其真实需求，实际上是要求中央政府与民族地区政府形成良性互动。

3. 执行理论与民族地区财政支出运行程度

激励相容保证传递对称信息是一种均衡，但并不能保证它是唯一均

[①] Gibbard A. "Manipulation of Voting Schemes: A General Result" [J]. *Economitrica*, 1973, 41 (4).

衡。许多机制都产生了不同结果的多重均衡，其中一些导致了次优结果。鉴于这些问题，需要设计使所有的均衡结果对于给定目标函数都是最优的机制，这就是众所周知的"执行问题"。赫维茨等学者认为，在某些情况下，构建使所有纳什均衡都是帕累托最优的机制是可能的。马斯金则给出了可执行社会选择函数的一般性描述，认为上述执行问题需要满足一个现在被称为"Maskin 单调"的条件[①]。实际上对机制运行的分析，考察机制能否顺利运行，重点是对机制实施的可行性进行分析。一个机制最值得关注的有两个特征：信息和激励。机制的运行总是伴随着信息的传递，信息传递就成为影响机制运行成本的一个重要因素。要使机制有效运行，最好的方式就是信息都是真实的，没有被扭曲，这既可以减少成本又可以促使机制优质地运行。

中央政府反复强调要实现基本公共服务均等化，包括民族地区在内，是协调利益格局、缩小城乡差距，缩小区域、不同社会群体之间发展差距的必然选择，是保障和改善民生、促进社会公平正义的必然要求。自新中国成立以来，对民族地区施行了特殊扶持的财政政策，主要是财政支出政策，包括财政转移支付（专项财政转移支付、民族优惠政策转移支付）、专项资金（少数民族发展资金，建立之初称为"新增发展资金"，即原来的"少数民族贫困地区温饱资金"）、专项补助（如边境建设事业补助费、少数民族发展教育补助费）及税式支出（各种税收优惠），与此同时近几年政策力度不断加大，然而，民族地区与其他地区的发展差距却在扩大，不得不深思民族地区的财政支出中的信息与激励的问题。民族地区政府同样是理性的经济人，财政支出政策运行的博弈安排没有进入均衡路径。

总之，机制设计理论是一套帮助组织者设计规则，以使参与者个人最优与组织者设定的整体最优相融合的理论，是如何设定最佳的规则以达到组织者的既定目标的理论。民族地区财政支出政策的设计、分析和评价机制还不够完善。数据表明，民族地区经济发展与中央政策目标具有一定距

[①] Maskin E. J. "Optimal Auctions with Risk Averse Buyers"［J］, *Economitrica*, 1984, 52 (6). 马斯金说明：如果 Maskin 单调和"无否决力量"的条件得到满足，在至少有三个行为人的情况下，纳什均衡的实现是可能的。

离，说明民族地区财政支出效率存在很大的提升空间。笔者认为在影响财政支出效率的诸多要素中，更应该关注"人"的要素，即财政支出的执行者是民族地区政府；如何才能提高效率，即是"激励相容"的制度设计。民族地区财政支出政策设计要重视信息不完全带来的信息无效和激励不足问题，只有这样，才能减少信息不完全与制度不完善造成民族地区财政支出效率损失，实现资源优化利用、经济稳定发展等既定社会目标。

第二章 民族地区财政支出现状分析

民族地区有别于非民族地区，一方面，民族地区在决定经济发展的重要的五个方面（区位、资源、文化、制度、体制）具有民族特色，不同于其他地区；另一方面，民族地区行政划分属于自治区，具有自治权，政治性更浓。从全国角度，或者从区域角度（多数是东、中、西，及东北部地区）的研究远不能说明民族地区的问题，所以对民族地区的财政支出效率进行研究很有价值，也很有必要。

一 民族地区财政支出依赖程度较高

民族地区财政能力较弱，财政收支差额逐年增加，财政支出对中央财政依赖程度[①]较高。1979年民族地区财政依赖程度高达61.35%，意味着民族地区财政支出中有60%以上来自中央政府的财政转移支付；1994年这一指标为61.02%；2009年与2010年这一指标升到69%以上（见表2-1）。可见，中央财政每年都向民族地区加大转移支付，促进民族地区经济发展，抑制区域经济发展差距。

自1994年财政分税制改革后的17年中，我国民族地区的财政支出绝对数量逐年增加，2010年增长2164.54亿元，增长的绝对数量相当于2008年全年的民族地区财政收入（2125.41亿元）。因此民族地区财政收入远不能满足财政支出的需要，中央财政转移支付力度也在逐年加大。

---

① 这里把民族地区支出与收入的差额称为财政依赖，对民族地区财政依赖及程度的衡量，用公式表示为：民族地区财政依赖程度 =（民族地区财政支出 - 民族地区财政收入）/民族地区财政支出 ×100%。

表 2-1 1994~2010 年民族地区财政收支差额

年 份	财政收入 合计（亿元）	财政收入 五个自治区（亿元）	财政收入 自治州、县（旗）（亿元）	财政支出 合计（亿元）	财政支出 五个自治区（亿元）	财政支出 自治州、县（旗）（亿元）	收支差额（亿元）	财政依赖（%）
1994	201.49	139.97	61.52	516.96	338.52	178.44	-315.47	61.02
1995	248.13	172.56	75.57	595.12	397.04	198.08	-346.99	58.31
1996	313.01	211.19	101.82	720.15	464.65	255.5	-407.14	56.54
1997	349.01	236.79	112.22	792.62	508.93	283.69	-443.61	55.97
1998	409.16	284.12	125.04	915.41	605.1	310.31	-506.25	55.30
1999	447.41	314.86	132.55	1046.47	693.84	352.63	-599.06	57.25
2000	478.35	347.37	130.98	1197.76	817.51	380.25	-719.41	60.06
2001	556.9	406.88	150.02	1648.67	1132.38	516.29	-1091.77	66.22
2002	604.43	449.83	154.6	2001.74	1427.01	574.73	-1397.31	69.80
2003	684.81	508.78	176.03	2157.89	1511.03	646.86	-1473.08	68.26
2004	838.17	637.72	200.45	2530.73	1749.48	781.25	-1692.56	66.88
2005	1046.31	800.56	245.75	3114.84	2158.08	956.76	-2068.53	66.41
2006	1277.15	981.34	295.81	3748.55	2613.53	1135.02	-2471.4	65.93
2007	1678.22	1297.22	381	4862.64	3380.63	1482.01	-3184.42	65.49
2008	2125.41	1650.05	475.36	6579.74	4516.31	2063.43	-4454.33	67.70
2009	2584.42	2002.3	582.12	8521.08	5798.07	2723.01	-5936.66	69.67
2010	3308.74	2532.75	775.99	10685.62	7088.57	3597.05	-7376.88	69.04

注：表列五个自治区，系指内蒙古自治区、广西壮族自治区、西藏自治区、宁夏回族自治区和新疆维吾尔自治区。自治州、县（旗）系指除上述五个自治区以外各省所属的少数民族自治州、自治县（旗）。

数据来源：中华人民共和国财政部、中国财政杂志社：《中国财政年鉴2011》，中国财政杂志编辑出版，2011年12月，第463~464页计算整理得出。

二 民族地区人均财政支出并不低

民族地区人均财政收入较低，就 2010 年数据显示，超过全国平均水平（3028.76 元/人）的省区只有内蒙古，为 4373.83 元/人，实际上整个西部地区的整体水平均较低。但是民族地区的人均财政支出并不低，全国平均水平是 5510.0 元/人，东部地区平均水平是 5957.4 元/人，中部地区平均水平是 4219.5 元/人，东北地区平均水平是 6605.6 元/人，西部地区平均水平是 5934.0 元/人，民族地区平均水平是 5683.7 元/人。[①] 除广西、贵州与云南，其余五省区均在全国的前列，西藏人均财政支出排在第一位，青海人均财政支出仅次于北京与上海，只有广西、贵州和云南没有达到全国平均水平；相比而言，部分东部发达省份的人均财政支出也没有达到全国平均水平（见表 2-2）。

表 2-2 2010 年民族地区与其他地区人均财政收支比较

地区		财政收入			财政支出		
		占地方财政收入比重（%）	人均财政收入（元/人）	人均财政收入排序	占地方财政支出比重（%）	人均财政支出（元/人）	人均财政支出排序
西部地区	民族地区 内蒙古	2.6	4373.83	8	3.1	9293.58	6
	广西	1.9	1632.35	27	2.7	4244.98	28
	宁夏	0.4	2446.76	15	0.8	8883.96	7
	新疆	1.2	2306.62	16	2.3	7828.49	8
	西藏	0.1	1241.83	31	0.7	18672.34	1
	贵州	1.3	1467.78	28	2.2	4486.62	23
	云南	2.1	1900.57	22	3.1	4986.51	21
	青海	0.3	1968.71	19	1	13278.95	4
	重庆	2.3	3315.24	9	2.3	5951.08	14
	四川	3.8	1924.8	20	5.8	5248.08	20
	陕西	2.4	2553.6	14	3	5913.14	15
	甘肃	0.9	1361.89	30	2	5656.52	17
中部地区	山西	2.4	2771.18	13	2.6	5519.59	18
	安徽	2.8	1902.81	21	3.5	4283.76	27
	江西	1.9	1750.74	25	2.6	4327.41	26
	河南	3.4	1462.54	29	4.6	3617	31
	湖北	2.5	1767.3	24	3.4	4371.64	24
	湖南	2.7	1667.43	26	3.7	4165.87	29

---

① 根据《中国统计年鉴 2011》第 33 页数据计算而得。

续表

地区		财政收入			财政支出		
		占地方财政收入比重（%）	人均财政收入（元/人）	人均财政收入排序	占地方财政支出比重（%）	人均财政支出（元/人）	人均财政支出排序
东部地区	北 京	5.8	12668.35	2	3.7	14624.03	3
	天 津	2.6	8476.48	3	1.9	10919.4	5
	河 北	3.3	1873.29	23	3.8	3966.75	30
	上 海	7.1	13609.48	1	4.5	15642.68	2
	江 苏	10	5233.61	4	6.7	6303.72	12
	浙 江	6.4	4911.12	5	4.3	6039.68	13
	福 建	2.8	3147.69	10	2.3	4633.66	22
	山 东	6.8	2886.6	12	5.6	4351.9	25
	广 东	11.1	4501.67	7	7.3	5403.09	19
	海 南	0.7	3130.77	11	0.8	6716.2	10
东北地区	辽 宁	4.9	4612.19	6	4.3	7352.08	9
	吉 林	1.5	2196.08	17	2.4	6515.4	11
	黑龙江	1.9	1973.51	18	3	5885.34	16
全国平均			3028.76			5510.02	

注：表中财政收支为地方本级财政收支。

数据来源：中华人民共和国财政部、中国财政杂志社：《中国财政年鉴2011》，中国财政杂志编辑出版，2011年12月，第401~402页计算整理得出。原始数据见附录1。

三 民族地区财政支出结构现状分析

1. 民族地区财政支出结构相对量[①]比较分析

从全国各省级地方本级财政支出比例来看，基本呈现相同的规律，地方合计的财政支出比例排列在第一位的是教育支出，排在第十二位的科学技术支出。但是仔细分析，尤其是比较民族地区与东部地区的财政支出结

---

① 这里财政支出结构相对量，即表中数据是各支出项目（如内蒙古教育）与各地方本级财政支出（如内蒙古地方财政支出总额）的比例，反映各地方本级财政支出安排。

构比例，还是能够发现有明显的不同。其一，民族地区农林水事务支出比例比较高，除青海外其余七省区支出比例均为12%以上，而东部地区这一数据除海南外，其余省或直辖市均低于12%，说明民族地区城市化水平显著较低；其二，民族地区资源勘探电力信息支出比例较低，数据均为2%~3%，而东部地区这一数据相对较高，北京、天津与江苏均在5%以上，上海则在10%以上，说明资源开发利益更多流入东部地区；其三，民族地区环境保护支出比例较高，除西藏外，各省区这一数据均为3%~5%，而东部地区中除河北与广东超过4%以外，其余八省与直辖市均为1%~3%，说明民族地区环境保护任务更为艰巨；其四，民族地区科技支出比例很低，全国平均水平是2.15%，民族地区各省区全部低于这一平均水平，最高的新疆为1.19%，最低的青海仅为0.55%，而东部地区多数省与直辖市的这一比例均为2%以上，广东、浙江、江苏与天津在3%以上，北京与上海则在6%以上，笔者认为民族地区更需要先进的技术来实现发展方式转型（见表2-3）。

2. 民族地区财政支出结构绝对量比较

如果只是进行相对量比较，只能反映地方本级自身的财政支出安排及不同地方政府财政支出的侧重；通过绝对量比较则更能说明区域间的绝对差距。例如表2-3显示，宁夏在民族地区中农林水事务支出比例最高为16.9%，上海在东部地区农林水事务支出最低为4.6%，但宁夏此项财政支出总额为94.23亿元，而上海此项财政支出总额为153.93亿元，因而仍旧采用各地方本级人均财政支出数据进行分析（见表2-4）。

2010年人均财政支出的绝对量数据显示，民族地区在人均教育支出、人均一般公共服务支出[①]、人均交通运输支出及人均环境保护支出方面较高。其一，就人均教育支出而言，民族地区人均教育支出相比中部地区与东北地区较高，其中，内蒙古、宁夏与新疆均在1200元/人以上，西藏人均

---

① 一般公共服务是指政府提供基本公共管理与服务的支出，包括人大事务、政协事务、政府办公厅（室）及相关机构事务、发展与改革事务、统计信息事务、财政事务、税收事务、审计事务、海关事务、人力资源事务、纪检监察事务、人口与计划生育事务、商贸事务、知识产权事务、工商行政管理事务、国土资源事务、海洋管理事务、测绘事务、地震事务、气象事务、民族事务、宗教事务、港澳台侨事务、档案事务、共产党事务、民主党派事务及工商联事务、群众团体事务、彩票事务等。

下篇　基于机制设计理论的民族地区财政支出效率研究 | 191

表2-3　2010年民族地区与其他地区财政支出结构相对量比较

单位：%

地区		教育	社会保障和就业	一般公共服务	农林水事务	城乡社区事务	医疗卫生	公共安全	交通运输	资源勘探电力信息	环境保护	住房保障支出	科学技术	其他支出
地方合计		16.01	11.75	11.50	10.48	8.09	6.40	6.28	5.41	4.06	3.21	2.69	2.15	11.96
西部地区	民族地区	内蒙古	14.17	12.86	11.20	12.36	10.46	5.31	5.30	5.32	2.52	4.75	3.68	0.94	11.13
		广西	18.27	10.81	13.39	12.96	5.17	8.24	6.23	4.67	3.48	3.19	2.94	1.08	9.56
		宁夏	14.63	6.28	9.28	16.90	11.10	6.10	5.65	3.91	3.89	5.52	5.03	1.07	10.63
		新疆	18.47	9.79	11.51	12.98	5.61	6.10	7.57	5.39	2.27	3.00	5.30	1.19	10.80
		西藏	11.03	5.79	13.13	16.17	3.72	5.81	7.50	11.63	3.13	2.14	1.90	0.49	17.55
		贵州	17.90	8.63	13.04	15.12	3.25	7.83	6.22	6.72	2.96	3.33	5.37	1.02	8.61
		云南	16.40	13.33	10.78	14.32	3.79	8.04	6.36	6.12	2.02	3.78	4.91	0.94	9.21
		青海	11.09	25.49	7.43	9.35	4.12	5.24	4.77	6.28	3.13	4.86	8.22	0.55	9.48
		重庆	14.07	13.87	9.86	9.31	14.70	5.55	5.37	4.79	4.87	4.04	4.68	1.05	7.84
		四川	12.70	12.06	9.57	9.44	4.21	6.18	5.13	4.53	3.61	2.65	2.51	0.82	26.59
		陕西	17.03	14.22	12.95	12.04	5.72	7.06	5.03	5.82	3.23	3.74	3.10	1.14	8.94
		甘肃	15.54	14.65	9.92	13.36	3.87	6.84	4.80	4.53	1.90	4.65	3.96	0.74	15.24
中部地区		山西	17.01	14.21	11.17	10.44	5.78	5.90	6.31	6.82	1.87	4.27	2.76	1.04	12.43
		安徽	14.93	12.91	10.58	11.30	9.13	7.12	4.62	4.83	4.83	2.50	3.61	2.24	11.41
		江西	15.47	12.12	11.37	12.08	5.33	7.80	5.59	5.58	6.11	2.56	3.54	0.95	11.51
		河南	17.84	13.50	14.01	11.69	4.84	7.91	5.55	5.09	2.63	2.82	2.26	1.31	10.55
		湖北	14.65	14.73	12.59	12.21	4.78	7.16	6.67	4.96	4.39	3.85	2.26	1.20	10.54
		湖南	14.92	14.67	13.59	11.94	6.92	6.68	5.89	5.66	3.59	3.36	3.03	1.30	8.47

续表

地区		教育	社会保障和就业	一般公共服务	农林水事务	城乡社区事务	医疗卫生	公共安全	交通运输	资源勘探电力信息	环境保护	住房保障支出	科学技术	其他支出
东部地区	北京	16.57	10.15	8.82	5.84	10.83	6.88	6.66	5.70	5.11	2.24	1.69	6.58	12.93
	天津	16.67	10.00	7.12	4.88	25.80	5.09	6.17	3.41	5.75	1.97	0.46	3.14	9.54
	河北	18.24	12.72	12.70	11.09	6.34	8.35	6.24	5.52	2.08	4.08	1.84	1.05	9.75
	上海	12.63	10.98	6.84	4.60	14.40	4.85	5.67	2.44	10.83	1.43	1.59	6.12	17.63
	江苏	17.61	7.42	12.85	9.95	12.71	5.08	6.65	5.62	5.35	2.85	1.48	3.06	9.38
	浙江	18.91	6.43	13.54	9.05	8.49	7.00	8.13	7.27	3.92	2.56	0.92	3.78	9.99
	福建	19.34	8.75	12.50	9.46	6.35	6.94	7.11	7.39	3.78	2.35	1.66	1.91	12.48
	山东	18.59	10.05	13.13	11.24	9.37	6.05	5.89	5.56	3.89	2.72	0.85	2.04	10.52
	广东	17.00	8.66	12.64	6.00	7.52	5.61	9.15	5.87	3.02	4.41	1.63	3.96	14.54
	海南	16.92	12.70	10.74	15.08	6.33	5.99	7.56	4.51	2.51	2.56	4.10	1.28	9.66
东北地区	辽宁	12.68	18.14	11.03	9.04	11.27	4.74	5.99	4.39	6.54	2.42	2.62	2.16	8.98
	吉林	14.00	14.18	11.08	13.37	6.09	6.21	6.12	5.02	2.97	4.00	4.86	1.07	11.03
	黑龙江	13.28	13.58	9.88	15.00	6.26	6.00	5.98	6.56	3.25	3.95	4.83	1.23	10.19

注：国家财政按功能性质分类的支出在《中国财政年鉴2011》与《中国统计年鉴2011》均分为二十二项，分别为一般公共服务、国防、外交、公共安全、教育、科学技术、文化体育与传媒、社会保障和就业、医疗卫生、环境保护、城乡社区事务、农林水事务、交通运输、资源勘探电力信息等事务、商业服务业等事务、金融监管等事务、地震灾后重建支出、国土资源气象等事务、住房保障事务、粮油物资储备管理事务、国债付息支出、其他支出。这里只列举用地方财政支出百分比排序在前十二位的支出项目，选取前十二的目的是把科学技术支出项目列进来，笔者很看重科学技术项目在各区域的支出比例。

数据来源：中华人民共和国国家统计局：《中国统计年鉴2011》，中国统计出版社，2011年9月，第284～286页数据计算整理得出。原始数据见附录2。

表2-4 2010年民族地区与其他地区财政支出结构绝对量比较

单位：元/人

地　区		教　育	社会保障和就业	一般公共服务	农林水事务	城乡社区事务	医疗卫生	公共安全	交通运输	资源勘探电力信息	环境保护	住房保障支出	科学技术
地方合计		882	647	634	577	446	353	346	298	223	177	148	118
西部地区	民族地区	内蒙古	1303	1183	1030	1137	962	488	487	490	232	437	339	87
		广　西	796	471	583	565	225	359	271	203	152	139	128	47
		宁　夏	1289	553	818	1489	978	537	497	344	342	486	443	94
		新　疆	1436	762	895	1009	436	474	588	419	176	233	412	92
		西　藏	2022	1061	2406	2963	682	1065	1374	2130	573	392	348	90
		贵　州	839	405	611	709	152	367	292	315	139	156	252	48
		云　南	814	662	536	711	188	399	316	304	100	188	244	47
		青　海	1465	3366	981	1235	543	692	630	829	413	642	1085	72
		重　庆	834	822	584	552	871	329	318	284	289	239	277	62
		四　川	672	638	506	499	223	327	271	240	191	140	133	43
		陕　西	1011	845	769	715	340	419	299	346	192	222	184	68
		甘　肃	892	840	569	767	222	392	275	260	109	267	227	43
中部地区		山　西	919	768	604	564	312	319	341	368	101	230	149	56
		安　徽	649	561	460	491	396	309	201	210	210	109	157	97
		江　西	667	522	490	521	230	336	241	240	263	110	153	41
		河　南	648	490	509	424	176	287	202	185	95	102	82	47
		湖　北	640	643	550	533	209	313	291	217	192	168	99	53
		湖　南	614	603	559	491	285	275	242	233	148	138	124	53

续表

地区		教育	社会保障和就业	一般公共服务	农林水事务	城乡社区事务	医疗卫生	公共安全	交通运输	资源勘探电力信息	环境保护	住房保障支出	科学技术
东部地区	北京	2295	1406	1221	809	1500	952	922	790	708	310	233	912
	天津	1767	1060	755	517	2734	539	654	361	609	209	49	333
	河北	715	499	498	435	248	327	245	216	82	160	72	41
	上海	1812	1575	982	660	2065	695	813	349	1554	205	228	877
	江苏	1100	463	802	622	794	317	415	351	334	178	92	191
	浙江	1114	379	797	533	500	412	479	428	231	151	54	223
	福建	888	401	574	434	292	318	327	339	173	108	76	87
	山东	804	435	568	486	405	262	255	240	168	118	37	88
	广东	883	450	656	311	390	291	475	305	157	229	85	205
	海南	1132	850	719	1010	424	401	506	302	168	171	274	86
东北地区	辽宁	927	1325	806	661	824	346	437	321	478	177	192	157
	吉林	911	922	721	870	396	404	398	327	194	260	316	70
	黑龙江	780	798	581	882	368	353	352	385	191	232	284	72

注：此表中的财政支出绝对量数据是地方本级财政支出总额除以本地方年末总人口数。

数据来源：中华人民共和国国家统计局：《中国统计年鉴2011》，中国统计出版社，2011年9月，第95页与第284～286页数据计算整理得出。原始数据见附录2。

教育支出更是在 2000 元/人以上，这一数据指标最低的是广西（796 元/人），中部地区只有山西较高，为 919 元/人，其他省均是大约 600 元/人；东部地区只有北京、上海与天津三直辖市较高，其他省均未超过 1200 元/人。其二，就人均一般公共事务财政支出而言，民族地区较高，其中西藏在全国范围内属于最高的数据，为 2406 元/人，全国范围内超过 1000 元/人的也只有内蒙古与北京，其他民族地区省份在全国排序方面也不低，比中部地区高一些。其三，民族地区人均交通运输支出较高，在全国范围内这一数据指标超过人均 400 元的从高到低排序依次为：西藏（2130 元/人）、青海（829 元/人）、北京（790 元/人）、内蒙古（490 元/人）、浙江（428 元/人）、新疆（419 元/人），多数为民族地区省区。其四，就人均环境保护支出而言，在全国范围内排在前五名的分别是青海（642 元/人）、宁夏（486 元/人）、内蒙古（437 元/人）、西藏（392 元/人）与北京（310 元/人），可见民族地区用于环境保护的地方财政支出较多。

第三章 数据包络分析（DEA）对民族地区财政支出效率的测度

一 建立财政支出效率评价的 DEA 模型

数据包络分析（Data Envelopment Analysis，简称DEA）是将数学、经济与管理的概念与方法相结合形成的一些具有特色的模型、方法和理论，是研究具有相同类型的部门（或单位）间相对有效性的十分有用的工具，也是理论上处理一类多目标决策问题的非常完备的方法，更是经济理论中估计具有多个输入（而且特别是具有多个输出）的"生产前沿面"的有力工具，从而利用"生产前沿面"的理论和方法建立非参数的最优化模型。人们在生产活动或社会活动中经常要遇到评价问题，需要对具有相同类型的事物进行评价，其评价的依据是决策单元的输入数据和输出数据。输入数据是决策单元在某种生产活动中所消耗的某些量；输出数据是指决策单元经过一定的投入后，产生的表明该活动成效的某些信息；根据输入数据与输出数据来评价决策单元的优劣，即所谓评价单位间的相对有效性。

现在对2010年31个决策单元（即全国31个省、直辖市、自治区）的地方本级财政支出效率进行评价，输入变量分别是：

x_{ij} = 第 j 个决策单元对第 i 种输入的投入量，其中 j = 1，2，…，31 i = 1，2，3

x_{1j} = 第 j 个决策单元的人均财政支出

x_{2j} = 第 j 个决策单元的财政依赖程度

x_{3j} = 第 j 个决策单元的财政支出财政收入的比，即 $\dfrac{\text{地方财政支出}}{\text{地方财政收入}}$

y_{kj} = 第 j 个决策单元对第 k 种输出的产出量，其中，j = 1，2，…，31

$k = 1,2,3,4$

y_{1j} = 第 j 个决策单元的农村居民人均纯收入

y_{2j} = 第 j 个决策单元的城镇居民人均可支配收入

y_{3j} = 第 j 个决策单元的人均 GDP

y_{4j} = 第 j 个决策单元的 GDP 增长率,即,$\dfrac{2010 \text{ 年 GDP}}{2009 \text{ 年 GDP}} - 1$

v_i = 对第 i 种输入的一种度量（或称"权"）

u_k = 对第 k 种输出的一种度量（或称"权"）

每个决策单元相应的效率评价指数为：

$$h_j = \frac{\sum_{k=1}^{4} u_k y_{kj}}{\sum_{i=1}^{3} v_i x_{ij}}, h_j \leq 1, j = 1,2,\cdots,31$$

建立的优化模型为：

$$\begin{cases} \max \dfrac{\sum_{k=1}^{4} u_k y_{kj_0}}{\sum_{i=1}^{3} v_i x_{ij_0}} = h_{j_0}^* \\ \dfrac{\sum_{k=1}^{4} u_k y_{kj}}{\sum_{i=1}^{3} v_i x_{ij}} \leq 1, j = 1,2,\cdots,31 \\ v = (v_1,v_2,v_3) \geq 0 \\ u = (u_1,u_2,u_3,u_4) \geq 0 \end{cases}$$

二 DEA 对民族地区及其他地区财政支出效率的测度

1. 模型变量描述与样本描述性统计

地方财政支出效率是地方政府在履行政府职能过程中的投入与产出的对比。这里 DEA 方法测度的地方财政支出效率是相对效率值，是比较不同决策单元（全国 31 个省、直辖市、自治区）的效率。输入变量是人均财政支出、财政依赖与单位地方财政收入的地方财政支出；输出变量是城镇居民人均可支配收入、农村居民人均纯收入、人均 GDP 与 GDP 增长率。模型变量描述性统计见表 3-1。

表 3-1 财政支出效率模型输入输出变量的描述性统计

	人均财政支出（元/人）	财政依赖（%）	支出/GDP（%）	城镇居民人均可支配收入（元）	农村居民人均纯收入（元）	人均GDP（元/人）	GDP 增长率（%）
最小值	3617.00	13.00	10.58	13188.55	3424.65	13228.62	14.09
最大值	18672.34	93.35	108.59	31838.08	13977.96	74548.45	27.13
平均值	7067.21	51.37	24.56	18067.69	6326.77	33053.40	20.79
方 差	1.43E+07	462.02	331.41	2.28E+07	7.14E+06	2.78E+08	11.18

数据来源：中华人民共和国国家统计局：《中国统计年鉴2011》，中国统计出版社，2011，第56页中的2009年、2010年GDP；第281页中的财政收入；第284页中的财政支出；第340页中的城镇居民人均可支配收入；第352页中的农村居民人均纯收入；计算整理得出。原始数据见附录1。

输入与输出变量的选择基本是经济类数据，主要是因为其他类诸如社会性与生态性的数据指标难以用统一的标准量化，并且输出结果依赖长期输入变量的累积效应。

2. DEA 对地方财政支出效率测度的结果与分析

本研究利用 DEAP 2.1 软件计算全国 31 个省、直辖市、自治区的财政支出效率，计算结果见表 3-2。

表 3-2 民族地区与其他地区财政支出效率的比较

地 区			综合效率（crste）	纯技术效率（vrste）	规模效率（scale）	
西部地区	民族地区	内蒙古	0.590	0.593	0.996	drs
		广 西	1.000	1.000	1.000	—
		宁 夏	0.608	0.660	0.922	drs
		新 疆	0.733	1.000	0.733	drs
		西 藏	0.205	0.263	0.780	irs
		贵 州	0.745	0.830	0.898	irs
		云 南	0.711	0.787	0.903	irs
		青 海	0.438	0.556	0.787	drs

续表

地　区		综合效率（crste)	纯技术效率（vrste)	规模效率（scale)	
西部地区	重　庆	0.800	0.808	0.990	drs
	四　川	0.787	0.806	0.976	irs
	陕　西	0.839	0.864	0.971	drs
	甘　肃	0.711	0.731	0.973	irs
中部地区	山　西	0.959	1.000	0.959	drs
	安　徽	1.000	1.000	1.000	—
	江　西	1.000	1.000	1.000	—
	河　南	1.000	1.000	1.000	—
	湖　北	1.000	1.000	1.000	—
	湖　南	1.000	1.000	1.000	—
东部地区	北　京	1.000	1.000	1.000	—
	天　津	1.000	1.000	1.000	—
	河　北	0.959	0.982	0.976	irs
	上　海	1.000	1.000	1.000	—
	江　苏	1.000	1.000	1.000	—
	浙　江	1.000	1.000	1.000	—
	福　建	1.000	1.000	1.000	—
	山　东	1.000	1.000	1.000	—
	广　东	0.978	1.000	0.978	irs
	海　南	0.809	0.889	0.910	drs
东北地区	辽　宁	0.739	0.758	0.975	drs
	吉　林	0.620	0.646	0.960	irs
	黑龙江	0.711	0.719	0.989	irs

注释：其中 crste 是指不考虑规模收益时的技术效率，也称综合效率；vrste 是考虑规模收益时的技术效率，也称纯技术效率；scale 是考虑规模收益时的规模效率，也称规模效率；纯技术效率和规模效率是综合效率的细分；最后一列 irs，－，drs 分别表示规模收益递增、不变与递减。

这里将计算结果进行比较，结论如下：民族地区的综合效率（广西除外）相对是最低的，纯技术效率与规模也呈现同样的规律；非民族地区的西部地区直辖市与省的财政支出效率也比民族地区（广西除外）相对较高；相比较而言，东部地区与中部地区的财政支出效率相对较高；东北地区这一结果也不算高。

第四章 提升民族地区财政支出效率的机制设计构架

探寻影响地方财政支出效率的因素及影响程度，努力构建提升民族地区财政支出效率的机制设计显得重要与紧急。

一 回归模型分析财政支出效率影响因素

1. 国内外关于影响财政支出效率的变量选择

影响财政支出效率的因素问题，国内外学者皆有研究，中国经济增长与宏观稳定课题组（2006）通过研究政府社会性投入与社会发展的关系，分析财政支出的最优安排问题；傅勇和张晏（2007）通过对地方财政支出结构偏向的实证描述，揭示地方财政支出结构配置的内在逻辑；陶然和刘明兴（2007）通过对城乡收入差距制度决定因素的分析，揭示地方政府财政支出结构配置存在的问题；张旭（2010）对广西财政性支出经济效率进行研究，提出产业结构与基础设施是重要的影响因素；2012年余游等学者对民族地区如云南财政支出效率进行研究，但是尚未提出影响效率的因素。

国际上财政支出效率模型中的变量也在不断补充与改变，Tiebout（1956）认为竞争性市场变量使得地方政府之间不断增加的竞争压力提高财政支出效率；Oates（1972）认为地方政府的信息优势使得中央向地方转移财政收支权力将更有利于提高支出效率。Migué 和 Bélanger（1974）引进那些能够解释居民对政府监督能力的变量；Hamilton（1983）、Eeckaut（1994）及 De Borger（1996）等引进当地居民给政府施加压力的能力，即当地居民的受教育水平；Hayes（1998）等基于 Niskanen 的官僚机构无效率的模型得出政府支出的无效率是利益集团私利优先的结果；Grossman 等（1999）引进人口规模；Loikkanen 和 Susiluoto（2002）则发现人口密度和总人口对支出效率有负的影响；Milligan（2004）等分析了教育能增加受教育者的政治行动力，能够提高当地居民选择能干官员的能力以及识别官员腐败的能力；Afonso 等（2005、2006）在跨国研究中对政府效率的分析也得出相同的结论。

2. Tobit 模型分析财政支出效率的变量相关性

这里讨论影响财政支出效率的因素没有采用通常选择的居民收入水平、人口总数、人口密度等在财政系统内不可控制的变量，而是选择影响财政支出安排，并且对地方经济与社会发展有重要影响的变量，即表 2-3 中的前十二列数据变量作为解释变量，DEA 模型结果的综合效率作为被解释变量。

假设 1：全国各省、直辖市与自治区财政支出的综合效率[①]与地方财政支出的二十三个项目[②]都具有相关性。

假设 2：地方财政支出分类项目支出越多，分类项目所代表的因素对地方经济与社会发展影响越大，从而该项财政支出安排就越有效率。例如一般认为教育因素对地方经济与社会发展的影响较大[③]，某地区教育支出越多，对某地区的经济社会发展贡献越大，从而财政支出越有效率。

假设 3：解释变量间不具有相关性，即各解释变量所代表的内涵不能相互替代。

构造 Tobit 回归模型如下：

$$h_{i,crste} = \alpha + \sum_{j=1}^{12} \beta_j X_{ji} + \mu_i \tag{1}$$

其中 $h_{i,crste}$ 代表 i 地区的综合效率值，X_{ji} 代表 i 地区在第 j 方面的财政支

---

① 主要侧重的是经济效率。
② 二十三个地方财政支出项目分别是一般公共服务、外交、国防、公共安全、教育、科学技术、文化体育与传媒、社会保障和就业、医疗卫生、环境保护、城乡社区事务、农林水事务、交通运输、资源勘探电力信息等事务、商业服务业等事务、金融监管等事务、地震灾后重建恢复等事务、国土资源气象等事务、住房保障支出、粮油物质储备管理事务、预备费、国债付息支出、其他支出。
③ 教育因素具有长期性，但是正常年份的教育支出比例能够代表长期的教育投入力度。

出比例，其中 $i=1, 2, \cdots, 31$，$j=1, 2, \cdots, 12$。

X_{1i}，X_{2i}，$\cdots$，X_{12i} 分别代表 i 地区在教育支出、社会保障和就业支出、一般公共服务支出、农林水事务支出、城乡社区事务支出、医疗卫生支出、公共安全支出、交通运输支出、资源勘探电力信息支出、环境保护支出、住房保障支出、科学技术支出十二个方面的比例。

利用 Eviews 6.0 计算结果如表 4-1 所示。

表 4-1 地方财政支出效率影响因素相关分析

变量	系数	t 统计量值	$\alpha=0.15$	$\alpha=0.1$	$\alpha=0.05$	$\alpha=0.025$
X1	0.044612	2.774484	显著	显著	显著	显著
X2	0.010372	1.156026	显著	不显著	不显著	不显著
X3	0.01205	0.637523	不显著	不显著	不显著	不显著
X4	-0.013328	-1.00972	不显著	不显著	不显著	不显著
X5	-0.002823	-0.368455	不显著	不显著	不显著	不显著
X6	0.040836	1.430898	显著	显著	不显著	不显著
X7	0.002318	0.083293	不显著	不显著	不显著	不显著
X8	-0.035435	-1.917527	显著	显著	显著	不显著
X9	0.038721	1.688672	显著	显著	不显著	不显著
X10	0.014853	0.513533	不显著	不显著	不显著	不显著
X11	-0.036122	-1.664369	显著	显著	不显著	不显著
X12	0.002266	0.088579	不显著	不显著	不显著	不显著

注：$t_{0.15}(18)=1.067$　$t_{0.1}(18)=1.330$　$t_{0.05}(18)=1.734$　$t_{0.025}(18)=2.101$
数据来源：Eviews 6.0 计算结果并比较得出，原始数据见附录 3。

从回归模型结果分析教育支出对财政支出效率具有相对较强的显著的线性相关性；交通运输支出具有仅次于教育支出的较强的显著的负线性相关性；医疗卫生支出、资源勘探电力信息支出与住房保障支出具有较弱的线性相关性，前两者为正相关，后者为负相关；其余财政支出项没有通过检验，不具有显著的线性相关性。虽然数据分析结果会有一定的误差，但还是能够说明一些问题，其中教育支出显著影响财政支出效率，即使财政支出的经济效率不高；而其他财政支出项目也许会对偏重财政支出的非经济效率具有一定的相关性。

二 建立激励相容的提升民族地区财政支出效率的创新机制

建立激励相容的提升民族地区财政支出效率的创新机制是《机制设计理论》在实际中的应用，即最大化自己期望效用函数的机制设计，在给定中央政府不知道民族地区政府类型的情况下，它使理性民族地区政府有兴趣接受中央政府的设计机制，即能够诱导理性的民族地区政府有积极性选择中央政府希望其选择的行动。这就给中央政府财政支出政策制定者一个有益的启示，即在充分考虑博弈者的私人信息和自利动机的情况下，如何通过改变游戏规则、设计激励相容的制度来达到既定的组织目标。

1. 财政事权在中央政府与民族地区政府间的优化配置

国家民族地区经济政策的目标是使民族地区经济协调发展，具体实施国家政策的是民族地区政府，大方向上中央与地方的利益是一致的。但是，必须承认，民族地区利益与民族地区政府利益是有区别的；前者是指民族地区所对应的行政区中各个主体，包括个人、各部门、各单位的共同利益；后者是民族地区利益的最大主体，民族地区政府是地方共同利益的代表，政府行为属于政治行为，和经济领域一样，政治行为的主体本身也是经济人。公共选择学派认为，经济决策和政治决策都是以个人的成本收益估算为基础的；同时，政府行为由人决策和实施，政府的行为规则由"人"制定，而"人"是经济人，因而政府也是经济人。民族地区利益中包括民族地区政府本身的利益，即政府人员的利益和政府机构的利益，它的实现程度和实现方式对民族地区利益的影响客观存在。民族地区政府既是利益主体，又是调控主体，前者要接受中央宏观政策，后者应当在自己的区域里落实中央宏观政策。这就存在民族地区政府追求自身利益最大化而与中央政府进行博弈的问题。"上有政策，下有对策"就集中地反映了民族地区政府与中央政府的博弈行为，这种博弈反映在事前、事中与事后。

确保中央扶持民族地区发展财政支出政策的有效实施，只有财政事权的明晰界定及创新性安排体现了对民族地区政府的激励，才能提升民族地区财政支出效率。具体做到如下方面。

(1) 中央政府财政支出政策目标的准确定位。民族地区要发展富裕起来，从根本意义上讲是靠自我发展能力，仅仅依靠帮扶是不现实的，希望富裕起来的主体的主观能动性起决定作用，任何客观因素都只能是辅助性的帮助。所以中央扶持民族地区财政支出政策目标的准确定位应该是一个激发民族地区自我发展能力的系统设计。中央政府财政支出政策的制定、实施及监督等程序在民族地区要避免高度集权，拓展民族地区政府主观能动性的发挥空间，促进少数民族群众主观能动性的发挥。

(2) 中央政府与民族地区政府间关系的准确定位。1994年我国实行分税制时曾对中央与地方的事权范围做过一个粗略的划分，但可操作性不强，从实践中看，事权不清问题没有得到根本解决，因而就很难完善分税制，很难合理划分财权。应进一步明晰财政事权的划分，民族地区政府拥有明确财权和投资权，在投资决策活动中，从本地区宏观经济利益出发，实现资源的合理使用，确保中央政府的许多宏观调控政策有效落实。在中央与地方之间的关系具有体制保障的前提下，确保中央与民族地区政府间权力规范划分具有法制保障，从而确保中央政策在民族地区高效运行。

(3) 民族地区政府财政干部职责的准确定位。中央政府任何政策的执行都离不开民族地区政府的干部，干部的行为取决于干部素质与干部评价机制，干部评价机制是干部管理制度的核心内容。我国对干部管理制度改革后，国家在干部人事任免方面下放了部分权力，干部管理权限改为"下管一级"，这样就为地方在遵循国家干部政策的前提下，加大干部任用的自主性创造了条件。干部评价机制即对干部政绩的评价机制，对干部的行为具有重要的导向功能。政府干部职责的准确定位决定了民族地区干部的行为边界，因此只有转变政府职能，建立服务型政府意识，完善干部管理制度，才能提高民族地区政府的服务效率。

2. 民族地区政府财力与事权对称的创新安排

民族地区政府事权与财力对称是中央政府政策在民族地区高效运行的重要体制保障。相比较而言，民族地区政府承担更多事权，如边境安全、生态保护等，因此，要增强民族地区财政能力，确保民族地区有能力行使相应的事权。提高民族地区财政能力的根本途径是发展民族地区经济，但是这一目标的实现需要长期的努力；因此中央政府对民族地区的财政转移支付理所当然地称为增强民族地区财力的重要制度保障。具体有如下三方面。

（1）增强对民族地区政府纵向转移支付的力度。民族地区的转移支付资金绝大多数来自中央财政，基于民族地区的特殊性，应加大各种形式的纵向转移支付力度。其一，税收返还，要从增加民族地区税收返还收入方面增强民族地区财政能力，就必须从计算税收返还的各环节入手，1994年分税制改革以法定形式确定中央与地方税收分享比例，充分利用税收优惠的政策，争取民族地区获得更多的税收返还，具体到消费税、增值税、所得税的税收返还，要提高对民族地区的返还比例。其二，一般性转移支付，在一般性转移支付项目的一般预算中，在"均衡性转移支付"或"民族地区转移支付"中增加对民族地区发展的项目，保障资金来源稳定；进一步提高均衡性转移支付的规模和比重，充分发挥均衡性转移支付在均衡民族地区财政能力方面的作用，改变目前均衡性转移支付所占规模较小的现状，并适当提高资金绝对数额及所占比例。其三，专项转移支付，进一步提高专项转移支付对民族地区的倾斜力度，专项转移支付的资金来源主要是一般预算专项拨款，多采用配套与非配套拨款形式，就民族地区生态项目而言，建议采用非配套拨款。

（2）建立对民族地区的横向转移支付制度。目前建立横向转移支付民族地区生态补偿相关项目显得更为紧迫。首先，建立与民族地区生态关系密切的跨区际生态基金模式的横向转移支付制度。在与民族地区生态关系密切的各级政府间，建立区际生态转移支付基金，即通过各级政府之间的相互协作，共享生态服务的成本与收益。其次，科学制定横向生态转移支付资金的管理程序。采取多种形式的横向财政转移支付方式，除资金形式外，可以考虑采用横向转移支付生态补偿资金支付，如绿色技术及带动民族地区发展无污染的生态产业。

（3）健全具有法律保障的财政转移支付监督体系。由于民族地区的特殊生态功能，国家先后出台了一些生态转移支付的相关法律。如2009年底出台了《国家重点生态功能区转移支付（试点）办法》，从资金初始分配、省级再分配、资金使用效果评估、相应的激励约束机制等方面进行全过程规范；2010年已经形成《国家重点生态功能区县域生态环境保护考核评价指标体系》；2011 年 7 月财政部出台《国家重点生态功能区转移支付办法》，对转移支付分配办法、监督考评、激励约束等分别做了规定。要加强建立具有法律保障的横向生态转移支付监督体系，重点监察基金的实际用途及资金的使用效率，对资金使用后生态项目的生态效益与社会效益是否达标，必须建立严格的责任追究制度。把政府间横向转移支付生态补偿的基本原则、具体方式、计算依据及监管办法、预算和决算等内容用法律形式确定下来，形成横向转移支付制度的监督约束机制，从而确保横向转移支付制度的有效实施。

3. 基于激励相容的中央政府与民族地区政府间的信息反馈机制

中央政府与地方政府职能分工，实质是实现中央与地方的权力制衡，建立健全的权力制衡机制有利于中央政府经济政策的高效运行，主要包括：交流与反馈机制、自我调适机制及约束监督机制。通过上述机制的发育和完善，推行中央政府与地方政府职能行为的规范化和制度化，促进中央与地方权力分割与运行格局的合理化。

（1）交流与反馈机制。第一，建立一个自下而上的民族地区经济问题信息交流与反馈的网络平台与网络系统；第二，建立一个较为稳定的民族地区经济发展问题的专家组织，诸位专家中，至少有一位专家具有民族背景，有利于从民族文化角度分析民族问题，尤其是对急于要解决的民族地区经济问题能够进行及时会诊；第三，建立一个为各民族、各民族地区发展政策的信息交流会制度，有利于提出容易被民族地区接受的具体政策与策略。

（2）自我调适机制。第一，建立一套对民族地区经济政策从出台到实施的效果测评系统，对政策进行相机调整；第二，建立一套对民族地区经济政策质量的科学评价标准和政策效果评价体系，有利于使未来政策的顶层设计更科学；第三，建立一套对民族地区经济政策评估的奖惩措施，有利于实现政策高效执行。

（3）约束监督机制。第一，落实和完善各项社会监督制度，建立政府政策信息网站，将民族地区经济政策信息置于民众的监督之中，鼓励民族地区民众经常参与并讨论政策评价意见，对民族地区发展政策问题的投诉和建议给予奖励；第二，保证专门监督机构的独立地位，独立行使监督权,强化国家权力机关的监督职能;第三,进一步落实和完善相关法规,有效地履行其监督机构的职能,提供更为完善的法律保障。

中央政府要规范民族地区政府的行为,财政支出政策创新绝不是地方保护,而是强调如何根据民族地区具体情况贯彻中央大政方针,把民族地区经济发展置于经济一体化的大趋势下。民族地区政府要坚定不移地贯彻执行中央政府财政支出政策,解放思想,锐意进取,用政策创新带动制度创新。民族地区财政支出政策创新要根据本区的自然、经济、体制、人文特征等区域优势及特色经济下工夫。同时,民族地区要通过加快改革步伐,尽最大努力缩小本地区与发达地区在思想观念、经济体制、经营机制、市场体系上存在的根本性差距,敢于创新,勇于探索,善于借鉴,大胆尝试以良好的改革业绩优化政策创新环境。

第五章　提升民族地区财政支出效率的对策与建议

一　民族地区政府财政支出多目标设计的协调统一

中央政府发展少数民族事业的近期总目标具体为：少数民族和民族地区公共基础设施和生态环境明显改善，自我发展能力不断增强，优势产业和特色经济不断发展，贫困问题得到有效缓解，群众生活水平有较大提高；对外交流与合作不断加强，对外开放水平有较大提高；民族区域自治制度和民族政策理论体系进一步完善，民族法制建设取得较大进展，少数民族合法权益得到切实保障。① 从最高层次上讲，财政支出政策目标是确保民族地区的增长、效率、平稳、生活质量及公众参与等。

财政支出政策作为一个系统而存在，是一个多层次、多要素的极其复杂的有机整体，其目标与手段相互联系、相互影响、相互制约，政策机制牵动经济运行按一定规律和程序进行，就存在政策目标与手段的机制耦合问题。本研究的目的是使财政支出政策决策更科学，政策过程更规范，政策目标更明确，政策手段更完善，政策灵敏度更强，政策内容更具体，政策效果更明显，使具体的政策向着更加科学化、合理化方向调整。

1. 确保中央政府与民族地区政府财政支出政策的系统性

构成财政支出政策各要素的目标和手段固然都很重要和必不可少，但是这些政策目标和手段的叠加并不等于整体结构合理与综合效应的优化。一般情况下，某一财政支出政策的制定是为了解决某一个单项问题，从局

---

① 国家民族事务委员会：《中国民族年鉴2008》，中国民族年鉴社编辑出版，2008，第10页。

部看是急需的、必要的，但是纳入整个系统后可能产生排他性，产生整体的负效应。例如民族地区的旅游开发解决了当地的部分就业，当地环境却受到污染；青壮年到发达地区打工提高了收入，当地农业却荒废了等。因此，财政支出政策作为一个大系统，只有政策目标与手段之间相互配合，才能使其功能充分发挥，达到预期的目标，这一特性也被称为相容性。

2. 确保中央政府与民族地区政府财政支出政策的配套性

配套性主要是要求财政支出政策的各项目标和手段能够有机地统一起来，为了一个目标共同发挥作用，有利于系统相互协调，即把各项目标和手段之间的有机结合和相互作用的合理点控制在一定的范围之内，符合财政支出政策制定的宗旨。

这里涉及一个财政支出政策的配套协调问题。政策配套是一个主体结构，可以有多种划分方法，如纵向配套是指国家政策与各地方政府的政策协调，从数量上看，它可以分为结构配套、程度配套、范围配套三种。由于有些国家政策需要民族地区配套实施，而民族地区财政不足，导致国家政策不能实施的也不少见。财政支出政策配套的目的是减少各项政策之间的摩擦与矛盾，实现最佳组合，如果不考虑民族地区实际的财政支出政策反而没有效用。我们将这种特性称为稳固性。

3. 确保中央政府与民族地区政府财政支出政策的动态性

财政支出政策的各项目标与手段的发展变化要协调，并且要保持与整体的协调与配合，既能保持相对的稳定性，又能促进整个财政支出政策的运动变化，达到新的预期状态，运用系统论的观点就是处于动态平衡状态的控制。由于目标和手段都是可以量化的变量，这就要求在制定财政支出政策时，要充分考虑变化方向和趋势、活动速度和方式，以及发展变化的动力、原因和规律，从而使各项政策目标与手段能够在时间上相互协调与同步，在空间上保持一定的比例与平衡。我们将这种特性称为连续性。

4. 确保中央政府与民族地区政府财政支出政策的灵活性

灵活性，即弹性，是指在财政支出政策目标与手段的各种变化情况下，都能够围绕着财政支出政策的整体需要适时适度地调整和改变运动的方向和速度，从而做到财政支出政策内外各种条件的变化对财政支出政策整体都会产生积极的反应，同时抑制可能产生消极影响的变化。这就要求政策制定具有极强的外部环境适应性。当社会经济环境受到冲击时，仍旧能够正常运行，并保持持久的政策效力。政策要具有很强的自我调节能力，这也是通过政策系统内部的协同作用实现的。如今的政策预警机制大大增强了政策的灵活性。

另外，政策的稳定性也有必要重申。就是说任何一项政策都要有一定的时间稳定性，切忌朝令夕改，因人而异。从本质上说，政策是受客观规律制约的，而客观规律是相对稳定的，所以政策主体也应该是相对稳定的，这就要求提出时就应该是比较成熟的，符合国情和民族地区区情的。

二 提升民族地区财政支出效率的项目安排原则

1. **财政支出政策要因族因地制宜安排**

中央政府财政支出政策应当坚持"区别对待，分类指导"和"民族优先"的原则。首先，对于人口较少民族[①]，国家制订专项规划，安排专项资金和优惠贷款，出台特殊扶持政策，对人口较少民族的发展给予大力财政支持。其次，处于绝对贫困的民族[②]，国家制定专项扶贫政策，如以工代赈、项目带动、整村推进等政策。再次，对处在边境的民族地区，实行支持边境贸易发展和区域经济合作等相关方面特殊的"兴边富民"的财政支出政策。最后，针对各民族因地理区位与民族文化的不同，制定因族因地制宜的财政支出政策。

2. **财政支出政策安排要坚持突出重点领域、重点区域及重点项目**

无论中央政府还是民族地区政府财政支出政策的扶持都要突出重点，有计划、有规划，加大力度、多手段综合地在重点领域、重点区域及重点项目上有所作为。在重点领域上，应在扩大改革开放、健全民族资源开发利益制度、重大基础设施、生态环境保护、发展文化产业、完善社会保障体系等领域给予重点扶持。重点区域包括新疆的石油天然气基地、石化基

---

① 如鄂伦春族、塔吉克族、赫哲族、基诺族、独龙族、布朗族、普米族、德昂族、高山族等。

② 如独龙族、怒族、傈僳族、拉祜族、佤族、布朗族、哈尼族、德昂族、景颇族、瑶族、门巴族、珞巴族、裕固族、塔吉克族等。

地、能源资源国际安全大通道的建设，以广西为核心的北部湾建设，宁夏宁东国家煤电化基地建设，包头的稀土科研、生产与出口等。重点项目包括少数民族发展资金管理、扶持人口较少民族专项发展资金、少数民族搬迁项目、民族贸易和民族特需商品生产项目及扶贫开发项目等。这些重点领域、重点区域、重点项目都要给予足够的关注与扶持。

3. 财政支出政策安排要处理好加大扶持力度与内生能力的关系

中央政府财政支出通过资助民族地区物质和技术等方面，帮助民族地区加速发展经济和文化建设事业，加大对民族地区的金融扶持力度，优先在民族地区合理安排资源开发项目和基础设施项目，中央财政加大对民族地区财政转移支付力度，增加对民族地区的投入。但是要处理好民族地区自力更生与外来帮助的关系，民族地区要树立自己发展的观念，紧紧抓住中央政府扶持民族地区发展的机遇，选择产业政策和区域政策的结合点，培育新的经济增长点，结合民族地区的特点，积极探索开拓民族地区进入快速发展轨道的切入口、突破口，依托资源优势，摈弃保守、落后的思想，拓宽招商引资与嫁接、联姻、协作等领域，用足用好中央政府财政支出政策。

4. 财政支出政策安排要注意速度与效益相结合

"快"是对经济发展数量和速度的要求，"好"是对经济发展质量和效益的要求，要深刻领会又好又快发展是全面落实科学发展观的本质要求。民族地区没有经济发展速度是不行的，要促进民族地区经济发展，避免差距拉大，不断提高人们的生活水平，要保持一个较快的发展速度；但如果这一发展速度是建立在资源过度消耗、环境污染、质量不高、效益低下的基础上的，是要付出沉重代价的。加快民族地区发展速度，不能片面追求经济规模的膨胀，应当把高速度建立在集约型的经济增长方式基础上，即高速度必须有高质量的技术结构和科学管理作为保障。民族地区要着力调整结构和转变经济增长方式，加强资源节约和环境保护。财政支出安排既要保持经济平稳较快增长，更要坚持"好"中求"快"，注重优化结构，努力提高质量和效益，确保民族地区经济又好又快地发展。

5. 财政支出政策安排要注意协同推进

在财政支出政策实施过程中，既要发挥政府与市场的双重调控作用，又要注重各种政策措施的相互衔接和综合配套。首先，要充分发挥中央政府和民族地区各行为主体的积极性，实现良性互动。各民族地区政府要充分调动一切资源投入到经济建设中来，积极制定并实施配套措施，确保财政支出政策及其他相关政策落到实处。其次，要加强中央各部门与各项政策之间的衔接与协调，形成政策合力及部门间的良性互动，把体制改革、机制创新、对外开放、资金投入、政策支持、法律保障等各方面措施有机结合起来，协同推进民族地区发展的格局。

三 财政支出项目绩效评价制度的完善

1. 财政支出项目绩效评价指标体系要反映绩效的"3E"原则

经济性（Eoconomy）、效率性（Efficiency）与有效性（Effectiveness）即绩效的"3E"特性。经济性是指以最低的相关成本获得恰当质量和数量的效益，可以通过投入的测定并通过和标准的比较来衡量一项活动是否经济；效率性是指以最小的投入取得一定的产出或以一定投入取得最大的产出，一般用单位产出的成本来衡量；有效性是指计划实施达到预期目标或效果的程度。[①] 财政支出项目绩效评价指标体系要反映经济性、效率性与有效性。财政支出项目绩效评价体系包括财政支出投入、过程、产出、效果四个环节的全过程。只有这四个环节的执行细节均能体现"3E"目标，才能有效提高财政支出效率。

2. 财政支出项目绩效评价指标体系的科学设置

在设置和完善财政支出绩效评价指标的过程中，要逐步建立评价指标数据库，在设置评价指标时要广泛征求专家与实际工作部门的意见。在对具体财政支出项目进行评价时，结合已有数据指标，新增反映具体项目的新指标，如对不同民族地区的相同项目与不同项目进行具体分析，采用比较科学与可行的评价指标体系。对省区级财政支出项目、市县级财政支出项目要采用区别的评价指标，这是因为省区级的财政目标要协调全区（或

---

① 郭平、洪源、潘郭钦：《多层次、立体的财政支出绩效评价指标体系构建研究》，《湘湖论坛》2011年第1期，第92页。

省）的经济与社会发展，而市县级的范围相对较小。同时还要保证评价指标的可测性，只有量化的可测数据指标才能进行比较分析，才更具有说服力，避免一些人为因素。

3. 完善财政支出项目绩效评价的法律监督体系

要完善财政支出项目绩效评价的法律监督体系。民族地区有别于非民族地区，现有法律在民族地区适用的，一定要严格遵照执行；不适用的，还要专门针对民族地区使用的范围，如项目绩效监督、完成项目的单位监督、财政支出项目经费的具体使用监督等各环节进行严格规定。参照此指标体系，进一步完善民族地区环境监测体系，提高数据的完整性和权威性，为民族地区财政支出项目绩效提供法律保障，使民族地区与财政支出相关的一切决策做到科学、民主与透明。

总　结

本研究的主旨在于把机制设计理论的理念贯穿于民族地区财政支出效率领域，构建提升民族地区财政支出效率的政策体系，从本源上深入解决问题，有利于实现财政政策的效率与公平，有利于区域和谐发展，有利于人与自然和谐发展，有利于"两型"社会的实现。通过深入研究，得出如下结论。

1. 民族地区有别于非民族地区，中央政府对民族地区财政支持力度逐年加大，但是经济发展差距却显现继续扩大的趋势，民族地区财政支出的效率问题值得深思。机制设计理论的提出为提升民族地区财政支出效率提供了理论依据，中央政府与民族地区政府都是理性经济人，怎样才能使民族地区政府主动积极地实现中央政府财政支出政策的目标，激励相容理论、显示原理与执行理论对这一问题的解决起到了重要的作用。

2. 相比其他地区，民族地区政府财政支出效率较低，这一问题的根源不能只从民族地区本身来研究，要从中央政府与民族地区政府财政支出政策体系的系统性来研究，利用动态优化方法构建提高民族地区财政支出效率的模型，重要约束有三：其一，在财政支出规模一定的前提下，要注意民族地区政府的效用目标；其二，有效利用信息要求机制运行的信息成本最小；其三，激励相容要求民族地区政府的目标与中央政府的目标一致。在中央政府财政支出政策目标确定的情况下，若民族地区政府如实报告自己的私人信息是占优策略均衡，则该机制就是相容的，而在存在参与约束的条件下，若设计的机制能使民族地区政府财政支出效率提升，就满足了激励相容约束。

3. 民族地区是特殊的生态功能区，其生态环境是全国的生态屏障，其生态环境建设影响全国的生态环境建设进程，然而民族地区政府财政能力约束了环境保护的积极性。加大对民族地区生态补偿财政转移支付力度是提高生态福利的重要保障，财政转移支付民族地区生态补偿是最直接有效的经济政策，建立纵横交错的财政转移支付是提高民族地区财政支出效率的重要路径之一。

民族地区的经济发展战略要转型，重视质量与效益并重的民族地区财政支出是最优选择，民族地区财政支出效率问题应该引起各相关部门的重视。

附　录

附录1

地区	人均财政支出（元/人）	财政依赖（%）	支出/GDP（%）	2010年人均可支配收入（元）	2010年农村人均纯收入（元）	GDP/人口（元/人）	2010年GDP增长率（%）
北　京	14624.03	13.37	19.25	29072.93	13262.29	71938.33	16.13
天　津	10919.4	22.37	14.93	24292.60	10074.86	70996.16	22.64
河　北	3966.75	52.78	13.83	16263.43	5957.98	28350.56	18.33
山　西	5519.59	49.79	20.99	15647.66	4736.25	25743.05	25.04
内蒙古	9293.58	52.94	19.48	17698.15	5529.59	47213.42	19.83
辽　宁	7352.08	37.27	17.31	17712.58	6907.93	42189.01	21.33
吉　林	6515.4	66.29	20.62	15411.47	6237.44	31557.47	19.08
黑龙江	5885.34	66.47	21.73	13856.51	6210.72	27048.03	20.75
上　海	15642.68	13.00	19.24	31838.08	13977.96	74548.45	14.09
江　苏	6303.72	16.98	11.86	22944.26	9118.24	52641.62	20.22
浙　江	6039.68	18.69	11.57	27359.02	11302.55	50899.22	20.58
安　徽	4283.76	55.58	20.94	15788.17	5285.17	20748.59	22.82
福　建	4633.66	32.07	11.50	21781.31	7426.86	39905.55	20.44
江　西	4327.41	59.54	20.35	15481.12	5788.56	21180.49	23.46
山　东	4351.9	33.67	10.58	19945.83	6990.28	40853.65	15.56
河　南	3617	59.56	14.79	15930.26	5523.73	24552.05	18.54
湖　北	4371.64	59.57	15.67	16058.37	5832.27	27876.83	23.20
湖　南	4165.87	59.97	16.85	16565.70	5621.96	24410.53	22.81
广　东	5403.09	16.68	11.78	23897.80	7890.25	44069.74	16.54
广　西	4244.98	61.55	20.98	17063.89	4543.41	20758.89	23.34

续表

地区	人均财政支出（元/人）	财政依赖（%）	支出/GDP（%）	2010年人均可支配收入（元）	2010年农村人均纯收入（元）	GDP/人口（元/人）	2010年GDP增长率（%）
海南	6716.2	53.39	28.16	15581.05	5275.37	23769.47	24.80
重庆	5951.08	44.29	21.56	17532.43	5276.66	27475.30	21.37
四川	5248.08	63.32	24.78	15461.16	5086.89	21361.90	21.44
贵州	4486.62	67.29	35.45	14142.74	3471.93	13228.62	17.62
云南	4986.51	61.89	31.64	16064.54	3952.03	15699.28	17.09
西藏	18672.34	93.35	108.59	14980.47	4138.71	16874.73	14.98
陕西	5913.14	56.81	21.92	15695.21	4104.98	27102.72	23.91
甘肃	5656.52	75.92	35.64	13188.55	3424.65	16096.81	21.64
青海	13278.95	85.17	55.05	13854.99	3862.68	23986.32	24.89
宁夏	8883.96	72.46	33.00	15344.49	4674.89	26694.42	24.85
新疆	7828.49	70.54	31.24	13643.77	4642.67	24884.19	27.13

附录2

地区	年末总人口（万人）	一般预算支出（亿元）	一般公共服务（亿元）	公共安全（亿元）	教育（亿元）	科学技术（亿元）	社会保障和就业（亿元）
北京	1962	2717.32	239.57	180.94	450.22	178.92	275.90
天津	1299	1376.84	98.07	84.92	229.56	43.25	137.74
河北	7194	2820.24	358.13	176.08	514.30	29.65	358.78
山西	3574	1931.36	215.83	121.84	328.58	20.12	274.46
内蒙古	2472	2273.50	254.53	120.45	322.11	21.39	292.44
辽宁	4375	3195.82	352.40	191.29	405.39	68.90	579.84
吉林	2747	1787.25	198.04	109.30	250.20	19.12	253.36
黑龙江	3833	2253.27	222.57	134.85	299.14	27.69	306.06
上海	2303	3302.89	226.02	187.25	417.28	202.03	362.56
江苏	7869	4914.06	631.24	326.80	865.36	150.35	364.48
浙江	5447	3207.88	434.29	260.67	606.54	121.40	206.39

续表

地区	年末总人口（万人）	一般预算支出（亿元）	一般公共服务（亿元）	公共安全（亿元）	教育（亿元）	科学技术（亿元）	社会保障和就业（亿元）
安徽	5957	2587.61	273.72	119.48	386.31	57.98	334.15
福建	3693	1695.09	211.91	120.60	327.77	32.31	148.24
江西	4462	1923.26	218.75	107.49	297.50	18.26	233.02
山东	9588	4145.03	544.31	244.03	770.45	84.36	416.77
河南	9405	3416.14	478.69	189.72	609.37	44.67	461.22
湖北	5728	2501.40	314.93	166.87	366.57	30.09	368.42
湖南	6570	2702.48	367.20	159.14	403.10	35.04	396.40
广东	10441	5421.54	685.39	495.80	921.48	214.44	469.58
广西	4610	2007.59	268.76	125.14	366.84	21.66	217.07
海南	869	581.34	62.44	43.94	98.33	7.47	73.80
重庆	2885	1709.04	168.49	91.84	240.46	17.90	236.98
四川	8045	4257.98	407.31	218.38	540.65	34.71	513.65
贵州	3479	1631.48	212.69	101.46	292.06	16.66	140.76
云南	4602	2285.72	246.50	145.42	374.79	21.43	304.69
西藏	301	551.04	72.35	41.33	60.80	2.71	31.91
陕西	3735	2218.83	287.29	111.50	377.79	25.25	315.61
甘肃	2560	1468.58	145.75	70.45	228.23	10.89	215.09
青海	563	743.40	55.20	35.48	82.47	4.08	189.50
宁夏	633	557.53	51.77	31.49	81.59	5.97	35.03
新疆	2185	1698.91	195.57	128.56	313.84	20.19	166.40
地方合计	134091	73884.43	8499.74	4642.50	11829.06	1588.88	8680.32

地区	医疗卫生（亿元）	环境保护（亿元）	城乡社区事务（亿元）	农林水事务（亿元）	交通运输（亿元）	资源勘探电力信息等事务（亿元）	住房保障支出（亿元）
北京	186.82	60.85	294.30	158.64	154.99	138.95	45.81
天津	70.07	27.10	355.29	67.14	46.95	79.13	6.32
河北	235.48	115.16	178.75	312.66	155.72	58.70	52.00
山西	113.86	82.37	111.57	201.71	131.65	36.07	53.30
内蒙古	120.72	107.99	237.75	281.00	121.05	57.37	83.72

续表

地区	医疗卫生（亿元）	环境保护（亿元）	城乡社区事务（亿元）	农林水事务（亿元）	交通运输（亿元）	资源勘探电力信息等事务（亿元）	住房保障支出（亿元）
辽宁	151.36	77.44	360.31	289.00	140.29	208.94	83.79
吉林	110.91	71.55	108.90	238.94	89.78	53.15	86.84
黑龙江	135.18	89.00	141.13	338.06	147.72	73.34	108.94
上海	160.07	47.31	475.47	151.93	80.43	357.85	52.45
江苏	249.69	139.89	624.53	489.16	276.00	262.96	72.77
浙江	224.53	82.07	272.30	290.37	233.37	125.67	29.60
安徽	184.22	64.72	236.18	292.52	124.86	124.94	93.36
福建	117.58	39.79	107.68	160.34	125.21	64.07	28.13
江西	150.02	49.14	102.47	232.34	107.31	117.53	68.08
山东	250.77	112.93	388.40	465.98	230.50	161.12	35.25
河南	270.21	96.38	165.30	399.19	173.84	89.81	77.25
湖北	179.13	96.31	119.63	305.44	124.03	109.84	56.59
湖南	180.44	90.82	186.98	322.65	153.03	96.99	81.75
广东	304.04	239.16	407.64	325.02	318.17	163.98	88.57
广西	165.49	63.99	103.87	260.26	93.71	69.86	58.93
海南	34.82	14.89	36.81	87.68	26.23	14.60	23.83
重庆	94.87	69.01	251.26	159.18	81.85	83.28	79.91
四川	263.34	112.99	179.19	401.76	192.98	153.73	107.03
贵州	127.68	54.32	53.00	246.76	109.61	48.34	87.62
云南	183.70	86.41	86.66	327.21	139.88	46.22	112.12
西藏	32.04	11.77	20.51	89.11	64.06	17.24	10.46
陕西	156.66	82.88	126.84	267.16	129.06	71.63	68.72
甘肃	100.40	68.31	56.82	196.27	66.58	27.89	58.10
青海	38.94	36.15	30.60	69.50	46.68	23.27	61.09
宁夏	34.02	30.79	61.94	94.23	21.80	21.66	28.05
新疆	103.56	51.02	95.28	220.50	91.54	38.53	90.02
地方合计	4730.62	2372.50	5977.29	7741.69	3998.89	2996.65	1990.40

附录 3

Method: Least Squares				
Sample: 1 31				
Variable	Coefficient	Std. Error	t - Statistic	Prob.
C	-0.124099	0.530393	-0.233975	0.8176
X1	0.044612	0.016079	2.774484	0.0125
X2	0.010372	0.008972	1.156026	0.2628
X3	0.012050	0.018901	0.637523	0.5318
X4	-0.013328	0.013200	-1.009720	0.3260
X5	-0.002823	0.007662	-0.368455	0.7168
X6	0.040836	0.028539	1.430898	0.1696
X7	0.002318	0.027833	0.083293	0.9345
X8	-0.035435	0.018480	-1.917527	0.0712
X9	0.038721	0.022930	1.688672	0.1085
X10	0.014853	0.028922	0.513533	0.6138
X11	-0.036122	0.021703	-1.664369	0.1133
X12	0.002266	0.025576	0.088579	0.9304
R - squared	0.854503	Mean dependent var		0.836839
Adjusted R - squared	0.757504	S. D. dependent var		0.199614
S. E. of regression	0.098298	Akaike info criterion		-1.506535
Sum squared resid	0.173924	Schwarz criterion		-0.905186
Log likelihood	36.35130	Hannan - Quinn criter.		-1.310510
F - statistic	8.809467	Durbin - Watson stat		1.390494
Prob (F - statistic)	0.000029			

参考文献

1. Afonso, A., and S. Fernandes, "Measuring Local Government Spending Efficiency: Evidence for the Lisbon Region", *Regional Studies*, 2006, 40 (1), pp. 39 – 53.
2. Afonso, A., L. Schuknecht, and V. Tanzi, "Public Sector Efficiency: An International Comparison", *Public Choice*, 2005, 123 (3), pp. 321 – 347.
3. Afonso, A., L. Schuknecht, and V. Tanzi, "Public Sector Efficiency: Evidence for New EU Member States and Emerging Markets", European Central Bank Working Paper No. 581. 2006.
4. Allison Rowland, "Population as a Determinant of Local Outcomes under Decentralization: llustrations from Small Municipalities in Bolivia and Mexico," *World Development*, Vol. 29, No. 8, 2001, pp. 1373 – 1389.
5. Bruno De Borger, Kristian Kerstens, "Cost Efficiency of Belgian Local Governments: A Comparative Analysis of FDH, DEA, and Econometric Approaches", *Regional Science and Urban Economics*, Vol. 26, 1996, pp. 145 – 170.
6. Charles Tiebout, "A Pure Theory of Local Expenditures," *Journal of Political Economy*, Vol. 64, No. 5, 1956, pp. 416 – 424.
7. David Hauner, "Benchmarking the Efficiency of Public Expenditure in the Russian Federation" IMF Working Paper No. 07/246, October 2007.
8. Diana Conyers, "Centralization and Developing Planning: A Comparative Perspective," in de Valk, P. and K. Wekwete, eds., Decentralizing for Participatory Planning, Avebury: Aldershot, 1990.
9. Gonand, F., I. Joumard, and R. Price, "Public Spending Efficiency: Institutional Indicators in Primary and Secondary Education", OECD Economic De-

partment Working Paper No. 543, 2007.

10. Gupta, S., and M. Verhoeven, "The Efficiency of Government Expenditure: Experiences fromAfrica", *Journal of Policy Modeling*, 2001, 23 (4).

11. Herrerea, S., and G. Pang, "Efficiency of Public Spending in Developing Countries: An Efficiency Frontier Approach", World Bank Policy Research Working Paper No. 3645, 2005.

12. JeanLuc Migué, Gérard Bélanger, "Toward a General Theory of Managerial Discretion," *Public Choice*, Vol. 17, 1974, pp. 27 – 43.

13. Kathy Hayes, Laura Razzolini, Leola Ross, "Bureaucratic Choice and Nonoptimal Provision of Public Goods: Theory and Evidence," *Public Choice*, Vol. 94, 1998, pp. 120.

14. Kevin Milligan, Enrico Moretti, Philip Oreopoulos, "Does Education Improve Citizenship? Evidence from theUnited States and the United Kingdom," *Journal of Public Economics*, Vol. 88, No. 910, 2004, pp. 1667 – 1695.

15. Mattina, T., and V. Gunnarsson, "Budget Rigidity and Expenditure Efficiency inSlovenia", IMF Working Paper No. 07/131, 2007.

16. Miguel St. Aubyn, Álvaro Pina, Filomena Garcia and Joana Pais, "Study on the Efficiency and Effectiveness of Public Spending on Tertiary Education" European Economy, Economic Papers 390, November 2009.

17. OECD, "Challenges forChina's Public Spending: Toward Greater Effectiveness and Equity", OECD Policy Brief, 2006.

18. Philip Grossman, Panayiotis Mavros, Robert Wassmer, "Public Sector Technical Inefficiency in large U. S. Cities", *Journal of Urban Economics*, Vol. 46, No. 2, 1999, pp. 278 – 299.

19. Philippe Vanden Eeckaut, Henry Tulkens, Marie Astrid Jamar, "Cost Efficiency in Belgian Municipalities"; Bruno De Borger, Kristian Kerstens, "Cost Efficiency of Belgian Local Governments: A Comparative Analysis of FDH, DEA, and Econometric Approaches"; Heikki Loikkanen, Iikka Susiluoto, "Cost Efficiency of Finish Municipalities in Basic Service Provision

1994 – 2002".

20. Philippe Vanden Eeckaut, Henry Tulkens, Marie – Astrid Jamar, "Cost Efficiency in Belgian Municipalities", in H. O. Fried, C. A. K. Lovell, S. S. Schmidt, eds., The Measurement of Productive Efficiency, pp. 300 – 334.

21. Prieto, A., and J. Zoflo, "Evaluating Effectiveness in Public Provision of Infrastructure, and Equipment: The Case of Spanish Municipalities", *Journal of Productivity Analysis*, 2001, 15 (1), pp. 41 – 58.

22. Robert Schwab, Wallace Oates, "Community Composition and the Provision of Local Public Goods," *Journal of Public Economics*, Vol. 44, 1991, pp. 217 – 237.

23. Roger Gordon, "An Optimal Taxation Approach to Fiscal Federalism", *Quarterly Journal of Economics*, Vol. 98, 1983, pp. 567 – 586.

24. William Niskanen, "Bureaucrats and Politicians," *Journal of Law and Economics*, Vol. 18, 1975, pp. 617 – 643.

25. Wilson, P., "Efficiency in Education Production Among PISa Countries, with Emphasis on Transitioning Economies", Working Paper, Department of Economics, University of Texas, 2005.

26. Yingyi Qian, Gérard Roland, "Federalism and the Soft Budget Constraint," *American Economic Review*, Vol. 88, 1998, pp. 1143 – 1162.

27. Zhang, T., and H. Zou, "Fiscal Decentralization, Public Spending, and Economic Growth in China", *Journal of Public Economics*, 1996, 67 (2), pp. 221 – 240.

28. Zhang, T., and H. Zou, "The Growth Impact of Intersectoral and Intergovernmental Allocation of Public Expenditure: With Applications to China and India", *China Economic Review*, 2001, 12 (1), pp. 58 – 81.

29. 白鹤天等:《公共财政支持科技创新的对策建议》,《财会研究》2011年第16期。

30. 白彦锋、徐晟:《中国政府采购促进自主创新的角色分析》,《首都经济贸易大学学报》2012年第2期。

31. 鲍晓倩:《以科技创新促环保产业发展》,《经济日报》2012年8月19日。
32. 财政部条法司:《中华人民共和国现行财政法规汇编》, 经济科学出版社, 2008。
33. 陈冬红:《基于DEA的财政支出效率分析——以宁夏为案例的研究》,《宁夏社会科学》2010年第2期。
34. 陈诗一、张军:《中国地方政府财政支出效率研究: 1978~2005》,《中国社会科学》2008第4期。
35. 诺斯:《经济史中的结构和变迁》, 陈郁、罗华平等译, 上海三联书店, 1991。
36. 德姆塞茨:《关于产权的理论, 财产权利和制度变迁》, 陈郁译, 上海三联书店, 1991。
37. 陈仲常、张峥:《我国地方财政公共财政支出效率的影响因素分析——基于DEA-Tobit模型的实证研究》,《南京财经大学学报》2011年第5期。
38. 董为民:《政府采购与科技创新》,《经济研究参考》2012年第46期。
39. 傅勇、张晏:《中国式分权与财政支出结构偏向: 为增长而竞争的代价》,《管理世界》2007年第1期。
40. 国家民族事务委员会经济发展司、国家统计局国民经济综合司:《中国民族统计年鉴2007》, 民族出版社, 2008。
41. 韩莉:《促进企业自主创新的财政政策研究》,《科技管理研究》2010年第24期。
42. 侯成成、赵雪雁等:《生态补偿对区域发展的影响》,《自然资源学报》2012年第1期。
43. 李蕊、周平:《政府行为与自主创新: 基于供求视角的分析框架》,《中国科技论坛》2012年第3期。
44. 李永友:《我国财政支出结构演进及其效率》,《经济学》(季刊)2009年第9卷第1期。
45. 林毅夫、刘志强:《中国的财政分权与经济增长》,《北京大学学报》2000年第4期。

46. 刘斌：《中国省域地方政府财政支出效率的雁形演化：1978～2010》，《中国经济问题》2012年第5期。
47. 刘波：《青海省民族地区财政支出问题研究》，《产业与科技论坛》2010年第9卷第2期。
48. 刘梅：《民族地区基本公共服务均等化的实际路径：基于财政收支结构的分析》，《西南民族大学学报》（人文社会科学版）2010年第6期。
49. 刘小川：《促进企业科技创新的政府采购政策研究》，《学海》2008年第5期。
50. 卢焕楠、张程菲：《基于DEA方法分析广西财政支出效率》，《企业技术开发》2012年第31卷第23期。
51. 吕炜：《公平增长与公共支出的政策安排》，《经济社会体制比较》2004年第5期。
52. 孟卫东、周陨龙等：《机制设计理论在资源优化配置中的应用研究综述》，《统计与决策》2010年第10期。
53. 全国人大常委会法制工作委员会：《中华人民共和国现行法律行政法规汇编（2002）》，人民出版社，2002。
54. 舒尚奇、关文吉：《机制设计理论与设计过程综述》，《渭南师范学院学报》2011年第12期。
55. 孙志燕：《美国财政支出的演变趋势及启示》，《经济纵横》2012年第11期。
56. 唐滔：《财政支出效率影响因素分析》，《求索》2010年第7期。
57. 陶然、刘明兴：《中国城乡收入差距、地方政府开支与财政自主》，《世界经济文汇》2007年第2期。
58. 汪柱旺、谭安华：《基于DEA的财政支出效率评价研究》，《当代财经》2007年第10期。
59. 魏权龄：《数据包络分析》，科学出版社，2004。
60. 肖锋：《我国环境科技领域的财政政策变迁及分析》，《经济与科技》2009年第3期。
61. 许文立、田淑英：《我国财政支出结构的效率评价——基于DEA评价模型》，《财金研究》2012年第1期。

62. 薛菁：《促进企业自主创新的政府采购研究》，《中共山西省委党校学报》2008 年第 4 期。
63. 曾昆：《基于财政支出效率视角论后危机时代财政政策的选择》，《兰州学刊》2011 年第 4 期。
64. 张冬梅：《中国民族地区经济政策的演变与调整》，中国经济出版社，2010。
65. 张晏、龚六堂：《分税制改革、财政分权与中国经济增长》，《经济学》（季刊）2005 年第 5 卷第 1 期。
66. 章文光：《民族地区财政体制改革方向探析》，《民族研究》2010 年第 3 期。
67. 赵小平：《行政事业性收费标准管理暂行办法解读》，中国市场出版社，2006。
68. 中国经济增长与宏观稳定课题组：《增长失衡与政府责任——基于社会性支出角度的分析》，《经济研究》2006 年第 10 期。
69. 中华人民共和国财政部：《中国财政年鉴 2011》，中国财政杂志社编辑出版，2011。
70. 中华人民共和国国家统计局：《中国统计年鉴 2008》，中国统计出版社，2009。
71. 中华人民共和国国家统计局：《中国统计年鉴 2011》，中国统计出版社，2011。
72. 周五七、聂鸣：《促进低碳技术创新的公共政策实践与启示》，《中国科技论坛》2011 年第 7 期。

致 谢

著作的出版令我有太多的感慨，正值我刚刚步入不惑之年，反思做人做事很多。我教育女儿要"坚持"，教育学生要"战胜自我、超越自我、追求卓越"。多年来我一直没有放弃努力，相信"身教胜于言教"。努力带给我的收益颇丰，感到自己在进步，学术水平在提升。著作完结时，我仿佛踏进更深远广阔的学术空间，深刻体会科研的价值与魅力。然而，我付出努力的背后，有众多专家、学者、同事、同学及家人的支持，在这里我要诚挚地感谢他们。

首先，我要感谢博士后进站时的合作导师魏后凯教授与在芝加哥大学访学时的导师杨大利教授，他们给予我的指导使我终身受益，尤其是他们严谨治学的态度令我敬佩，他们的学术道德感染我端正做科研的态度，并有志于做出更有价值、更有影响力的研究成果。

其次，我要感谢中央民族大学的同事与同学，在撰写著作的整个过程都得到院领导无微不至的关怀与支持，他们是：张丽君院长、张建平副院长、李克强副院长、谢丽霜教授、哲儒副教授、舒燕飞副教授、汪彤博士、杨松武博士等，使我在艰苦的学术研究过程中坚持深入探索和求真务实。

最后，我要感谢我的亲人。感谢父母帮我料理家务，感谢女儿给我带来快乐，使我的疲劳减轻不少，让我感到要努力工作与提高效率以便有更多的时间陪伴与关注女儿的成长并报答父母的恩情。更要感谢我的先生化春雨的支持与帮助，使我有充裕的时间和精力从事研究工作。是亲人无私的爱激励着我在发展的路上稳步前进，我的每一项成绩的背后都有他们一半的功劳。

张冬梅

2013 年 10 月 30 日

图书在版编目(CIP)数据

中央支持民族地区经济政策体系研究/张冬梅著.—北京：社会科学文献出版社，2014.8
 ISBN 978 - 7 - 5097 - 5699 - 7

Ⅰ.①中… Ⅱ.①张… Ⅲ.①民族地区经济 - 经济政策 - 政策体系 - 研究 - 中国　Ⅳ.①F127.8

中国版本图书馆 CIP 数据核字（2014）第 035379 号

中央支持民族地区经济政策体系研究

著　　者 / 张冬梅

出　版　人 / 谢寿光
出　版　者 / 社会科学文献出版社
地　　　址 / 北京市西城区北三环中路甲 29 号院 3 号楼华龙大厦
邮政编码 / 100029

责任部门 / 经济与管理出版中心 （010）59367226　　责任编辑 / 王婧怡　许秀江
电子信箱 / caijingbu@ ssap. cn　　　　　　　　　　　责任校对 / 王拥军
项目统筹 / 许秀江　　　　　　　　　　　　　　　　责任印制 / 岳　阳
经　　销 / 社会科学文献出版社市场营销中心 （010）59367081　59367089
读者服务 / 读者服务中心 （010）59367028

印　　装 / 三河市尚艺印装有限公司
开　　本 / 787mm×1092mm　1/16　　　　　　　　印　张 / 15
版　　次 / 2014 年 8 月第 1 版　　　　　　　　　　　字　数 / 234 千字
印　　次 / 2014 年 8 月第 1 次印刷
书　　号 / ISBN 978 - 7 - 5097 - 5699 - 7
定　　价 / 49.00 元

本书如有破损、缺页、装订错误，请与本社读者服务中心联系更换
△ 版权所有 翻印必究